JN059685

障害があり女性であること

生活史からみる生きづらさ

土屋 葉 編著
伊藤葉子
臼井久実子
河口尚子
小森淳子
後藤悠里
瀬山紀子
時岡 新
渡辺克典

現代書館

障害があり女性であること＊目次

はじめに

「障害者について論じられるときは、たいてい障害者男性に、女性について論じられるときには、たいてい健常者女性にスポットライトが当てられる。」

障害者について論じられるときには、障害のある女性の声は取り上げられず、もしくは障害者の経験として女性という面は切り捨てられる一方で、女性について論じられるときには、障害のある女性の経験が置き去りにされる。冒頭の一文は、ベル・フックス（hooks 1981=2010: 20）の文章中の「黒人」を「障害者」に、「白人」を「健常者」に置き換えたものであるが、彼女の言い方を借りれば、障害者について論じられるときには、性差別のせいで女性の声がかき消され、女性について論じられるときには障害者差別のせいで障害女性の声はかき消されるという状況がある。

ただし近年、「障害者」であることと、「女性」であることの重なった地点に置かれる障害のある女性が、差別を受けるリスクがより高いことに注目が集まっている。これに呼応するかたちで、二〇一二年にはDPI女性障害者ネットワークにより、障害のある女性への差別を明らかにすることを意図した初めての調査が行われている。報告書『障害のある女性の生活の困難』は、八七人への調査により三五％の人が性的被害を受けた経験があったことなど、深刻な実態を示している（DPI女性障害者ネットワーク、二〇一二）。しかし、障害のある女性が受ける差別の実態を明らかにする試みはいまだ途上にあり、複雑に絡み合う問題を把握するためのデータは圧倒的に不足している。

本書は、この不足を埋めることを試みるものである。具体的には、まず障害のある女性の「生きづらさ」や「差別」について、障害のある当事者の語りから、その経験についての記述を積み重ねていく[*1]。そのうえで、彼女たちの語りを読み解くことから、生きづらさや差別の実態にアプローチし、差別を生み出す社会の構造について考えていきたい。

方法として個人のさまざまな経験を聴き理解するという生活史法を用いた。この方法は、社会におけるマイノリティである人びとを対象とし、「まだ十分に知られていない社会的・歴史的リアリティの側面を照らし出す」（桜井、二〇〇五）こと、また人びとの人生のプロセスや日常生活の詳細を描き出すことを可能にする。とくに「障害」と「女性」という二つが交差する場所に置かれる障害のある女性の、日常生活における差別を受けた経験に焦点化するときに、適した方法だといえるだろう[*2]。

ただ「差別」という言葉からは、制度上の差別や社会からの排除など、大文字の「差別」が連想されやすい。そこで調査への協力を依頼するときには、「障害のある女性の生きづらさに関するインタ

[*1] 本書では「生きづらさ」を、個人的な問題ではなく社会が生じさせる問題であり、社会の問題として解決すべきものであると捉える。なお、「複合差別」、「交差差別」については第４章参照。

[*2] 「交差性」（インターセクショナリティ）については、第８章参照。

ビュー」であること、これまで経験した「生きづらさ」や「しんどさ」（生活するうえでの困難、不利益を被ったと感じたこと、うまくいっていない、つらい目にあっていると感じたこと）を聴きたいと伝えた。[*3] これによりあらかじめ特定の「差別」の経験を措定し、その枠組みに沿って「語り」（＝「事例」）を収集するのではなく、彼女らにとって困難を感じさせた出来事やそれへの意味づけから、「差別」の経験を聴きとることができると考えた。ふりかえってみると、これはある程度成功したのではないかと思う。

実際の聴きとりでは、幼少期から現在にいたるまでの経験についてうかがった。さまざまな障害のある女性四八名から、学校、職場、施設や家庭、医療機関等の多岐にわたる場面における困難経験が聴きとられた。なかには「障害女性」の経験として「このことがつらかった」「これは差別だった」と明確に語る人もいたが、「思い返せば嫌だったかもしれない」と、曖昧な言葉で語る人もいた。

日々の暮らしのなかで、「障害者」として（のアイデンティティをもっている人であれば）、わかりやすい困難に直面した経験を思い出す人は多いだろう。それは行き先を阻む段差や狭すぎる通路であるかもしれないし、必要な情報を得られなかったことであるかもしれないし、入店を断られた経験かもしれない。また、自分と目を合わさず同行者のみに話しかける店員のふるまいかもしれない。

一方で、聴きとりのなかでみえてきたのは、「女性」としての困難は、厳然として立ちはだかるものとして捉えられているわけではない、ということだった。女性としてなのかどうかもわからないまま、なんとなく不快な、居心地の悪い、嫌な感じがする、もやもやする経験として記憶されていたり、言語化できずそのままにされていたりした。それらは「しょうがないこと」、「そんなもの」とされるため、通常は「問題」や「差別」の経験としては語られない。しかし、ここでは「しんどさ」「うまくいっていない」「つらい目にあっていると感じた」経験を尋ねたため、少なくはない数の、曖昧模糊とした「もやもや」した経験や、「しょうがないこと」としてあきらめてきた経験を聴きとることができた。このこと自体に、まず意味があると考える。

これらの経験が語られたとき、聞き手である私たちは、あえてしつこく掘りかえすことをしてきた。「本筋からはずれちゃうんですけど」「まぁしかたないことだったんですけどね」という枕詞が付されたそれらについて、「もう少し詳しく話してもらえますか？」「それはつらかったですよね」あるいは「それはあなたにとって嫌な経験でしたか？」などという言葉を重ねて。そして「それは、あなたが女性であるがゆえの、つらい経験でしたよね」とやわらかく同定し、「障害のある女性の生きづらさ」の経験としてまとめる……。私たちが行ってきたのは、およそこのような、語られた「断片」を拾い集め、そこから（たとえば土器のような）「本体」を復元する作業だった。それは必ずしも彼女たちが語りたかったことではなかったかもしれないし、「つらい経験」として認識されていたことではな

＊3 中部地方・関東地方・関西地方に在住する障害のある女性を対象とした。調査時期は二〇一六年一〇月〜二〇一九年七月。インタビュー調査に先立ち質問紙票への記入も依頼した。対象者のプロフィール等については、アンケート調査結果（三〇八頁）を参照。調査時間は二時間から三時間程度、複数回にわたる場合もあった。調査場所は、大学ゼミ室・会議室、公共施設、民間会議室、対象者の自宅等であった。調査にあたり、障害者団体や関係者からの紹介を受けた。精神障害のある方については関係者に依頼しＳＮＳを通して協力者を募った。詳細については調査概要（三〇六頁）を参照。

かったかもしれない（コラム、二一〇頁を参照）。

だからといって、復元された「土器」が「フィクション」であることにはならないことに、注意が必要である。彼女らが語る、教育・職場・医療場面等において受けた深刻なハラスメントや、性暴力被害、恋愛・結婚・出産・育児などの場面における困難経験――彼女たちがそのように表現しないものも含め――は、現実にある「問題」として、喫緊に対策が考えられるべきものが多く含まれている。

断片から「問題」を抽出（＝復元）していることに無自覚であってはならないが、それは私たちが勝手につくり出したものではないこともまた、強調されなければならない。語られた「断片」から復元された「土器」が、「現実」（その一部であったとしても）を映し出していることはたしかだろう。[*4]

また、本書はこうした「問題」（＝「差別」の断片）を発見することに重きを置き、障害のある女性たちの視点から「差別」という経験も扱っている。[*5] ただしこの際「私たち」、すなわち多数派であるマジョリティのふるまいや社会の価値観・有り様を問い直すという立場をとることも、付け加えておく。

留意しなければならないのは、本書で登場する対象者は、依頼を受けていただいた時点で、すでに「語れる」地点にいる人たちであることである。また、自助グループや障害者団体を通じてアプローチできる場所にいる、つまりそうしたグループ・団体とつながりを有している人たちであるという偏りもある。今回、私たちがアプローチできなかった人、調査に協力することに拒否感を覚えたり躊躇したりした人へどのようにアクセスできるか、今後も考えていく必要がある。また本文では肢体不自由、難病、視覚障害、聴覚障害、精神障害、発達障害、重複障害のある女性たちが登場するが、知的障害のある女性たちは登場せず、彼女らをめぐる問題については触れることができなかった。これはひとえに私たちの力不足によるものである。彼女らに関する事件報道を多く目にする昨今だが、障害とジェンダーの視点から十分に議論されているとはいえない。これから取り組むべき大きな課題としたい。

最後に、本書の構成を示しておく。なお、各章で引用されている方のお名前はすべて仮名である。イントロダクションとして、ある一人の女性の生活史をダイジェストで示している。ここにはさまざまな象徴的な経験が詰まっている。障害のある女性の生きづらさが具体的にイメージしづらいという方には、最初にお読みいただければと思う。

第Ⅰ部は、「障害とジェンダーをめぐる困難」をテーマとし、各章において、精神障害、視覚障害、発達障害が取り上げられ、障害別にジェンダーと関連づけて論じられる。

---

*4 「現実というものはひとつだけ存在するが、その語り方は無限にあるようなものです。だからこそ私たちは、一方でたったひとつの現実が実在することを守りながら、その現実についてさまざまな語り方で語ることができるのです」(岸、二〇一六、一九五頁)

*5 差別は相互作用的な場面で生じることから、必ず相手方が存在するが、その相手方も含めた差別構造、差別的状況の考察という課題については、二〇二二年からの「障害女性をめぐる差別構造および差別的状況についての横断的解明」(22K12653)に引き継がれている。

第1章では、精神障害のある女性が抱える生きづらさには、精神疾患そのものに由来する「生きづらさ」と、社会的障壁による不利益にかかわる生きづらさの二つがあることが指摘される。精神障害によって引き起こされる身体症状、服薬の必要性は、日常生活におけるさまざまな行為の遂行を困難にする。そして、妊娠・出産に対する医師の否定的な態度など、女性であり障害者であることならではの生きづらさも生じることがある。生きづらさに影響を与える要因として、無理解や偏見が挙げられ、社会的障壁が症状を発生させたり、悪化・再発させたりすることも指摘される。

第2章では、一人の女性の生活史をたどるなかから、「不利益」と関連づけて視覚障害のある女性の生きづらさが描かれている。職業場面において、三療業に従事する女性たちは、性暴力を回避するために仕事を制限せざるをえないといった不利益を抱えていた。医療場面では、不利益な取り扱いや権利侵害があり、他方では他者との相互作用のなかで、稼得能力と育児・家事能力がないといった負のラベルを貼られ、社会と断絶してしまうという不利益を得ることもある。ただし、やはり他者との作用により、自己への信頼を取り戻したり、社会的価値が再編されたりすることも示される。

第3章では、発達障害のある女性の生きづらさは、他者との関係のなかで生成されることが述べられる。彼女たちは他者の要求に応えようとして頑張り、緊張し、ライフステージの初期から長期にわたって「疲れ」を抱えつづける。こうした疲れが、行動の制約やコミュニケーションなどの不全をもたらし、日常生活、社会生活を困難にするのだという。とりわけ、女の子らしさ、女性らしさ、母親らしさといったジェンダー規範への応答、同調圧力は、それぞれの場面ごとの事情にそって変化する。それがもたらす困難が、場面を変え、対象を変え、ことがらを変えて波のように押し寄せてくる様相がみてとれる。

第Ⅱ部は、「ライフコースと性役割」をテーマとし、ライフコースにおける場面や、他者との相互作用場面において生じる「生きづらさ」が、とくに性役割規範などとの関連で論じられている。

第4章では、恋愛・結婚、妊娠・出産における生きづらさと、関連する女性規範および自己アイデンティティについて論じられている。恋愛については身体規範、結婚については家事役割・嫁役割規範、妊娠、出産においては跡継ぎを設けるという女性（嫁役割）規範があるという。二人の女性の生活史から、親密圏において、そこからの排除とそのなかでの抑圧という、タイプの異なる生きづらさがあることが示される。ただし結婚、妊娠、出産を経験している人自体が少ないのだという。さらにそもそも女性としてのアイデンティティをもちづらく、女性規範に応じられないこと、これらを相対化できないことが生きづらさにつながっているという重要な指摘がなされている。

第5章では、予想以上に多く語られた深刻な性暴力被害について取り上げており、貴重な報告となっている。具体的な事例からは、加害者との関係は上下の関係が成立していたこと、性暴力以外のハラスメントが存在している場合が多いこと、被害を申告しづらいこと、相談しても適切な対応がなかったという実態が明らかにされる。性暴力が生起する根底には、障害女性が性的存在として認識されないという性文化のダブル・スタンダードがあり、被害を防ぐ方策がとられていないことが指摘される。そのほかに、アクセスが困難である相談・支援機関、ハラスメントが生じやすい場・環境、そして障害女性の、障害ゆえの可動性の低さ、上に位置する加害者がその関係に乗じること等が挙げられている。

第6章では、過渡期にある障害当事者運動内での生きづらさが取り上げられている。以前に比べあからさまな排除・差別はみられなくなってはいるものの、障害女性たちの生きづらさは残っている。具体的には、制度的なもの・慣行的なもの・観念的なものがある。障害男性はリーダー的な役割を占め、障害女性に不利な慣行を続け、「圧」をかけ、居心地の悪い思いをさせる。一方で障害女性自身は、女性は家事・育児・世話役割規範を受け入れ、そうであるがゆえに「家庭」と「運動」の両立の難しさを語る。さらに、「できること」を障害者にも求める健常者社会の価値観が、障害男性を女性排除に向かわせ、障害女性に対してジェンダー規範に従うよう誘導すると述べられている点が注目される。

第7章では、「調査する私たちのすがた（対象への問いかけや解釈）」を積極的に明示しながら、語り手の経験や心情が紹介されている。これ以前の章では、問いかけに応えて話された障害女性の生きづらさを、聞き手の解釈や知見を交えて示しているが、本章では、その「生きづらさ」をめぐる認識が生成される過程が描きだされることになる。たとえば、対象者と聴き手の認識がさまざまに異なっていることが、質問と回答を重ねるやり方で明らかにされ、また、「私たち」「研究者」が自身の価値観をもとに問いかけを行い、対象者に「窮屈を感じさせていた」可能性も指摘される。このことから、生きづらさをめぐる認識は、聴きとりそのものによって生成され、ときには変化すると述べられる。

第Ⅲ部は、「これまでとこれから　課題・論点」をテーマとし、本書におけるキー概念である「インターセクショナリティ」、「セクシュアル・リプロダクティブ・ヘルス／ライツ（SRHR）」、および障害女性による運動の歴史について述べた論考が置かれている。本書の内容について予備知識を得たいという読者は、まず第Ⅲ部から読み進めていただくことをお勧めする。

第8章では、インターセクショナリティの基本的な考え方、この概念の拡がり、日本における議論や実態調査の展開、現在における課題・論点が示されている。「差別」のような問題経験は、名付けられない曖昧な不満や不平として一部が表出し言語化されていくのみであり、とりわけインターセクショナリティにある人びとの困難は、体験の描写や理解の困難でもあることが指摘されている。

第9章では、「性と生殖に関する健康と権利」＝セクシュアル・リプロダクティブ・ヘルス／ライツ（ＳＲＨＲ）の概念と成り立ち、また日本における優生保護法と母体保護法における女性、とくに障害のある女性の、この概念をめぐる歴史について述べられている。さらに、障害のある女性に対する性と生殖に関する健康と権利の保障については、多くの課題が残っていることが指摘される。

第10章では、一九八〇年代半ばに、障害のある女性たちが、とくに月経や子宮摘出をめぐって複雑に言葉を交わしてきたことが述べられる。女性同士での本音の語り合いの場を必要とし、多くの対話を重ねていたという歴史があり、そこで語られてきた内容は、いま障害のある女性たちが経験している生きづらさにも通じるという。このような歴史はもっと知られるべきだろう。

最後に、座談会記録を置いた。本書は、障害のある女性の生きづらさや彼女らが抱える問題の見出しに力点を置いているが、彼女らは単に受け身の存在ではなく、生存のための戦略を有していたり、日々折り合いをつけて生活を営んでいたりする存在でもある。これらに注目することは、エンパワメントのモデル構築の一助となるだろうと思われる。

なお巻末に、調査概要および事前に行ったアンケート調査の結果を掲載している。

この研究は、二〇一六年からの科学研究費助成事業「障害女性をめぐる差別構造への「交差性」概念を用いたアプローチ」(16K04114、代表者：土屋葉、二〇一六-二〇二二)による成果の一部である。途中コロナ禍等で、追加調査や研究会開催が立ち行かなかった時期があり、足かけ七年とずいぶん長いプロジェクトとなった。また本研究は、立命館大学人間科学研究所「障害女性研究プロジェクト」(代表者：渡辺克典、二〇一七-二〇一八)の助成を受けている。記してお礼申し上げる。

また現代書館の向山夏奈さんがいなければ本書の刊行はかなわなかった。オンラインで打ち合わせを重ね、くじけそうになる著者らを細やかにサポートし励ましてくださった。お礼を申し上げたい。

この本は、研究者はもちろん、障害のある女性の問題に関心をもつ方、障害のある当事者の方にも手にとっていただきたいという思いのもと、刊行準備を進めてきた。すでに述べたように、障害があり女性であるという交差した地点に置かれた人びとの、曖昧でもやもやとしたしんどさや居心地の悪さは、なかなか言葉にされてこなかった。本書が、交差性(インターセクショナリティ)の視点に基づいてこれらを言語化する、小さなしかし確実な一歩となっていれば、とてもうれしく思う。

そして本書をきっかけとして、実践の場においての議論が活性化することを願っている。そのために忌憚のないフィードバックをいただけると、とてもありがたく思う。そして差別を解消するための方策をともに考えたいと思う。こうした試みこそが「交差」するアプローチであるといえるのではないか。

最後にこの場をお借りして、多方面にわたり協力いただいたDPI女性障害者ネットワーク、お名前を明記できないが、対象者をご紹介いただいた団体及び関係者の方々にお礼を申し上げたい。

そしてインタビューにお答えいただいた方々に、心からお礼を申し上げたいと思います。本当にありがとうございました。この間に連絡が取れなくなってしまった方、とても残念ですが、亡くなられた方もいらっしゃいます。ご冥福をお祈りいたします。もう少しお話をうかがいたかった、と後悔の念が募ります。語っていただいたことをどのように活かしていけるのか、厳しく問われているように思います。

二〇二三年八月

著者を代表して　土屋　葉

参考文献

ＤＰＩ女性障害者ネットワーク編、二〇一二年、『障害のある女性の生活の困難——人生の中で出会う複合的な生きにくさとは　複合差別実態調査報告書』。

hooks, bell, 1981, Ain't I a woman : black women and feminism.（柳沢圭子訳・大類久恵監訳、二〇一〇年、『アメリカ黒人女性とフェミニズム——ベル・フックスの「私は女ではないの？」』、明石書店。）

岸政彦、二〇一六年、「生活史」岸政彦・石岡丈昇・丸岡里美、『質的社会調査の方法：他者の合理性の理解社会学』一五五‐二四〇頁。

桜井厚、二〇〇五年、「ライフストーリー・インタビューをはじめる」桜井厚・小林多寿子編著『ライフストーリー・インタビュー——質的研究入門』せりか書房、一一‐五二頁。

ある女性の語りから――イントロダクション

一〇代前半のときに事故にあって生活が一変しました。最初は救急病院で三カ月、重体の状態で寝かせきりにさせられて、褥瘡がひどくなって。転院してからようやく遅いリハビリがスタートしたっていう状況でした。三カ月間集中的に、起床座位、起き上がって車いすへの移乗、装具履いて歩行訓練とか。六カ月たって急性期を過ぎて、中学生だったので学校もどうにかしなきゃいかんって。まだ医療的にケアが必要だったたっていうことと、褥瘡も治ってなかったたっていうのもあって、私の意思がうんぬんというよりも、車いすになって動けないっていうところで。一般の学校はバリアフリーではないのでもう戻ることはできない、入院して勉強できるところがベストということで、転院かつ転校っていうかたちを取らされちゃった感じ。

すべてが何もわからない状況だから、私、けがしたのを、骨折と同じように「治る」という感覚でいたんですよ。けがが治って、もとの生活に戻れるっていう自分を想像してました。医師からも、歩けない、将来も車いすを使わざるをえない生活になるっていう説明はなかったです。たぶん、未成年っていうこともあったんでしょうね。明確な説明を受けた記憶はまったくないんです。看護師さんから、リハビリのときに「やらないと治らないからがんばろう」っていう、モチベーションを上げようとする言葉がけはありました。

一番悩んだのは、やっぱり排せつですね。多感な時期でもあって、かつ生理がはじまって。その処理の仕方とか、排せつの部分でのケアについては、看護師さんも関与してくれないっていうか、何も教えてくれなかったですね。最初は自分のタイミングもわからないし、いろんな失敗があって、ちょっとのタイミングで漏れてしまったりとか。そのたびにやっぱ落ち込むじゃないですか。そういったときもフォローがあったり、いろんな方法を教えてくれたら良かったかな。看護師さんにも、主治医の先生にも、女の先生でしたけど、あんまり聞けなかった。

あと、最初すごく嫌だったのが、カテーテル、尿道に挿入するのが男の先生で、看護師さんに先生が「ここは膣かね、尿道かね」って聞いてくるんですよ。「え、こわいじゃん」って思って、なんか嫌じゃないですか。見られてるっていうのも嫌だし、それ、口に出すこともどうなのっていうところで。その先生の週に一回のカテーテルの交換は、本当につらかったですよね。

入院していた病院は、四人部屋でカーテンもないところでした。手術後、一時期寝たきりの生活をしていた時には、カーテンも仕切りもなく、「ちょっとごめんね」ってそのままおむつ交換させられたりっていうこともありました。ちょっとね、同じ女性なのに全然配慮がない。その頃は「しょうがないな」って割り切ってたんだと思いますけど、今思えばあり得ないと思いますよね。いくら同性とはいえ、どうなんだろう、みたいな。

そういうところで生活していたので、本当に心の支えは友人でした。学校には廊下をつたって通ってた。九時から三時くらいまで、授業は普通に六時間あって、掃除の時間とかはないですけどね、クラブ活動、委員会活動はあった。学校おわったらリハビリやって、あとは九時消灯までとくにやることもない、そんな感じの生活を送ってきたかな。

病棟には病弱児、心臓疾患、筋ジストロフィー症の人も入院していて、そこで療養生活を共にする仲間ができて、いろいろ教えられたかなって。少し年上の難病の女性から、中途障害の人が書いた手記を勧められて、それを読むことによって、自分の障害についてとか、この先のこととか、その女性、ロールモデルみたいな人と話ができるようになって。そういう仲間から、排せつや生理の処理の仕方についての情報を得たりもして。

仲間と話すなかで、病院での不満（を聞いた）。病棟で人手が足りない、介護も重労働っていうところで、パジャマのままで学校に来させられることも。女の子だから年頃（が）来たら、やっぱり身だしなみとか、ちゃんと整えて行きたいじゃないですか。そういったところでも、なかなかやってもらえないっていう話が出たりして。あとは、生理のときの問題とかね。その子は赤裸々に「本当に嫌なんだよね」「看護師さんもやっぱり嫌な顔してやるじゃん」とかって（言っていた）。そうだよねって思いながら聞いたりはしたけどね、ほんとうにいないときは、男の看護師さんとかケアの人も関わらざるをえないっていうことも聞いたりして、「うわ、それは嫌だ」と思いながら、でも「しょうがないよね」っていうところでね、いつも「しょうがないよね」っていうところで、自分たちの生活をあきらめてた。

その一方で、退院して元いた（普通）学校に戻った子が、たまに顔見せに来てくれると、楽しい中学高校生活の話をしてくるじゃないですか、彼氏ができたとか。外の世界っていうのも憧れがあって、自分も退院して一般の学校行きたいなっていう思いとか、ここから脱出したいなっていうところはすごくあって。

だから中学三年生のときに、医療的なこととか「自分でできるから退院したい」って言ったら、もう一蹴されて。「何言ってるの」、「ああ無理無理」っていう感じ。直接高校に電話してみても、「受験して合格したとしても、うちは階段だらけだからね、対応できないよ」、「がんばって歩いてけがをされても、保障はできません」とかって言う。私ももう返す言葉がなくって。役所に行っても、これといってなすすべがないっていう。それで断念して。

家族や親せきには、「障害もって車いすで何ができるの」みたいな感覚は（あった）。何かやろうとするにつけ、いろんな思いを伝えてもなかなか、障害をもってってところの方が強かったんですかね。車いす（に）なっちゃったら本当に何もできない子っていう、何らかに頼っていかなきゃなんないっていうとこで。「障害もって女の子で何を言ってんの」みたいなのは、周り全員そういった感覚ですよね。だからそれに反発したのもあって。

その頃、リハビリの先生がポリオでの両下肢麻痺の方で、「移動が自分でできるってことは、自由になるっていうことだから」と、自分の車見せてくれたりして、「あなたも一八歳になったら、改造すればこんなふうに乗れるから」って、ずっと刷り込まれていたので。学校から許可取って、一カ月の合宿免許で取って。

高校卒業後は、先輩たちが大学の福祉関係とか、作業療法とか、医学系のところに行ったりしているのを見て、そういう道もおもしろいなと思って。とにかく何らかのかたちで、経済的な自立をしなきゃいけないっていうことはもちろんあったので。先生にも病院のケースワーカーにも（進路の）相談をして、そのあたりからは一緒になって応援してくれて、大学にも働きかけてくれて。最初はバリアをどうクリアできるかで話し合いになったんですけど、なんとか階段昇降機を学校に入れてもらって、そういうの（で）対応しましょうっていうところで。

入学してからは、車いす市民全国集会（に参加してその後）、障害者問題研究会などに参加。そこで出会った人に誘われて、交通アクセスを求める運動に関わるようになって。そこから障害者運動に関わり始めた感じですね。実習という名の放浪の旅に(も)。今みたいにネットで検索できる時代じゃなかったんで、もう電話かけまくって、(障害者運動に関わる）いろんな人のうちにホームステイさせてもらいながら、障害者運動の歩みっていうのを実体験（した）っていうか。一緒に活動して学ばせてもらったり、かれらの生きざまっていうのも直接見たりして。いい刺激を受けさせていただいたかな。本当にいろんなロールモデルがいて、そういった人に支えられて今、いるんだなという感じ。

ごめんなさい、だから私の、障害もってる女性だからっていうところの生きづらさとか。自分であんまり壁を作らなかったところが（あって）……。まぁあんまり、そんなに、悩んでないですね。

……うーん、まぁでも、クリニック。そうですね、女性の問題はそこからですね。婦人科へのバリア、産婦人科・婦人科へ障害をもった女性が受診すること自体が、すごいハードルが高い。一生涯そこにかかる機会を得ないで終わる人が多いってのは、あるんですよね。

自分もいろいろ検査を経験しましたけど、あの（婦人科の）検査台、本当に乗りにくい。あれをしないと検査できないのかって感じ。あんな浅い台じゃないですか。だから私、婦人科の診察は最後にしてもらってるんですよ。脱ぎ着に時間がかかるし、介助も必要だしってことで。マンモグラフィー、乳がん検査もつらいですよね。まぁやりにくいこと。そもそも、そういう（障害のある）人は来ないんだろうな、来れないんだろうな、自分でちゃんと言ってかないと、やらせてもらえないんだろうなって、つくづく思っちゃうんですよね。（自分から）「これどうですか」って言ったって、向こうもどう対応していいかわからないから、本人に意見求めて、きちんと「こうしたらできます」って説明できない人だったら、「あ、これじゃできないな」と引き下がっちゃうじゃない、強くなきゃ。あと「面倒かけるな」って思わされるように生きてきた方だと、そこで引き下がっちゃうんじゃないかな。障害をもった女性が産婦人科、婦人科にどれだけちゃんとかかって、検査が受けられてるのかっていうのも、知りたいなと思ったりする。

一般の女性でも、なかなか乳がん検診ってね。やっぱり女性って家のこと優先、（自分を）後回しにして、かなりステージが高くなってから（の検査）になる方も多いって聞くじゃないですか。実際、障害をもった女性はどうなのかなって思いますけどね。機会の平等じゃないけど、一般の女性の検診を受けるように、私たち女性障害者も受けられるような機器の、設備のバリアフリー化っていうのは、望みたいなと思ってますけれど。

（構成：土屋　葉）

第I部

障害とジェンダーをめぐる困難

第1章　精神障害のある女性の生きづらさ

後藤悠里

はじめに

本章では、精神障害のある女性の語りに着目して、彼女たちが経験する生きづらさの内実を示し、生きづらさに影響を与える要因を明らかにしていきたい。

1　精神障害女性について何が語られてきたか

精神障害と女性であることを結びつけて検討する研究は、医学や看護学を中心に行われてきた。しかし、それらの研究は、患者にどのような治療や支援をするのかを明らかにすることが目的であり（堂下・高比良、二〇一九／栄・辻本、二〇二一など）、精神障害のある女性の生きづらさの解消を目指しそれをもたらす社会的要因を明らかにしようとするものではない。

一方、障害学は、障害者が直面するさまざまな障壁が社会によってどのように作られるのかを明らかにしようとしてきた。そして、障害学においても、精神障害者の経験や活動が研究対象となってきた（伊東、二〇二一／駒澤、二〇二二）。しかし、精神障害者の生きづらさそのものに焦点を当てた研究は多くはない。その一つとして、白田幸治（二〇一四）によるものがある。白田は、「障害の社会モデルは精神障害にも適応可能か」という問いを立てる。障害の社会モデルは、身体障害が前提とされている。そのため、この問いに答えるために、白田は身体障害と精神障害の比較を行う。白田によれば、障害の社会モデルはインペアメント（機能障害）それ自体を否定せず、ディスアビリティ（社会的障壁）を問題視する。身体障害の場合は、インペアメントとディスアビリティの相違が明確である。しかし、白田は障害の社会モデルが、精神障害のインペアメントとディスアビリティの内実を示せておらず、また、精神障害者の置かれた状況をどのように変化させていくかについて明確な回答を示していないという。したがって、現在の障害の社会モデルは、精神障害を適切に含むことができないと結論づけられる。

本章の立場も、白田と同様である。つまり、精神障害を考察するためには、障害の社会モデルの意義を認めつつ、障害の社会モデルが議論の前提から排除している点も考慮に入れなければならないというものである。本章では以下二点を指摘しておきたい。第一に、精神疾患に、生物学的な性差が関連している場合がある。精神疾患の中には女性にのみ生じるものがある。たとえば、「産後うつ病」は、妊娠・出産という、女性の生物的特徴を誘因としている精神疾患である（髙橋、二〇〇三）。

第二に、精神疾患による症状それ自体のつらさがある。言い換えれば、症状それ自体が生きづらさとなりうる。障害の社会モデルの観点を加えれば、精神障害者は、精神疾患からの生きづらさに加えて、社会的障壁による不利益をも抱えることになる。日常生活においてはこの二つは混在しており、語りの中でも二つの生きづらさが混在して現れる。本書の別章では、多くの場合、社会的障壁による生きづらさが対象とされている。しかし、本章では二つの生きづらさをみる必要がある。そこで、本章では、精神疾患そのものに由来するものを「生きづらさ」、社会的障壁に由来するものを、カッコをつけず、生きづらさと分けて表記する。

2　精神に障害のある女性の生きづらさ

本章の対象者はうつ病二名、双極性障害一名、統合失調症二名である。対象者の詳細は以下の表の通りである。表には、診断された年齢も含めている。なぜなら、診断された年齢によって、生きづらさが異なる可能性があるからである。

表　インタビュー対象者の属性

インタビュー対象者（仮名）	年齢・診断時の年齢
斎藤	六〇代 五〇代
谷本	五〇代 三〇代
竹内	五〇代 五〇代
三宅	三〇代 一〇代
新田	五〇代 二〇代

診断名（手帳の有無）	うつ病（なし）	うつ病（精神障害者保健福祉手帳三級）	双極性障害（精神障害者保健福祉手帳三級）	統合失調症（精神障害者保健福祉手帳二級）	統合失調症（なし）
就労状況	パートタイムで勤務	就労していない。	単発的にバイトをしている。	福祉的就労	A型事業所に勤務
世帯状況	夫と同居、子どもたちとは別居	パートナー、娘と同居	一人暮らし（離婚経験あり、子どもと別居）	両親と同居	夫と同居

表にあるように、それぞれの女性の病名は異なる。しかし、すべての者が疲れ（「うちに帰ったら寝ているという状態」斎藤さん）といった身体症状について言及した。考えをまとめることができないといった思考能力の低下を訴える者もいた。対象者はこうした病気の症状によって、家事や清潔感を保つことや献立を考えることができない（「料理はしない、できないっていうか、何か料理をする前に料理を考えることがもうできないっていう」斎藤さん、「メニューが浮かばないんですよ、全く。献立が浮かばない」谷本さん）状態に陥っていた。本章では、これらを「生きづらさ」と呼んでいる。

うつ病、双極性障害、統合失調症の患者に共通する点として、「継続的な薬物療法が必要」（根本、二〇二〇、二三四頁）ということがある。薬については、全員が言及していた。女性の場合、服薬によって、胎児に影響が及ぶことがある。一方で、男性が服薬をしていたとしても、医学的に、精子を介した胎児への影響はほとんどないとされている。本研究プロジェクトでは、生きづらさは社会的なものであると位置づけているが、服薬の有無については、生物的に「女性であること」が、精神疾患に、そして、生きづらさに直接影響を与えていくことを後述する。

調査では、「学校時代」、「入院」、「施設」、「仕事」、「交際・結婚」、「妊娠・出産」、「子育て」、「医療場面」、「女性規範」、「所属コミュニティ」、「家族・親戚関係」、「近隣コミュニティ」、「人間関係の断絶」といったカテゴリーに関連する言及がなされた。対象者から、または調査者の問いかけに答えて、同年代の健常者女性や障害男性との比較において不利と考えられる点が語られることもあった。

生きづらさに関するもののうち、女性であることに関連させた語りが見られたのは、「仕事」、「交際・結婚」、「妊娠・出産」、「子育て」、「医療場面」、「家族・親戚関係」、「人間関係の断絶」「女性規範」のカテゴリーであった。

（1）仕事に関する生きづらさ

インタビュー対象者五名のうち、仕事をしている者は三名であった。現在仕事をしていない二名も、かつては仕事をしていた。

仕事については「働くことが息抜き」（斎藤さん）、「生きていくためのやりがい」（谷本さん）のように肯定的に語られることもあった。

しかしながら、一名は精神疾患の発生理由が、仕事にあると語った。谷本さんはうつ病の女性で、二〇年前の経験を以下のように語っている。

近くの働ける、何かあったら帰れる会社を見つけてパートで働いたんですけれど、そのときに、その会社がブラック企業だったんですけど、セクハラとパワハラを受けまして。所長さんっていう方が絶大な力を持っていて。体をさわられる。あと、自分の機嫌が悪いときは私を罵倒して当たる。辞めたくても「辞めたい」って言えずに我慢して働いていたんですね。そうすると、やっぱり精神的にもボロボロになってきまして、ある日突然、もう更衣室に入った瞬間大泣きして泣きわめいて、もう次の日から会社には出ていかれない、もう布団をかぶって毎日泣く生活で。（谷本さん）

谷本さんは、セクシュアル・ハラスメントとパワー・ハラスメントによって精神障害を発症した。つまり、女性を支配的価値観で見る職場環境（上司）によって、「生きづらさ」が生み出された事例である。

三名が精神障害のある男性に比べて就労機会を得ることが難しいように感じると語った（斎藤さん、谷本さん、三宅さん）。

男性は、（自分と）同じ年齢でも、採っていただける幅がすごく広い。だけど、じゃあ私五〇過ぎて採っていただくっていったら、今まで私、事務職一本だったんですけれど、もうそんな仕事は

ないし、お掃除のおばちゃんとか洗いものとか、多分そういう仕事しか本当に残ってないと思うんですよ。(谷本さん)

男性の求人の種類は豊富であるが、女性の仕事の募集は清掃や皿洗いのような業務内容に限定されていると谷本さんは感じている。この感覚は、谷本さんの就職活動を阻んでいるようである。斎藤さん（うつ病）も同じようなことを感じている。彼女は後から振り返って、仕事量の多さがうつ病の原因であったと感じている。当時、斎藤さんは五〇代後半であり、定年を数年後に控えていた。働き続けたいと考えていた斎藤さんには、定年退職し再雇用される道と転職する道があった。うつ病であれば、休職をする道もあった。上司も休職を勧めてくれたという。しかし、斎藤さんは仕事を続けた。彼女はその理由を以下のように語った（〔　〕括弧内の発言は調査者による。以下同）。

〔企業は女性よりも男性を雇おうとしている?〕そうだと思うんです。だから、そういうのもなんとなくわかるから絶対に辞めないでおこうと思ったし、休職しちゃったらもう再雇用されない。病気を理由に再雇用を拒否できるから、再雇用されない（ことが予想された）から休職もせずに有休を使って休んで、何とか仕事を続けてきたっていう。(斎藤さん)

斎藤さんは労働市場における女性の就労の厳しさから、転職は難しいと考えていた。休職は再雇用に不利になる。こうして、斎藤さんは休職をせずに、仕事を続けることを選択した。しかし、精神状態は悪化し、のちに休職をすることとなる。斎藤さんには「生きづらさ」があったが、女性であるために仕事を続けた。そして、そのことにより「生きづらさ」が増幅されている。

（2）交際・結婚に至るまでの生きづらさ

インタビュー対象者のうち、二名が婚姻に関する生きづらさを語った。ほかの三名は、結婚後に病気が判明したため、該当しなかった。

三宅さん（統合失調症）は、薬を飲んでいるために、主治医に子どもを持たないことを勧められた。子どもが欲しかった三宅さんではあるが、医師からのアドバイスに加え、三宅さん自身も、断薬することによって体調が悪化することを恐れた（「二度と調子が悪くはなりたくないので」）。さらには、子どものケアをすることに対して負担を感じた（「自分のことで精一杯なので、今。それに付け加えて、子ども、赤ちゃん」）。主治医の言葉をそのまま交際相手の男性に伝えたところ、男性からの連絡は自然に途絶えたという。男性から「子どもがほしい」「結婚したい」との気持ちはもちろん、充分伝わってきた。しかし交際相手も統合失調症を持つ当事者であった。三宅さんは当事者同士でもわかりあえないことがあることがショックだったと語った。

男性はみんな、当事者の方でもやっぱり家庭が持ちたい人はもちろんいますし、子どももほしいっていう方が多いんですけど、私としてはもっとよく考えてほしいって思って。単純に「赤ちゃんがほしいから」とか言わないでほしいって思って。（相手の言葉を）厳しく感じたんですけど、自分が一番苦しいのに、なんで相手が、「自分が、僕のほうがつらいよ」みたいな感じで逃げるのかなっていう。それは言われてないんですけど、その感覚に受けちゃったんです。私のことを重視してくれるのであれば、本当に思ってくれているのであれば、そういうことにはならないんじゃないかなと思って。（中略）あなたも当事者でしょって。当事者同士で付き合っていてどうして理解してくれないのって思って、何が何だかわかんなくなりまして。（中略）何のための当事者同士の付き合いだったのかなと思って。病気の話とかもあんまりはしなかったですけど、理解、そこまでしてもらえないのであればしょうがないなと思っています、今は。（三宅さん）

さらに、三宅さんはこの件が原因で症状が悪化し、半年近く寝込んでいたという。精神疾患があることが交際における生きづらさを生み出し、疾患（「生きづらさ」）が悪化したという事例である。

新田さん（統合失調症）は、結婚をそもそもあきらめていたと語っている。しかし、たまたま出会った男性に病気のことを告げて結婚した。新田さんは夫が統合失調症のことをあまり知らなかったからではないかと推測している。現在、夫からは、「統合失調症はどうのこうのとか、ただ精神的な病気だろうって軽く思って、ふたを開けたらこんなにすごいとは思わなかったって」何度も言われていると話してくれた。夫の家族には病気のことを告げなかったが、義母との同居で病気が再発し、結局は家族に知られることになった。

私が病気のこと言わないでほしいと言っちゃったんですね、主人に。お母さんと兄弟に。それが結婚して病気が出ちゃって、そこでばれちゃったんで、すごい気まずくって。今でも気まずいんですけど、義弟さん夫婦とは、そのことがあるので。だから、結婚する前にちゃんと言わなきゃいけなかったなと思って、今でもちょっと後悔しているんですけど、その気まずさは今でも一六年たっても持っているんですけど。（新田さん）

義母は亡くなったが、義弟夫婦との関係は現在も疎遠で、気まずいままである。結婚前に病気を知らせなかったことを後悔していると新田さんは語った。一方で、病気を理由に結婚ができないと悩んでいる人には、そのように思う必要がないことを伝えたいとも語っている（「病気があったし、出会えないだろうなと思ったし、そんな病気の私をもらってくれる人なんて現れないだろうなっていうふうに勝手に強く思っていたから、だから。でも、今思うとそんなことを思う必要はないよって今思っている人に言いたいなとか思って」）。

（３）妊娠・出産に関する生きづらさ

妊娠に関する生きづらさは、二名から語られた（三宅さん、谷本さん）。

統合失調症で服薬をしている三宅さんは、女性の主治医から妊娠はしないほうがよいと勧められた。彼女は子どもを育てる「能力」について、主治医からはっきりと否定されたと語った。

「赤ちゃんは眠って出てくる可能性もある」って言われまして。薬を飲んでいるから多分、眠剤も飲んでいますし、（薬の）影響で出産できない感じがあるって。「奇形にはならないですけど」っていうことは言われたんですけど、「三宅さんに育てる能力もあるかどうかが、それも含めて、産むとなると総合病院に行って、ものすごい覚悟が要りますよ」って言われたんです。いろんな科のところでお世話になって、「産むのに対して相当な覚悟をしてください」と言われた。（三宅さん）

谷本さんは、赤ちゃんに影響を及ぼさないような薬に変えてほしいと主治医に伝えたところ、叱られたと言う。子どもを育てることができるかについて、主治医が直接言及したわけではない。しかし、否定されたと谷本さんは感じている。

私が二人目ほしいなって思ったときに、一回だけ先生に、薬を、要は、「万が一妊娠してもいいような薬に変えてもらえませんか」って言ったのは覚えていますね。そんなのもありましたけど、先生に叱られた。〔叱られた？〕うん。「何をそんなこと言ってんの？」みたいな。〔薬を変えるなんてとんでもないとか、そういう話ですか。〕そんなことより病気治せよっていうやつでしょうね。〔妊娠のことを考えるよりも、まず自分の体を。〕そうそう。うつだからとは、そこまで言わないんですよ、先生は。でも、「うつで子ども産んでどうすんの？」みたいな。「育てられるの？」っていうのがあるんだと思います。「あなたは今すごい重症なのよ」って。「まずそれを治さなきゃどうす

るの？」っていう、多分そういうことだと思うんですけど。（谷本さん）

二人とも、服薬のために子どもを持つことは難しいと主治医から言われている。さらには、子どもを育てる能力についても主治医から否定されたと感じている。なお、「主治医から厳しい言葉を言われたように感じたが実際のところ、本当のことを言ってもらって内心ホッとした、本当に私のことを考えて言って下さった言葉だったと感じた」と、当時を振り返って三宅さんが述べていることを付け加えておきたい（二〇二三年八月一六日のメール）。

（４）子育てに関する生きづらさ

発症後、子どもが学齢期の時期があった一名からは、子育てに関する生きづらさが語られた。谷本さんは子どもの学校でＰＴＡの役員ができなかったことについて、周りの親から批判されたと語った。

小学校は（ＰＴＡの）役員をやらなきゃいけない。で、子どもも一人なので学童にも預けていたんですけれど、私がうつになって人とのかかわりがどうしてもできなくなって、学童の親御さんが集まる会とか、そういうのも一切出られなくって、やっぱり学校の役員も回ってくる。地域委員とかやるんですけれど、結局怖くて出られないんですね。そうすると寄ってたかって、やっぱりいいうわさは皆さん言われなくって、結局病気を理由にして役員の仕事をやらない。要はかばってくれる人は一切いないですね。とにかく怠け病というふうに位置づけられて。（中略）お母さんからすごく罵倒されたこともありましたし。（谷本さん）

谷本さんは一人親で娘を育てた。しかし、学校のPTAの役員となる義務が免除されることはなかった。谷本さんの自宅の近所に住んでいる人は大会社に勤務していることが多く、シングルマザーは「色眼鏡」をかけて見られ、軽蔑されているという。シングルファザーではどうかという調査者からの質問に対しては、谷本さんは男性であれば学校の役員をする必要はなかっただろうと答えている。

（5）医療場面における生きづらさ

医療場面における生きづらさとしては、先にあげたように、妊娠についての主治医の否定的な態度がある。もう一つ、一名から語られたのは、更年期障害の症状について相談できる医者がいないということであった。「人に見られている」という思いが最近強くなっているという新田さんの言葉に対して、調査者が更年期障害と関連する可能性を指摘した。新田さんはその指摘を受け入れつつ、医師に相談することは困難だと語った。なぜならば、婦人科の医師は精神科の薬について詳しくなく、症状について、精神科の薬で対応すればよいと言われたからである。

生理はもうあがったんですけど、多分更年期も入っているかもしれないです。生理があがる前後っていうのは更年期っていうので、私もそれが入っているのかなと思っても、お薬を飲んでるので、「先生は安定剤も飲んでるから、だから」って言われるんですけど。……〔統合失調症のほうの薬を飲んでいるから大丈夫だろうみたいな？〕そうですね、安定剤を飲んでいるから（大丈夫だと、言われる）。（新田さん）

また、閉経を迎えているため、婦人科に行くこともなくなったという。一方、精神科の病院では男性が主治医のため、更年期障害の可能性を言い出すことは難しいという。精神科で症状を言うと、精神病の薬が増えてしまう（「『何もできない』とか『つらい』とか『ちょっとうつ状態だ』って先生に言うと、うつ病の薬を処方されるんです」）。新田さんは自分の症状が適切に対応してもらえないのではないかという不安を抱えていた。二〇二三年に、筆者はインタビュー記録の使用許可を得るために、新田さんに連絡を取った。新田さんは、当時を振り返って、統合失調症と更年期障害が重なり、症状がどちらに起因しているのかわからず大変だったと述べた（二〇二三年三月二二日のメール）。

（6）家族・親戚関係に関する生きづらさ

結婚した相手の家族との葛藤については二名が語った。先ほど述べた新田さんは、病気のことを隠していたために、義弟夫婦と疎遠な状態が続いている。もう一人、斎藤さんは息子夫婦に病気のことを隠している。息子の妻の家族からの偏見によって、息子や孫に何か不利益が生じる可能性を恐れているためである。

一番気を使っているのはお嫁さん（に対して）。お嫁さんというか、お嫁さんの背後にいる家族にやっぱり気を使うっていうか。だから、私が病気になる前みたいに偏見を持っている家族だったら、結婚した相手のお母さんがうつ病だということで、それがあることで息子とか孫に影響があるといけないなって思うので。（斎藤さん）

息子や孫への影響を恐れ、斎藤さんは息子夫婦が家を訪れる際には無理をして家事をし、健常者のように振舞っており、それが非常に疲れると語ってくれた。世間一般に精神障害に対する偏見があることは斎藤さんも感じている。斎藤さん自身も病気になる前に偏見を持っていた。そのため、病気のことを家族にも伝えることができていない。

（7）人間関係の断絶に関する生きづらさ

病気ではない女性との比較において語られたのは、人間関係から切り離されていることであり、そのことによって発生する生きづらさであった。

同世代の人たちは今働いていて、たとえば友だちとランチ行ったり、案外楽しく、もう子育てが

ちょっとひと段落しているので楽しくやっているんですよね。でも、私はそれができない。（谷本さん）

本当に根っこで友だちとのつき合いがない。周りの女性は女性として楽しめることをちゃんとやっている。でも私はそれ以前に、もうそこまでの関心もわかないぐらい大変だと、自分が。力もない、余力がない、毎日家事も手伝えない、集中力もない、根気も出ない、疲れやすいので、日常の中では楽しめてないです、全然。（三宅さん）

病気のために出かけられず、病気のことを伝えることができないため、友人とのランチができなくなったり、「女性として楽しめること」ができなくなったりする。こうした生きづらさは、社会的障壁による生きづらさとして認められにくいかもしれないが、外出時に気軽に休むことができない社会は社会的障壁を生み出しているといってよいだろう。また、外出に価値が置かれている社会もまた、障害者について考慮せず作られている社会の一つの様相として描くことができるかもしれない。

人間関係の断絶に関する生きづらさについては、他の生きづらさと比較して、強い表現とともに語られた。たとえば、「それが不利っていうか、つらいですね、すごく」（谷本さん）、「生きているだけで差別されている感覚です」（三宅さん）など、「すごく」「差別」という表現とともに語られている。

（８）女性規範に関する生きづらさ

インタビュー対象者たちは「家事をしなくてはいけない」、「身なりを整えなくてはいけない」という女性規範を感じ、それができないことによる生きづらさを感じていた。

対象者のうち、現在、男性パートナー（男性配偶者を含む）がいるのは三名であった。男性パートナーは家事に協力的な姿勢を見せている。しかしながら、家事の主たる責任を担っているのは女性であり、男性は補助的な役割しか担っていない。さらに、普段は家事に協力的な男性パートナーも、女性が家事を担うべきだと考えているようだと語られた。斎藤さんがインタビューの冒頭で象徴的な話として語ったのは、「ラッキョウ漬け」をめぐる夫との攻防であった。ラッキョウ漬けを作るためには、多くのプロセスを踏む必要がある。そのプロセスの中に、期待される家事役割が象徴的に現れる。

本当に些細なことなんですけど、つい本当数日前にラッキョウを漬けるという話になっていて、ラッキョウが（販売店から届いて）来たわけです。で、うちの夫はラッキョウの皮を剝いて、「皮まで剝いてやったぞ」みたいな感じで置いてあったの。で、私は、もうとてもそんなラッキョウを漬けるような気力がないっていうか、やっぱりできないっていうので放っておいた。廊下にそれが二日ぐらい置いてあって、そしたら、うちの夫が帰ってきて、それで「チェッ」みたいな感じで、なんで置いてあるんだみたいな感じ、いかにも私がするのが当然のように。うつになってから家事をよくうちの夫はがんばってやっているんですけれども、どうしても「がんばってやってる感」があって、いかにも本当は私がやるんだけど、それを「自分が代わりにやってる」っていうのは所々で出てくるのが、私としては「うーん」って。確かにそうかもしれないなと思いながら、ちょっと嫌だなと思って、それがつい数日前のラッキョウの件ではっきり出たなと思って。あ、やっぱりうちの夫はそういうふうに思ってんだと思って。それからもう、ラッキョウは買うの絶対やめようと思って。その対処法としては。（斎藤さん）

斎藤さんが「些細なこと」、「やってる感」と述べていることが示唆しているのは、夫が斎藤さんにあからさまに家事役割を要求しているわけではないということである。そのため、斎藤さんは夫にはっきりと抗議をすることができず、ラッキョウを買わないという「対処法」を取るしかない。ラッキョウは象徴的なできごととして語られただけであり、同様のことがくりかえし生じていることが示唆される。相互関係の中の「些細な」行為が積み重なり、生きづらさを生み出していく。

斎藤さんが「確かにそうかもしれないなと思いながら」と述べていることに注目したい。相手の行為の中に読み取れる女性規範以上に彼女たちを苦しめていると考えられるのが、内面化された女性規範である。「女性はこうあるべき」という主張は、他者の声としてではなく、自分の内面からの声として聴かれており、ジェンダー規範を内面化しているということができる。谷本さんは「やっぱり女性だから料理も上手に作らなきゃいけないし、掃除、洗濯もしなきゃいけないっていうのは、すごく感じています」と、自分が家事をしなければという意識が強いことを語っている。また、竹内さんも、「（家事が）できるのにやらない、やれないっていうか、と、だめな主婦じゃんとかって自分で背中が重くなってくるよね」と同様の発言をしている。

本章の対象者の語りにおいては、疲れに関連して身だしなみの問題が挙げられている。三宅さんは身だしなみに気を使うことが難しいと話した。三宅さんによると、女性は男性に比べて清潔感が求められる。「女性はちゃんと、外に出るんであれば髪の毛も落ち着かせて、ある程度清潔感持った感覚で行かないことには、ここの部屋に、その場所に、目的のとこに行くにあたっては、自分自身でも思うんですけど、ある程度気を使います」。三宅さんは日常生活において周りから否定的な目で見られていると感じていた。

こういった言葉は、障害のある男性との比較を通して語られることもあった。男性は家事について責任を持たなくてすむこと（「男性でうつだったらいいよね。何にもしなくて奥さんがご飯出してくれれば。何にも変わらず家で寝てるだけだから」斎藤さん）や身だしなみを整える必要があまりないこと（「周りからも見られても、清潔じゃないと、清潔じゃなかった男性よりも清潔でなかった女性のほうがダメージがおっきい」三宅さん）が語られている。

3　語りから見えてきたこと

先に、二つの問いを立てた。第一に、精神障害の女性の生きづらさはどのようなものなのか。以上で見てきたように、さまざまな生活史上のできごとおよび日常生活において、インタビュー対象者は生きづらさ（社会的障壁）を感じていた。「仕事」については、一般労働市場における就業機会が少ないと感じている。このことは、女性たちに就労へのチャレンジを戸惑わせ、仕事をしている者の場合は無理をして仕事を続けるなどの事態を生み出している。「交際・結婚」については、自分には可能性がないと考えたり、恋人に去られたりしてしまう。「妊娠・出産」については、医師から否定的な態度や子育て能力への疑念を示される。「子育て」については、病気であっても小学校の役員等の義務は免除されない。「医療場面」においては、症状に対し適切に対応されないことを恐れる女性がいる。「家族・親戚関係」については、偏見を恐れて、病気のことを家族に打ち明けられない。症状のために「人間関係の断絶」が生じている。さらに、女性たちは症状があっても女性規範は守るべきだと感じており、そこから逃れられないことに苦しさを感じている。

第二に、生きづらさに影響を与えるものとして、どのような要素が考えられるのか。それは症状に対する無理解や偏見である。さらにこれらのために、自らの抱える困難を他者に伝えることも難しい。谷本さんは母親に「怠け病」と言われたことを語った。心身の不調は、病気の症状としてではなく、単に本人のやる気のなさの問題とされてしまう。三宅さんは交際相手から「(三宅さん自身の病気を)周りの近所さんに知られたくない」と言われている。職場にいる「少し変わった人」がうつ病ではないかと疑われるときに、斎藤さんは同調してしまうという。こうした具体的な経験から、社会に偏見があることを彼女たちは感じている。偏見があると感じている女性たちは、家族や職場の人たちに自分の症状を伝えることができず、無理をしてしまい、症状を悪化させている。このように、精神に障害のある女性の生きづらさを増幅させるような要素がある。

また、経験された生きづらさが症状そのものを発生させることがある。女性の精神病の発生事由として、職場のストレスがあることが指摘されている。谷本さんの事例は、上司からの性的な接触とパワー・ハラスメントがうつ病の原因として語られていた。

くわえて、社会的障壁としての生きづらさが、症状、つまり、「生きづらさ」を悪化させたり、再発させたりすることがある。たとえば、結婚を考えていた相手との別れで寝込んでしまった三宅さんや、義母との同居によって症状が再発した新田さんがそうである。障害のない人のようにできない辛さがうつ病を悪化させることもある。この生きづらさの根底にあるのが、「女性は結婚をしなければならない」、「女性は家事をしなければならない」といった女性の社会規範であると推測される。

他方で、精神に障害のある女性たちの経験は共通部分も多いが、多様でもある。発症年齢が低い女性たちは結婚や妊娠についての生きづらさを経験する。たとえ症状があったとしても、診断がついていない場合には、結婚や妊娠の生きづらさは生じていない。また、薬を飲んでいることも生きづらさを生じさせる大きな要因である。さらに、地域性が生きづらさを促進させることがある。女性規範が強い地域においては、子育てに関する困難を感じやすくなる。受診機関の選択肢が少ない地域であると、対応に不安を抱えていても受診先を簡単に変更することは難しい。さらに、居住形態、たとえば義理の両親や子ども夫婦との同居も生きづらさを増幅させる。「障害」と「女性」のみではなく、「発症年齢」や「地域性」、「居住形態」という要素が、女性たちの生きづらさに影響を与える。

すでに述べたように、症状は女性たちに人間関係からの断絶をもたらす。良好な人間関係を維持するためには、人と会い、約束を守ったりすることが必要であると彼女たちは感じている。体調に波があるうつ病の人は「前日具合が悪くて断ったりすること」（斎藤さん）が多かったり、「結局土壇場になって断っちゃうかもしれない」（谷本さん）。疲れやすい統合失調症の人は「余力がない」（三宅さん）。そのために、彼女たちは人間関係から断絶されているように感じる。また、彼女たちにとって、障害のない女性は「ランチ」をしたり、「女子会」をしたり、楽しくやっているようにみえる。実際には、障害のない女性は人間関係に煩わしさを感じたり、苦労をしたりしているかもしれないが、インタビュー対象者にとっては、障害のない女性たちは豊かな人間関係を生きているようにみえ、自分たちはそうではないことに苦しみを感じている。こうした苦しさは、障害者差別解消法の対象外である。しかし、そこに社会的障壁が存在する可能性があることを指摘しておきたい。

症状による「生きづらさ」と社会的障壁による生きづらさ双方とも、解決方策は見つけることが難しい。インタビューにおいて、自助会ではつらい経験を吐き出し、共感を得ることができるので良いという意見が聞かれた（斎藤さん）。しかしながら、自助会は実際の問題解決の手段にはなっていないことが指摘されている（Goto, Tsuchiya ＆ Kawaguchi, 2019）。なぜならば、自助会も男性の悩み、とくに雇用に関する悩み中心になってしまっているからである。これは、当該自助会に男性が多かったという偶発的な要因もあるが、男性の悩みのほうが重要で深刻なように見えるために、女性たちが口をつぐんでしまうということがあるだろう。また、自分のロールモデルになるような人も見出すことができない。彼女たちは生きづらさに関連する問題を解決する手段を得ることができないまま、自分たちの将来の状況について見通しがつかない状況に置かれている。

4　まとめ

得られたインタビュー内容を生活史上重要とされるできごとによって分類したところ、さまざまな社会的障壁についての語りがみられた。精神疾患によって引き起こされる身体症状（例として、疲れ）、服薬の必要性は、日常生活におけるさまざまな行為の遂行を困難なものにする。女性たちから聞かれたのは、妊娠について主治医から否定的なことを言われたこと、育児の困難さや家事ができないこと、男性パートナーから家事の協力が得られないという声や家事ができないことの罪悪感であった。健常者女性の場合、妊娠について主治医から否定的なことを言われることはないし、医療場面においても婦人科の病気として対処されるが、障害女性は妊娠をしないよう勧められ、婦人科の症状を適切に対処されないかもしれないという不安を抱える。障害男性の場合、家事をしなければいけないという役割から逃れられているかもしれないが、精神に障害のある女性は多くの場合、家事役割も担い、本人も女性は家事をするものであるという規範意識を強く感じていた。また、仕事については、精神障害のある男性と比較して雇用されづらいといった経験も語られた。

精神障害に固有の問題としては、障害が生きづらさを生み出すだけでなく、生きづらさによって症状が生み出されることがある。また、自らの障害が否定的にみられていることを感じて無理をしたり、症状のために人間関係から断絶されたりした結果、症状自体が悪化することがあることを指摘することができる。他方で、「発症年齢」や「地域性」、「居住形態」という要素が、女性たちの生きづらさに影響を与えることが推測される。

今回はインタビュー対象者が限定されていたが、今後、対象者や対象地域を拡大しデータを蓄積することにより、上記の点について、他障害との比較を含め、考察を深めていく必要がある。また、実践的には、生きづらさを解消するための方策の提示や本調査を量的調査に応用可能な形にしていくことも求められる。本論文では取り上げることができなかったが、精神障害女性の生きづらさと一体のものとして、女性の生きづらさ、男性（精神障害男性も含む）の生きづらさについても、深刻なものがあると考えられる。これらは今後の課題としたい。

＊謝辞
本章の執筆にあたっては、伊藤綾香氏（国際経済労働研究所）、瀬山紀子氏（埼玉大学）、臼井久実子氏（ＤＰＩ女性障害者ネットワーク）から貴重なコメントをいただきました。この場を借りてお礼申し上げます。

参考文献

堂下陽子・高比良祥子、二〇一八年、「子育て中の精神障害をもつ利用者への訪問看護を導入し継続するために必要な看護」『長崎県立大学看護栄養学部紀要』第一七号、二三－三〇頁。

Goto,Y., Y. Tsuchiya & N. Kawaguchi, 2019, "Research on the Difficulties of Women with a Mental Illness and the Role of Self-help Groups," the Workshop on Disability Research and Social Inclusion & 2019 East-Asia Disability

Studies Forum.

伊東香純、二〇二一年、『精神障害者のグローバルな草の根運動——連帯の中の多様性』生活書院。

駒澤真由美、二〇二二年、『精神障害を生きる——就労を通して見た当事者の「生の実践」』生活書院。

根本清貴、二〇二〇年、「精神疾患合併妊産婦が受診した．さぁどうする？」『女性心身医学』、第二四巻第三号、二三三-二三六頁。

栄セツコ・辻本直子、二〇二一年、「精神障害のある親とその子どもの生活支援に関する文献レビュー」『桃山学院大学総合研究所紀要』、第四七巻第一号、九九-一一四頁。

白田幸治、二〇一四年、「障害の社会モデルは解放の思想か？——精神障害のとらえがたさをめぐって」『Core ethics』、第一〇号、一二一-一三〇頁。

髙橋清久、二〇〇三年、「学術の再点検——ジェンダーの視点から（その2）：精神医学とジェンダー」『学術の動向』、第八巻第四号、一三-一九頁。

第2章　視覚障害のある女性の生きづらさ
——甲斐さんの生活史をたどる

土屋　葉

はじめに

視覚障害がある甲斐さん（五〇代、仮名）は、幼少期から現在までのさまざまな「嫌だった」経験や「できなかった」経験を語った。この章では甲斐さんの生活史をたどりながら、彼女によって語られた「生きづらさ」の経験をみていく。同時に、他の視覚障害のある女性たちの経験や手記などを参照し、「不利益」（星加、二〇〇七）[*1]と関連づけて考えていく。1および2では、公的な制度である教育・医療機関や職業組織において生じる生きづらさを、4では、他者との関係やコミュニケーションから生じる生きづらさ、とくに結婚をめぐる生きづらさをみていきたい。[*2]

１　教育・仕事場面における不利益――盲学校と職業選択

まず、視覚障害のある女性の教育および職業について考える。甲斐さんは子どもが好きだったことから、幼少時の将来の夢は「保母さんか小学校の先生」だったと語った。実際には盲学校小学部・中学部・高等部で学んだあと、専攻科理療科に進み、三療（「あん摩マッサージ指圧」「はり」「きゅう」の三種の療法を指している略称）の資格を取得した。甲斐さんは、親や教師から「資格を取りなさい」と

＊1　星加良司は「不利益」について「ある基準点に照らして主観的・社会的に否定的な評価が与えられるような、特定の社会的状況である」もの（星加、二〇〇七、一一六頁）と指定している。また関連して「ディスアビリティ」を構成する不利益は、個人の外部としての社会に内蔵する障壁に起因するものではなく、個々の主体と社会との間の、あるいは複数の主体間の特定の関係性に関する概念として把握される」と述べる（星加、二〇〇七、一二四頁）。なおここでいう「ディスアビリティ」とは、「不利益が特有な形式で個人に経験される」ものであり、日常生活の多くの場面で、また人生の多くの期間を通じて、「社会的に価値のある活動」が「できない」という経験であるという（星加、二〇〇七、一九五頁）。

＊2　星加は「ディスアビリティ」を、「公的な制度や構造のように明示化ないし固定化したルールを介して与えられる」制度的位相と「内面化した規範や他者の眼差しを通じて意識的・無意識的に生成されるような、自己抑制によって帰結する」非制度的位相を分けて論じている（星加、二〇〇七、九七頁）。このなかで、規範が問題化されることに関連して星加は、不利益を否定的な社会的状態として評価するための基準点が必要とされ、そこにある種の規範が機能していると述べる。「できないこと」自体はいかなる社会においても存在するが、その不利益がディスアビリティの問題として焦点化されるときには、それを不当とみなすような規範的な基準が内包されているという（星加、二〇〇七、一五〇頁）。

くりかえし言われ、中学三年生のときには将来の夢を完全に否定されたという。

「視覚障害者はもう絶対に（三療の道に）進め」、「それしかないよ」ということが嫌だったんですね。（中略）でも中学三年生の（ときの）先生が現実的に、「保母さんはだめよ」って。（中略）「子どもはちょこちょこ動くから、みるのはやっぱりあぶないし。小学校の先生は無理じゃない？」って。それを聞いたときに、まず放心状態、真っ白になっちゃったんですね。目標がなくなって、それで高校一年生のときはぼーっと考えたり、一人になると電車のなかで、どうしようかな、なるものがなくなったなっていう思いが。（（　）内は筆者の補足、以下同じ）

甲斐さんは教師から、視覚障害を理由として幼い子どもに関わる保育士や小学校教員になることを止められ、一時期は目標を失ったという。[*3] しかしその後、針治療には身体に副作用がないという有用さを見出し、資格を取ることに前向きになった。「そういう考えになったから、やりたくないと思ってやってたわけではない」と言う。理療科を修了したあとは、身体が弱かったこともあり就職を危ぶまれていたが何とかもちなおし、病院や治療院で働いた。

甲斐さんの言葉からも推し測られるように、ある時期まで視覚障害のある人にとって、三療は伝統的な職業分野であり、かつ経済的自立を果たすためのほぼ唯一の手段だった。一九八〇年代以降、視覚障害者の職域はだんだん広がっていった（佐藤、二〇一三、二八頁）が、三療に従事する「目が見えない者」の比率は、甲斐さんが就職した一九八〇年代後半でも四〇％近くを占めていた。その後減少傾向となり、二〇二〇年にはあん摩マッサージ指圧師二二・四％、はり師一一・九％、きゅう師一一・五％となっている（独立行政法人統計センター、二〇二三）。

さらに、かつては教育機関で、三療すべてを履修する理療科への進学を念頭においた指導が行われていたという（平田・久松、二〇〇四）[*4]。また佐藤（二〇一三）は二〇〇五年に行った調査から、盲学校の教員が、「三療こそもっとも安定した自立への手段」であると認識し、生徒に対して専攻科経由の職業移行を期待していることを指摘し、それが「望ましい進路」として合理化されていく過程を分析している（佐藤、二〇一三、二八頁）。

これらから、視覚障害のある人にとって、少なくとも二〇〇〇年代初めごろまでは、制度的に進路が水路づけられていたことがわかる。[*5] これは、障害を理由とする進路選択の制限であり、星加良司の

---

*3 小学校教員については、甲斐さんも「小学生の先生は無理」、「私は勉強しなかったから」という思いがあったという。

*4 平田・久松（二〇〇四）によれば二〇〇二年の調査結果では、盲学校高等部本科普通科（重複学級を除く）において、理療中心の職業教育・進路指導が行われていたという（平田・久松、二〇〇四、六七頁）。

*5 ただし近年、状況は変化しているようだ。中村・高田屋（二〇一八）の、視覚特別支援学校教員へのアンケート調査の結果によると、視覚に障害のある児童生徒の進路として重視したいものは何かの問いに関する回答は、「三療者としての就労」が二九％、「一般雇用や公務員等への就労」が二一％、「作業所・授産施設等の福祉的就労」が二〇％と分散していた。この背景として、児童生徒の障害の重度・重複化により、三療師を目指すことや一般就労が難しい児童生徒が増加している現状があることが指摘されている（中村・高田屋、二〇一八、二三三頁）。実際に、二〇二二年三月に視覚障害特別支援学校（高等部）を卒業した人の進路は、三六・二％が「社会福祉施設等入所・通所」、「進学者」三七・一％となっている。後者のうち、大学・短期大学等への進学を除く「特別支援学校高等部（専攻科）へ進学した者」が将来的に三療に従事すると思われるが、この内訳は示されていない。

いう不利益としてみることができるだろう。*6

また、このことはジェンダーとも無関係ではない。『しなやかに生きる見えない女たち』（二〇〇三）には、進路選択について女性たちが語っている箇所がある。

> 大学進学を希望していましたが、結局、盲学校の鍼灸科に進みました。それは職業的自立のための現実的選択と割り切りました。（一九五四年生）

> 経済的自立のことを考えて理療の道を勧められました。（一九五一年生）

> 三療の道か就職の道かで選択をせまられてとても悩みましたが、将来の生活を、結婚を考えた時、私の進むべき道は三療の道だと思いました。（一九六七年生）

これらの言葉からは、女性たちが「経済的自立」や「職業的自立」、「結婚」をみすえて、三療という道を「選択」したことがみてとれる。視覚障害のある女性にとっては、結婚の条件の一つとして「稼得能力」（＝「生産能力」）がおかれており、三療に従事することがすなわち、「将来の生活」と「結婚」とにつながることを意味していたのだろう（このことについては3でくわしく述べる）。学校教育における「三療の道」への水路づけや、これらの意味づけがなされるなかで、甲斐さんの幼少時の夢であった「保母さん」や「小学校の先生」という職業選択は現実的ではなかったことは、たやすく想像できる。

２　三療に従事する女性への性的ハラスメント

さて、甲斐さんは三療に従事していた二〇代前半をふりかえり「楽しかった」と語った。また「もっと勉強したい」という意欲を強くもつなど、当時は職業としての三療に不満は抱いていなかったようだ。しかし、依頼に応えて会社やホテルへ派遣された際、何度かハラスメント被害に遭ったという。

マッサージをしてたら、「ちょっと、こうやってやるんだよ」とか言って起き上がって、で、「足出せ」って言って、「はあ?」と思って。「何するの」っていうか、「えー」と思って、「嫌ですよ、ちゃんと寝てください」とか（笑）、そう言ったら怒っちゃって、「じゃあもういいわ」って言われて。

派遣先から戻ってきた甲斐さんに院長は、「最初から電話でおかしかった」と、甲斐さんがハラス

*6　一方で、ある一九七〇年代生まれの女性は大学進学をめざしていたが、それに反対する教員からは「（大卒後の）就職も保証はないけど、それでもいいのか」「専攻科に行けば、選ばなければ就職先はある」と言われた。しかし、進学先の候補の一つであった大学の、「幅広い人材を学生に受け入れるべき」、「障害者の学生を受け入れよう」という方針に「ちょうど合致した」ため、進学を果たすことができたという。

メントに遭う危険性を感じていたようだったという。それにもかかわらず、院長がそれを回避する手立てを講じることはなかった。甲斐さんは「院長を責める気もちとか、こんな仕事しかないからなとか、自分が努力してれば何かほかに（仕事が）あったかなとか、そういうこと一切当時思わなかった」が、「やっぱり傷つきますよね」「嫌でしたね」とも語っている。

三療業に関して、ジェンダー的な視点からの調査研究は多くはなく、ハラスメントについての研究はほとんどない。[*7] 歴史的には昭和のはじめまで、視覚障害のある女性は「按摩の技術を身につけ、生涯独身を通すことが良しとされていた」（谷合、一九九六、一九七頁）という。にもかかわらず、多くの女性が仕事を行うなかでハラスメントの被害にあっていた（粟津、一九八六、五－六頁）。歴史的には、（インモラルな）「女按摩」への見方があり（粟津、一九八六／中村、一九三九→森田、二〇一五に引用）、このため三療に従事する女性へのハラスメントは生起しやすい。これと関連して女性のハラスメント経験は、男性のそれとはまったく異なるものになることが推し測られる。

たとえば一九六〇年代半ばに三療関係でアルバイトをした楠敏雄（一九四四－二〇一四）が、インタビューにおいて三療業に従事する女性の状況について、次のように語っている。

岸田）女性は慰安が多いのでセクハラもあって、働きにくいというのを聞いたんですが。

楠）それは実際、いたずらされたり、そういうケースはたくさんあった。

岸田）でも、それしかない。

楠）ないから。とくに地方の温泉旅館なんか行ったら、そういう対象として位置づけられてて、マッサージするのといわゆる遊ぶのと同じ感覚で女性を呼ぶ男はけっこういて。全盲なんかとくに逃げられないでしょ。知らない旅館やホテルに来たら。少々のことは我慢せえ、仕事やる以上、そのくらいは覚悟しろと言われてた。もし何かあったらホテルに通報した人もあるけど。みんながみんなそうじゃないけど、そういう悪質なのもあった。泣き寝入りさせられた女性もいたし。

仕事としてマッサージなどを行う女性が、男性から「そういう対象」として、「逃げられない」空間において、「少々のことは我慢せえ」「そのくらいは覚悟しろ」と、性的な行為を強要された。なかには「泣き寝入りさせられた」人もいたという。楠へのインタビューは少なくとも一九六〇年代半ばには、三療に従事する女性が「遊ぶ」対象として位置づけられていたことを示している。

近年もセクシュアル・ハラスメントを受けた女性の経験は、断片的に語られている。

一人で営業する鍼灸の治療所で、初めて来た男性患者さんが治療室へ入るなり全裸になった。何とか治療をしたが、以後、男性患者が怖い。（ＤＰＩ女性障害者ネットワーク編、二〇一二、一四頁）

*7 近年、三療の職種において晴眼者との競争が激化し、三療に従事する視覚障害のある人たちは経済的に苦しい状況におかれていることは指摘されている。鍼灸マッサージ業者を対象とした調査によると、年収（中央値）は視覚障害者が一二八万円、晴眼者は四〇〇万円であり、前者の四二％が一〇〇万円以下の階層に集中していたという（藤井ほか、二〇一七）。

（治療院での仕事の中に）私自身は以前に性的な暴行をされそうになって、悔しいとか悲しい思いをして、それ以来、男性患者はしなかったんですね。でもそんなぜいたくも言ってられなくて、不景気ですので。それからは紹介していただいて、男性患者さんは治療をしています。（視覚障害ナビ・ラジオ、二〇一三、（　）内は筆者の補足）

性的暴行に受けそうになった、治療室で、ですけどね、そうしたこともあったので、なるべく閉鎖空間を作らないって事を工夫しています。（中略）私としても密室を作るってことは、相手に油断をさせることでもあるので、それはこちらも気をつけなくちゃいけないなとは、よく思います。（視覚障害ナビ・ラジオ、二〇一三）

以上からは、現在でも女性がセクシュアル・ハラスメントを受けるリスクを抱えつつ働いていること、時に仕事を制限していることもみてとれる。また、ハラスメントに遭った経験から、自衛手段を講じていることが語られているように、個人が専門職として働く場面では、生じたハラスメントに対しても自己責任が強調される傾向にある。

甲斐さんも、前述のようにハラスメント経験について語ったあと、自らの態度に言及した。

でも、そのときに、私がもっと弱いっていうか、普通の態度をとっていれば、だったのかなとか。

ハラスメントを受けたことに対して、おそらく客をうまくあしらうという意味で「普通の態度」をとらなかったことを、自己責任の文脈で語っているのである。

これまでみてきたことから、視覚障害のある女性たちが性的ハラスメントを受けるリスクを高める要因がみえてくる。第一に、施術が身体接触を伴うものであること、第二に、施術を行う環境が、施術室や訪問先の自宅や宿泊施設など、閉鎖的な空間であることが多いこと、第三に、治療院などで雇用されている場合、権力構造のなかに置かれていることが多く、ハラスメントを回避／告発するための行動を起こしにくいこと、第四に、進路選択における制限があり、三療以外の仕事を選択したり転職したりすることがむつかしいことである。*8

*8 三療業と、身体接触を伴う、環境が閉鎖的な空間である等の類似点がある職業として訪問介護士、訪問看護師などがある。後者については、二〇一八年に利用者・家族から受ける暴力に関する、大規模な調査が行われている。全国訪問看護事業協会によると、回答者の約半数が訪問先で心身の暴力やセクハラを受けた経験があった。これまでのトラブルの有無を項目別にそれぞれ尋ねたところ「精神的な暴力」は約五二・七％、「身体的な暴力」は約四五・一％、「セクハラ」は約四八・四％が、経験があると答えた。過去一年間ではいずれも三割前後が経験していた（一般社団法人全国訪問看護事業協会編、二〇一九）。

3　医療場面における不利益

次に医療場面に注目する。甲斐さんは、医療機関において「嫌だったなっていうことはいっぱいある」と語った。とくに大学病院について「大学病院ってみんな実験材料なんですよね」と言い、二〇代前半の頃に「ほとんど裸で写真を撮られ」た経験を語っている。

入院したんですよ、もうすぐ二二だなっていうとき。そしたら、ほとんど裸で写真を撮られて（笑）。まぁあのときはちょっとね、うーんっていうか絶句っていうか。しょうがないんですけど。それはちょっとね、数年、んーとかいって残ったけど、親には言わなかった、言えなかったですね。写真撮るおじさんとその先生が目の前に立ってて、もうすごい嫌だなって。泣きはしなかったけど（笑）、ちょっとねと思って。まぁしょうがないかなっていう（中略）。でも、どうしてあんなことやらなきゃいけなかったのかなとか思って。あと、もうちょっと大人だったら、「こういうことは必要なんですか」って聞けたのになと思って。多分拒否することもできますよね。

病気の検査の一環で行われたこととして「しょうがない」と捉える一方で、男性技師に写真を撮られて絶句し、その経験は「親には言わなかった、言えなかった」と語る。もう少し年齢を重ねていれば、撮影の必要性などを問い質したり拒否したりすることもできたかもしれない。しかしそれは現在になって振り返ればという話であり、そのときには指示に従うしかなかった。また診察時に、担当医ではない研修医複数人で口の中を見られた経験について、「すっごい嫌だった」「恥ずかしかった」とも語っている。

「障害のある女性に対しては、家族、個人的介助者、教師、医師、広範なサービス提供者などの多様な関係者により支配が行われる」(Hans 2015=2020: 24) と指摘されるように、医療場面における「支配」と関わるトラブルについても、これまでにいくつかが語られている（第1章、第4章参照）。

胃の検査で姿勢の説明を受ける時、男性の医師が身体にさわりながら指導したので抵抗を感じた。分かりやすくと考えたのだろうが、手振りか紙に書いてほしい。（聴覚障害、DPI女性障害者ネットワーク編、二〇一二、二五頁）

この女性も甲斐さんも、医療従事者による行為を、「嫌だな」と思ったり、「抵抗を感じ」たりしながらも、患者という立場から「必要であるのか」と問うことができなかった。このことに象徴されるように、医療従事者と患者という非対称的な関係のなかで、不利益な取り扱いが生じた例であるといえるのではないか。

4　結婚をめぐって

次に、他者とのコミュニケーション、他者からの眼差し等によって生じる生きづらさについて、とくに結婚というできごとからみていく。

（1）視覚障害のある女性の結婚

まず、視覚障害のある人と結婚をめぐる「問題」について、確認しておきたい。

かつて「盲女子」は結婚はできない、してはならないとする見方が根強くあった。この根拠として、「家事育児の能力なく、妻たる資格の無いこと」や「盲女子の如き虚弱な身体から生まれる子供には、眼病その他悪い遺伝があること」が挙げられていた（粟津、一九八六、四一頁）。ただし親に経済力がなく手に職もない女性たちは、望まない結婚をしていたことも推測される（粟津、一九八六、三頁）。このことは、一部の女性にとって結婚が生きるための手段、つまり生存戦略として位置づけられていたことを示している。

近年でも、視覚障害のある女性には「家事育児の能力」が求められているようだ。[*9] 視覚障害者の結婚については、「弱視の女性が全盲男性のお世話をする／面倒をみるという構図」（視覚障害ナビ・ラジオ、二〇一三）があり、男性は「弱視や半盲の女性をまず結婚相手として見てい」るのだという（武山、一九九六）。

友人に全盲女性と全盲男性が恋愛しているというのは、よくありました。結婚するのかなあと思っていたら、破談になったということがよくあるんですけど、その原因というのが、全盲男性の母親に強く反対されて、破談になるというケースがとても多かったです。今までは息子の面倒は私が見てきたから、その後は、奥さんになる人にやって欲しいっていう役割分担があるっていうことを、その母親はたぶん思っているんだと思うんですけど。そういうこともありましたし、それから、結婚はしたけれども子どもは絶対に持たないって決めたとか、子どもができても、すごい喜んでいたのに、会ったときに「堕ろしちゃったんだ」と言って、泣き疲れたというか、泣きじゃくっていたということもあって。（視覚障害ナビ・ラジオ、二〇一三）

全盲の女性で、全盲男性の母親からケア役割ができないことを理由として結婚に反対されたケースが多いこと、また意に反して堕胎をした女性について述べられている。視覚障害のある女性に対して、結婚の相手として、男性からもその家族からも一般の女性と同様に「家事・育児・世話能力」が求められていることが推し測られる。[*10]

---

*9　障害のある女性は、一般的な結婚、出産、育児の機能・役割を担当しうる「女性性」を有する存在として承認されづらい。こうしたことから、障害のある女性の結婚、出産、育児に対しては周囲からの反対が表明され、抑圧されてきたことが指摘されている（Thomas 1997）。逆にいえば、そうした能力があるとみなされた障害女性だけが結婚相手の候補として認められるということだ。

*10　地域によってはある時期まで視覚障害のある女性を対象とした「家庭生活訓練事業」が行われていたようだ。その内容は、料理、洋裁、手芸、編み物、生花、フラワーアレンジメントなどであり、女性の家事役割を前提としたうえでの事業であることが推測される。群馬県では二〇二一年まで「視覚障害女性家庭生活訓練事業」（群馬県視覚障害者福祉協会が受託）が行われていた（翌年からは「視覚障害者家庭生活訓練事業」に移行）（「群馬県視覚障害者福祉協会」http://gunshikyo.sakura.ne.jp/blog/category/kateiseikatukunnren/　二〇二三年七月一八日最終閲覧）。

一方で、結婚相手として適当であるかを測られる指標の一つとして「仕事」がある。[*11] すなわち、視覚障害のある女性は稼得能力と、家事・育児・世話能力が同時に期待されている。この双方への期待から、視覚障害のある女性が被る不利益があることになる。

(2) 身近な他者からの否定的ラベル

甲斐さんは二〇代前半で、それまでは障害を肯定的に捉える言葉を口にしていた母から、一転して「障害者として産んだ」ことを謝罪されたという。これに関連する母の自分へのまなざしについて、下記のように語っている。

　大きくなってから、母も障害者を特別視してるんだなって、いろんな人としゃべったり、いろんな（ことを）思ってきたときに「あんたが一番差別してんじゃん」と思って（笑）。

甲斐さんは母の言動から、自身に対して否定的なラベルを貼られたと感じたのだろう。このできごとから、それまで抱いていた母への信頼がなくなり、今後母に対しては「絶対弱音は吐かない」と決意したという。おそらく母を頼らないことで、「かわいそう」というラベルを剝がそうとする行為だったのだろう。

また母が、他者の結婚に対して積極的に助言等をするのに対し、娘である甲斐さんの結婚については心配もせず、行動も起こさないことについて知人が問いただすと、「(娘は)目が悪いから」と答えた、というエピソードについても語られている。

「お母さんね、娘さんの結婚を何でやらないの」って、「心配しないの」って、(中略)(知人が)言ったときに、私は目が悪いからとか何か言ったそうなんですよ。

このことも母が「目が悪い」自分を「差別」していると感じさせたようだ。甲斐さんは、母との相互行為のなかで、また前節でみたような結婚の条件に関連して、自身に対する否定的なラベルが付されたと感じたのではないか。こうした相互作用により、甲斐さんのうちに意識的・無意識的な自己抑制を生起させ、かつ不利益を生じさせたことが推測される。

(3) 結婚への「壁」

甲斐さんは二〇代の終わりに体調をひどく崩し、治療院を辞めた。少しもちなおした頃、うつ病を

---

*11 視覚障害のある女性は、結婚に際して男性の両親が、息子が彼女の面倒をみる状況になるのを恐れていたと話した。しかし男性は、彼女が一人暮らしをして仕事をしていたため、「当然生活はできているだろう」とみなしていたという。これは「単独生活」「就労」が経済的自立、身辺的自立の指標となっていることを示している。

発症し精神科を受診する。当時、友人たちの多くが結婚していくのをみて、「私以外は結婚していって子どもが生まれてみんな人生が変わっていくのに、私はこの病気だけで病気と生きていくのかな」という思いを強くしたという。そして自らのことを「やっぱり結婚したいとかあったから、それが積み重なって」、うつになったと振り返っている。その後身体状況の悪化により、仕事を完全に辞めるに至った。[*12] その頃のことを「すごいつらかったのかな、私も。多分、今の自分が納得できないっていうのがずっとあって」と語っている。

また最近のことについて、病気のせいで体調管理に気をつけたり「いろいろな薬を使っ」たりしていることに続けて、同じく視覚障害があり、結婚した女性（「彼女」）と対比させつつ知人が語った言葉を思い出しながら、次のように語っている。

（知人が）「（結婚した）彼女は全盲だけど、親から引き継いだ一軒家があったし、あんたより健康で働ける。マッサージを自宅で開業しててわりと患者さんがいたみたいだよね」って言って。だから「まだあんたよりはいいじゃん、お金もあるし、働けるし、家も一応あったしね。だけど、あんたは何もないから（笑）。まず健康がないし」（と話した）。「そうだよね」とかって言って（中略）。去年はもう一人でごはん食べてるときに、夜、もう死ぬまで一人で食べるかなと思ってすごい悲しくなっちゃって。それがすごい続いちゃったんですよね。

結婚相手として求められるのは、同じ視覚障害者であっても、「家」という財産や、働いて「お金」

を得るという稼得能力や、「健康」な身体を有していることであり、それらがない甲斐さんは、結婚に参入できないという思いを強くし、「すごい悲しくなっ」たという。

甲斐さんの語りからは、身近な他者との相互作用のなかで、「健康ではない」、「仕事ができない」という負のラベルを貼られたことがみてとれる。そうしたなかで「周囲にとり残されていく」、「自分はもう死ぬまで一人」といったように結婚への高い壁を感じていく。さらに生産能力に価値を置く社会において「この病気だけと生きていく」自分を受け入れられないという気もちから、絶望を抱くに至る。ここでは生産能力を要求する「社会的価値」（星加、二〇〇七、一九九頁）[*13]が甲斐さんを追い詰め、職業生活や結婚制度という社会からの一時「撤退」という事態（＝「不利益」）を余儀なくされたといえるのではないか。[*14]

---

*12 失業者・無業者は抑うつ傾向にあるという指摘もある（橋本、二〇一八、二〇七頁）。

*13 星加は生産能力を要求する「社会的価値」のもとでは、「不利益が「障害者」に集中的に経験される蓋然性が高い」とも述べている（星加、二〇〇七、一九九頁）。

*14 星加によれば、「特定の社会的活動を価値付ける「社会的価値」にせよ、社会的状態を評価する際の基準点にせよ、これらが構築される過程には個人の意味づけや解釈が含まれており、それは他者と自己自身との日常的な相互行為によって形作られる。また、他者によって付与された否定的なラベルを内在化することで、「社会的に価値のある活動」への意欲を失ってしまうこともあれば、社会的場面で示される否定的なサンクションのために、当該の場面からの撤退が「合理的に」選択されることもある。このようにして、ある種の非制度的位相における経験は不利益を生み出し、それが常態化することによって制度的位相における不利益へと連動化する」（星加、二〇〇七、二四七－二四八頁）のだという。

（4）脱スティグマ化

最後に、甲斐さんがこうした場所から抜け出した過程の断片を示してみたい。星加は、非制度的位相において、「自己信頼」を獲得したり、インペアメントを脱スティグマ化したりする、それらを支える他者との関係性や相互行為により、ディスアビリティの増幅を反転させ、その解消へと向かう経路がある、とも指摘している（星加、二〇〇七、三二四頁）。

実際に甲斐さんが「つらい」状態から抜け出した経緯は、両親との相互作用だった。両親の、うつ病になった自分への態度を「優しかったですね」、「本読まない父も本を読んだ」と評している。そして、自身の思いを両親へ吐き出したこと、「言えたことによってどんどん元気になった」のだという。これらから甲斐さんが両親からの肯定を感じとった様子がみてとれる。

さらに、「尊敬できる人」からは、家族の将来について考える必要はないという強い提案（「（両親のことは）きょうだいにお願いねって言っておきなさい」「それだけでいい」）があったという。また、ピアカウンセリングとの出会いもあった。「働けないっていうことにそんなに自分が悪いと思わなくてもいいよ」という言葉は、このときの甲斐さんの救いとなったようだ。

一方で、「きょうだいに対しては（自分が）上だ」という感覚をもっており、「そこで（自分が）「障害者だよ」とかは思わないですよね、あんまりね」と語っているように、インペアメントではない部分で、自己を肯定していることも推し測られる。

５　まとめ

視覚障害のある女性が経験する「生きづらさ」について不利益との関連でみてきた。

職業について、視覚障害のある人は、ある年代までは三療業を中心とする職業選択に水路づけられており、他の進路選択が制限されるという意味での不利益を経験していた。甲斐さんも幼少時に抱いていた夢を否定され、三療の道へ進んだ。また、三療業には構造的なセクシュアル・ハラスメントが存在し、視覚障害のある女性が三療に従事することは、性被害を経験するリスクと不可分であることをみた。さらに女性たちは、セクシュアル・ハラスメントの回避のために、仕事内容を制限するといった不利益を経験していた。現在まで、これらの実態が明らかにされることも、公的にセクシュアル・ハラスメントを防止するためのシステムが提案されることもなかった。こうしたなかで女性たちは、自己防衛的に対応せざるを得ない状況に置かれ続けてきた。これに加えて「自己選択／自己責任」という罠（「もっとがんばれば違う職業に就けていたかもしれない」「自分がしっかりしていれば回避できる」など）が存在していた。自己責任・自己防衛が強調されること、そして自分を責める気持ちをもつことは、自己否定の感情（＝非制度的位相における否定的ラベル）を抱かせる。これが働くことへの意欲の減退等につながり、職業生活からの撤退といった制度的不利益へと連動する恐れがある。三療という領域におけるハラスメントの実態を、ジェンダーの視点から明らかにしたうえで、ハラスメント防止策を講じることは喫緊の課題だろう。

また、医療従事者と患者という非対称的な関係が生じる医療場面における不利益な取り扱い、あるいは権利侵害（土屋、二〇一八）があることを述べた。甲斐さんは、「嫌だった」けれど「親にも言えなかった」と語ったが、このことは、医療場面において異議申し立てのむつかしさがあることを示している。時代的背景として、「患者の権利」が未整備であったことは考慮する必要がある。ただし、現在でも医療場面における、女性障害者としての権利に関する啓発等の必要については考えられるべきだろう（土屋、二〇一八）。

さらに、視覚障害のある女性は、稼得能力と家事・育児・世話能力の双方が同時に期待されていた。この双方が欠けているとみなされれば、結婚に反対されたり、そもそも結婚の条件を満たしていないと捉えられたりする。甲斐さんは、親族とのやりとりにおいて、結婚の条件に関連して自身に対する否定的なラベルが付されたと感じていた。また身近な他者との相互作用のなかでも、生産能力がないというラベルを付与され、職業生活からの一時「撤退」、社会との断絶を経験していた。しかし、一方でやはり身近な他者とのコミュニケーションをとおして「社会的価値」が再編されることによって、不利益の解消へと向かっていたこともみた。

本章では、甲斐さんの生活史をたどりつつ、視覚障害のある女性の「生きづらさ」について考えてきた。その問題を――ごく一部であるが――明らかにすることができたと考える。ただしこれがすぐに一般化されるものではないことには注意が必要である。甲斐さんのおかれた社会・経済状況（定位世帯の暮らしぶり／居住地域／障害者運動との出会い等）は、彼女が被った不利益（≒生きづらさ）に関連する、重要な要素である。これらと合わせて考えていくことは今後の課題である。

＊付記
本章は、土屋・時岡・河口・後藤・伊藤（二〇〇八）をもとに大幅に加筆・修正したものである。ただし、本章の文責はすべて土屋にある。

＊謝辞
センシティブな内容を含め、お話をお聞かせいただいた障害のある女性たちに、心よりお礼申し上げます。甲斐さんには二〇二三年五月に直接お会いし、筆者が読み上げるかたちで内容を確認いただいた後、インタビュー記録の使用についてお許しいただきました。重ねてお礼を申し上げます。ありがとうございました。なお、個人情報保護のため、一部のプロフィール等を改変しています。

参考文献

粟津キヨ、一九八六年、『光に向かって咲け――斎藤百合の生涯』岩波新書。

独立行政法人統計センター、二〇二三年、「衛生行政報告例令和二年度衛生行政報告例 統計表 隔年報」（第2章　あん摩マッサージ指圧・はり・きゅう・柔道整復）(https://www.e-stat.go.jp/stat-search/files?page=1&layout=datalist&toukei=00450027&tstat=000001031469&cycle=7&tclass1=000001161547&tclass2=000001161548&tclass3=000001161550&tclass4val=0, 二〇二三年七月一八日最終閲覧）。

DPI女性障害者ネットワーク編、二〇一二年、『障害のある女性の生活の困難――人生の中で出会う複合的な生きにくさとは　複合差別実態調査報告書』。

藤井亮輔・矢野忠・近藤宏・福島正也、二〇一七年、「あん摩マッサージ指圧業の実態に関する調査研究――需給の現状と

業者の年収を中心に」『日本東洋医学系物理療法学会誌』四二巻二号、八七‐九五頁。

Hans, Asha, ed, 2015, Disability, Disability, Gender and the Trajectories of Power.＝二〇二〇年、古田弘子監訳、『インドの女性と障害——女性学と障害学が支える変革に向けた展望』明石書店。

橋本健司、二〇一八年、『アンダークラス——新たな下層階級の出現』ちくま新書。

平田勝政・久松寅幸、二〇〇四年、「全国盲学校における職業教育と進路指導のあり方に関する調査研究——教育課程の編成と就業支援の実態を中心に」『長崎大学教育学部紀要　教育科学』六六号、五七‐七二頁。

星加良司、二〇〇七年、『障害とは何か——ディスアビリティの社会理論に向けて』生活書院。

一般社団法人全国訪問看護事業協会編、二〇一九年、『「訪問看護師が利用者・家族から受ける暴力に関する調査研究事業」報告書』（https://www.zenhokan.or.jp/wp-content/uploads/h30-2.pdf、二〇二三年七月一八日最終閲覧）。

森田昭二、二〇一五年、『盲人福祉の歴史——近代日本の先覚者たちの思想と源流』明石書店。

中村京太郎、一九三九年、「盲女子の保護」『中央盲人福祉協会会誌』一二号。

中村信弘・高田屋陽子、二〇一八年、「視覚特別支援学校におけるキャリア教育の現状と今後の在り方について——視覚特別支援学校教員への質問紙調査から」、『秋田大学教育文化学部教育実践研究紀要』四〇号、二二七‐二三五頁。

佐藤貴宣、二〇一三年、「盲学校における日常性の産出と進路配分の画一性——教師たちのリアリティワークにおける述部付与／帰属活動を中心に」『教育社会学研究』九三号、二七‐四六頁。

生存学研究所、二〇二〇年、「楠敏雄さんへのインタビュー」（その４）（http://www.arsvi.com/2010/20110306kt.htm、二〇二三年七月十八日最終閲覧）。

視覚障害ナビ・ラジオ、二〇一三年、「私たちの生きにくさ——障害のある女性として」（二〇一三年六月二三日（日）（https://www.nhk.or.jp/heart-net/shikaku/text/46608_01.html、二〇二三年七月一八日最終閲覧）。

高橋実監修、二〇〇三年、『しなやかに生きる見えない女たち』視覚障害者支援総合センター発行、博文館新社。

武山おわ子、一九九六年、「多くの人との出会いの場づくり——結婚研修会「かがり火」の活動『ノーマライゼーション』第一六巻一八三号。(http://www.dinf.ne.jp/doc/japanese/prdl/jsrd/norma/n183/n183_011.html、二〇二三年七月一八日最終閲覧)。

Thomas, C., 1997, "The baby and the bathwater : disabled women and motherhood in social context",Sociology of Health & Illness, 19 (5) , 622-643.

谷合侑、一九九六年、『盲人の歴史』明石書店。

土屋葉・時岡新・河口尚子・後藤悠里・伊藤葉子、二〇一八年、「視覚障害のある女性の生きづらさ——仕事と性・生殖をめぐって」、障害学会第一五回大会（ポスター報告）。

土屋葉、二〇一八年、「「障害女性であるゆえに悩みはつきない」——語りから読み解く身体障害のある女性の「生きづらさ」（１）」『愛知大學文學論叢』一五五巻、一－二二頁。

第3章　発達障害のある女性の生きづらさ
――ジェンダー規範をめぐって

伊藤葉子

はじめに

発達障害のある女性は、学校での友人関係、恋愛関係・性、仕事などでのトラブル等多くの「生きづらさ」を抱えていることが、近年の研究により指摘されている（宮尾、二〇一七／シャナ・ニコルズ・他、二〇一〇／ルディ・シモン、二〇一一／岩波、二〇二〇）。また、周囲の無理解等により、関係不全、孤立感が高まり、体調不良・うつや心身症などのいわゆる「二次障害」に陥ることがあるという（斎藤、二〇〇九）。

女性の発達障害は、男性と比べて学齢期における集団活動に適応しようとする傾向がつよいこともあり、「問題行動」が目立たないためか、注目の度合いは比較的小さく、その「生きづらさ」は「障害特性」によるものと一元的にとらえられる傾向にある。しかし、発達障害のある女性の生きづらさは、決して「小さい」ものではない。まず、特に幼少期は「大人しい女の子」として扱われてしまうことで見過ごされてしまう。さらに、思春期以降、周囲から求められる「女の子らしく」や「女性役割」への適応の難しさを中心に、「生きづらさ」が顕在化する。これらを考察するには、ジェンダー規範や、彼女らが置かれたライフステージに注目する必要があるだろう。

本章では、発達障害のある女性が経験する「生きづらさ」をジェンダーの視点を用いて、彼女らの語りから明らかにすることを試みる。また、ライフステージを通して彼女らの「生きづらさ」がどのように生成されているのかについて考察する。

その方法は、個人の生活史を軸とした学校生活、就職活動、職業生活、交際、結婚、子育て等の経験を聞き取る生活史法を採用する。重視するのは障害女性に「生きづらさ」を感じさせた出来事、およびそれへの意味づけである。彼女らがとらえる「問題」を抽出するのみならず、発達障害のある女性たちが、自らが置かれた状況、つまり定型発達の世界をどのように理解・解釈し、対応してきた／いるのかについても注目しつつ、発達障害女性の「生きづらさ」を解き明かすことをめざすこととしたい。[*1]

---

*1　本章は「障害学会第十六回京都大会（二〇一九年）：ポスター報告（時岡新、河口尚子、伊藤葉子）」に基づき伊藤が再編したものである。また、聞き取り対象者は二〇代からから四〇代の合計八名。八名の方々は、主に当事者グループや発達障害に関する情報を発信しておられる方のTwitter（現「X」）などSNSを通して調査研究に対する協力依頼に応じてくださった方々である。

本章では、「2　ライフステージが進むにつれ積み重なり、変化し、押し寄せて絶えない生きづらさ――佐藤さんの場合」を除き、個人が特定されないよう語りの断片については発言者の仮名も付さず、一致もさせない表記とした。なお、語りのなかの（　）については、伊藤が追記したものである。［　］は伊藤の発言。

この場を借りて、ご協力くださった方々に伏して感謝申し上げます。

1　ライフステージを通して求められる規範的態度との間で生じる生きづらさ

発達障害のある女性の「生きづらさ」は他者との関係のなかで生成されるが、なかでも、場を同じくしているのに主観が居合わせている人と異なること、定型発達の人びとからなる多数派のものの見方との違いから生じているともいえる。

発達障害といっても、臨機応変な対人関係が苦手、こだわりが強いとされる自閉症スペクトラム症（Autism Spectrum Disorder：ASD）、不注意、多動性、衝動性などがあり自己コントロールが苦手とされる注意欠陥・多動症（Attention-Deficit/Hyperactivity Disorder：ADHD）、読み書きや計算が苦手など、特定の能力の習得に困難があるとされる学習障害（Learning Disorder：LD）などに大別されることがある。どのような特性が表れるかは、個々によって異なる。その特性と環境との相互作用のなかで「生きづらさ」は生成される。

だがここでは、発達障害の特性に応じた「生きづらさ」に着目するよりはむしろ、彼女たちの他者との感じ方や考え方の違いが、それぞれのライフステージにおいて求められる規範的態度との間でどのように実感され、また継続して彼女らを痛めつけ続けているのかに着目する。特に、彼女らの語りから見出されたものを三つの観点から見てみたい（図1）。それは、第一に、コミュニケーションおよび相互関係に関連するもの。第二に、手順化やマルチタスクへの対応に関連するもの。第三に、女性らしくあることに関連するものである。これらは、別個にありながらも、重なり合うように、また、

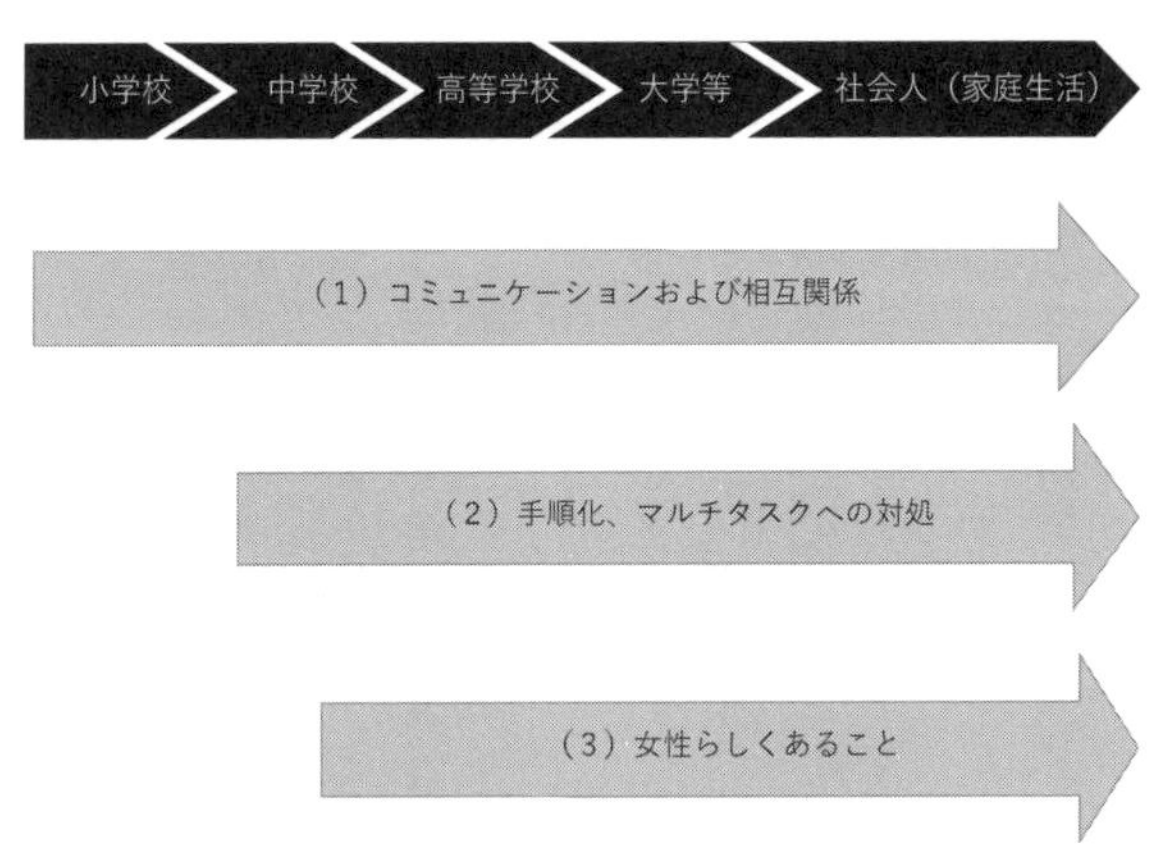

図1　ライフステージを通して求められる規範的態度との間で生じる生きづらさ

継続して生じている。

（1）コミュニケーションおよび相互関係

コミュニケーションは、他者との接点、社会との関わりには不可欠なものとなる。幼少期から集団生活になじむよう求められ、特に学齢期はその集団が一定のまとまりのある固定的な関係として維持される。義務教育を終え、高等学校や大学などの高等教育の場に集団を移したとしても、また、就職や結婚後の家庭生活、子育てにおける地域コミュニティに入ったとしても、コミュニケーションの困難は生涯にわたり、ときには全力で調整し続けなければならない労力を彼女らに強いている。

何気ない会話においても周囲にあわせようとするために、非言語的なサインを読み取り続けること、同調圧力を感じ取り、解釈し、行動に移すことに気力も体力も注力することを求められ続け、そして疲労困憊状態に陥ることがある。

めまぐるしいような会話のキャッチボールとかが、未知の世界に見えたんですよ／ことばが時々、頭、集中力がないからなのか、わかんないですけど、何かぼーっとして意識が遠のいちゃうときがあって、で、言葉がどんどん音になっちゃうって言ったらいいんですかね。言語の意味を持った音に聞こえてこないときがあって、繰り返し、頭の中で反芻して理解をしたりとかしなきゃいけないときとかがあったり、そういうの、ものすごい苦労してました／ガールズトークについていけないっていうのが一番でしたね／気遣いですね。部活でもそうですけど、下の者が上の人に気を遣うとかっていう空気を読むのがすっごい難しくって、どのタイミングでどの行動をするのが適切かっていうのが、なんで自分で察しろって言われるっていう地獄でしかなかったので／

ずっと小さいころから疲れやすいってすごい感じてて、疲れやすさと体力がないこと、すごい感じてて、あと疲れるとすぐ部屋が汚くなる。いわゆる片づけ、部屋がすぐ散らかるってところ、なんかこれおかしいなと思ってて。やっぱり社会に出たら、体力のなさだったり、臨機応変に対応できなくてうまくいかなくって。

周囲に適応しようとするエネルギーの消耗により、集中力が低下し、疲れやすさや物忘れが発生することもある。

「自分のことは自分で」「みんなと同じように」「女性なのだから、仕事をしていても家事はやって当たり前」など、求められる規範から外れているとみなされると、周囲からは一線を画した存在として扱われることがある。同時に、役割を任されたり、頼られたり、協力関係を取り結んだりすることから遠ざけられることがある。さらに、周囲からのまなざしが所在のなさと、さらなる自己への諦めを繰り返し招いてしまうこともある。

また、同性とのコミュニケーションのうち、思春期にさしかかり出すと「恋愛」に関する話題の比重が増す。一概には言えないが、発達障害のある女性は他者の感情を推し量ることや、自身の感情に対する実感がゆっくりであったりする。こうしたことから、周囲とは異なる戸惑いの感情を発言のみならず、表情や反応といった態度で暗に示してしまうことがある。学校を中心とする生活のなかで同調圧力にさらされ、居心地の悪さを抱くようになるという。

異性との関係では、互いの感情を探るような会話や行為の意図することを理解できないことで、誤解されてしまうこともある。発せられた言葉をそのまま「そういうものか」と受けとめてしまうことで、同意したつもりはなくとも明確な拒否を示せなかったことにより、相手に同意したと思わせてしまうこともあるかもしれない。ハラスメント事案であったとしても、強く主張できないという感覚を抱き、被支配的な立場に置かれることで、より一層、居心地の悪さを感じざるを得ない状況に置かれてしまう。

社会人生活において、心身のエネルギーの多くを注いで職場に適応しようとするも、その辛さは目に見えるものではないため、理解や共感も得られにくく、助けを求めることに困難を伴うこともある。

仕事と家事と育児とを両立するために、「適当に手を抜く」ことを同僚がしていたとしても、何をどのように加減し、調整すればよいのかがわからない状態に置かれてしまう。仕事に全力を注がなければならず、疲労を蓄積しやすい彼女らにとっては、ワーク・ライフ・バランスという言葉では片づけられない「生きづらさ」を抱えることもある。

(2) 手順化、マルチタスクへの対処

学齢期は、校則、約束、時間割といった一定の枠やルールが決められ、日課・習慣化されており、クラス担任などから声をかけられたりすることで大きな問題とならないこともある。だが、大学生、社会人になると、自ら優先順位をつけ、手順化し、複数のことを同時にこなす、いわゆるマルチタスクをひとりですることを求められるようになる。複数の課題を同時期にこなすことや、特に大学進学以降のセルフマネジメントは、課題の提出、学業と就職活動の両立など、時間、場所に応じて自らを使い分け、状況に応じて振る舞うことが求められる。

このとき、「わからないことがあれば、聞きなさい」と言われるにもかかわらず、実際に質問や相談をすると安易に助けを求めないよう指導されることがある。社会人になると、さらに他者を頼ることをよしとしない社会的規範により、自分で考えること、判断すること、対処し、処理をすることが求められ、本音と建て前との間で混乱することもある。

さらに、就業時において接客、電話対応、書類整理等々の雑務は女性の仕事とみなされがちで、同

時進行で複数のことをこなすことが求められることがある。

マルチタスクができない。他の子はゼミ活動や単位の修得もしつつ、就職活動もすごい進めてて、なおかつ内定をすぐ取って終わってるんですよね。私も就活してたんですけど、うまくいかなくって／

よく言うのは、「男性のほうがひとつのことを集中してやっていって、女性の方がマルチタスクが得意だよね」みたいな話があると思うんですけど、ああいうのもしんどいなって思います／

ある程度学習してきたことを応用するっていう範囲内であればできるんですけど、丸投げで何でも自分でやってねっていう環境にいくと、かなり辛かったです。まったく自由にというか、こんなことをやってほしい、さあ、やって、やり方は問わないみたいなかたちだと、いや、やり方知らないんですけどってなってしまうので／

ものごとの優先順位がやっぱつけられないっていうのもあるので、やらなきゃいけないことが、一番目にやらなきゃいけないことがわからなくて、「それ今、やらなくていいから」みたいな感じになっちゃったりとか。

社会人になると上司との関係においては、日々の生活における指示がどのように伝わっているのかの確認がないままに、放置されてしまうことでズレが生じることがある。たとえミスが小さかったとしても、日常的に相手に好ましくない感情や印象を与えてしまうことで、次第に本人自身が自らを低く価値づけ続けることを招いてしまうことがあるという。

コミュニケーションにおけるエネルギーの消耗に加えて、職場内における仕事の手順化、他者とのやりとり、帰宅後の家事や育児においても複数のことを同時並行で過剰適応するよう終日強いられ続けている状態ともいえる。もてるエネルギーの調整とセルフモニタリングの難しさがあることから、ワーク・ライフ・バランスをひとりで探り、良いバランスを採ることは難しい。職場での疲労を帰宅後の自身の生活やプライベートな関係で回復させることは容易にはできず、「女性なのに」ひとり暮らしであったとしても家事をこなすこともできないと自らを見なし、責めてしまう。こうしたマルチタスクへの過剰な適応要請によって、発達障害女性たちは自らの置かれた状況やサポートの必要性に気づけず、また、サポートを求める行動に結びつかず、「生きづらさ」が増幅する。

(3) 女性らしくあること

職場において複数の業務を同時進行させることや、家庭において家事、育児といったマルチタスクを期待されることの背景には、発達障害女性に対する周囲や社会の側からの女性役割への期待、社会的規範や価値観を押しつける慣例がある。

彼女たちは自らの特性と、置かれた環境の相互関係のなかで生じる「生きづらさ」を個人的なものとしてとらえ、対処しようとすることで、ときに苦痛が限界に達することもある。しかし、限界とつらさは特に職場という利害関係のある場では、共有どころか表出されることも少ない。ひとり暮らしをしながら仕事と家事の両立だけでも困難を来している現状から、そのうえに子育てなんてとてもできないとさらに自己評価を下げてしまうこともある。

〔働いて、家事もして、子育てもして、何でもできなきゃいけない女性を、世間的にも求められて押しつけられてると感じるのですか?〕そうなりますね。子どもとかね。でも無理だもん、キャパオーバーだもんって感じなんですよね。容量オーバーですよ、もう。ひとりでこうやってただ生きるだけでも、もうしんどいんですよ。普通に生きて生活するだけでもすごく大変。

一定の年齢になると、職場だけではなく、近隣関係においても、恋愛、結婚、出産に関わる話題がなされる。これは定型発達の女性にもいえることではあるが、恋愛、結婚、出産を望んでいないことを理解されず、望んでいても具体的なイメージがわかないということがある。男性との会話では、「やんわりとことわる」ことができず相手に勘違いをさせてしまい、かえって自身が辛い思いをすることもある。また、パートナーと生活や子育てができると思えず、できると実感させてくれるような情報も十分ではない。

やっぱり変わり者に見られてしまったっていうのがつらいですね。男性の変わり者と女性の変わり者って、ちょっと受ける印象って違うじゃないですか。男性の変わり者は一種キャラクターでなんか結構いけそうな気がするんですけれど、女性の変わり者ってリアルに痛い人っていうような印

象（があってそれを）、学生時代に受けてしまったんじゃないかっていうのは感じています／

飲み会に行っても（恋愛はあたりまえでしょう、結婚はあたりまえでしょう）そういう話題って大なり小なり出るんですよ。恋愛関係っていうのは。やっぱり、いつまでも独身でいると他人から不思議がられてしまったり／

結婚が当然と思われているようで、近所の人などからマリッジハラスメントを受けるのが辛い。女性の方が言われやすいような気がする／

（結婚して、誰かと暮らすとしても）知らない人じゃないんですけど、知らない人が家にいるというか。自分と他人と一緒に暮らすっていうのが、あんまり想像できないというのもあるし。やっぱり、自己肯定感の低さっていうのもあるかもしれないんですけど。絶対に嫌われるというか、「えぇー」ってなるだろうなみたいな（笑）。「ええー」ってなる。私と一緒に暮らせる人がいるような気がしないっていうのも思います。正直なところ。これにつきあい続けるのは大変だろうなっていうのを自分自身でも思ってしまうっていうのもすごいありますね／

自分という人間が、やっぱりすごくだらしがない人間だし、生活がどっちかっていうと破綻しているので、悪いなって思ってしまうっていう、巻き込んでしまうのは悪いなって思ってしまう／

やっぱり発達障害のこともあるので、子どもは産めないので、産めないというか産みたいと思えないので、自分のことで精いっぱいなので、やっぱり結婚に夢を持ってて子どもが欲しい男性とかってなると、それはさすがに、葛藤になってしまう。

女性であれば仕事も家事も両立させなければならないという社会的規範があり、本人にとっては全力でまっとうしているはずなのにうまくいかない。どうして他者はそれができ、自らの困難がどこにあるのか理解する機会に乏しく、ひとりでやらなければと自分を責める気持ちがさらに募ることとなる。

近年では、ＳＮＳなどを通して当事者組織とつながり、対面での交流の機会を得て、メンバーに紹介されたクリニックを受診することで診断を受け、福祉サービス利用へのきっかけを得た例もある。多様な生き方、ロールモデルとの出会いにより、障害福祉サービスの利用につながり、ホームヘルパーを利用することになった例もあった。他人の手を借りて掃除や調理などの家事をしてもよいのだと思えるようになった等、障害福祉サービスの利用を通して心身が楽になっている現状が見出された。自らの障害を少しずつ了解することを通して社会資源とつながり、日々の生活が安定すると、さらに障害者雇用という形で就職に結びつく人もいた。

他者であるパートナーとの生活や妊娠、出産、子育ての経験や工夫についても、彼女らの「生きづらさ」とその生き方を知り、共有する機会が求められよう。同時に、個人的努力ではなく、これまでの／これからの社会のあり方が問われてもこよう。

2　ライフステージが進むにつれ積み重なり、変化し、押し寄せて絶えない生きづらさ——佐藤さんの場合

ここでは、佐藤さんの語りから、ライフステージを通して規範的態度との間で生じる生きづらさが重なり継続する様を見てみよう。

佐藤さんの場合（図2）
・四〇代、広汎性発達障害
・配偶者・子ども二名（内一名が発達障害）
・六年前に子どもの児童精神科への受診と同時に問診内容が自分自身にも該当すること、子どもに処方された漢方を無断で服用後、調子が良くなったことなどから診断を受ける。
・短大卒業後、事務職に七年従事。妊娠を機に退職。

(1) コミュニケーションおよび相互関係

まず、佐藤さんからは「コミュニケーション及び相互関係」について、周囲にあわせようとし、非言語的なサインを読み取り続けることに気力体力を注力し続けることが求められることが語られた。加えて、その注力し続けることによる集中力の低下、疲れやすさ、物忘れなどが人間関係に影響を与

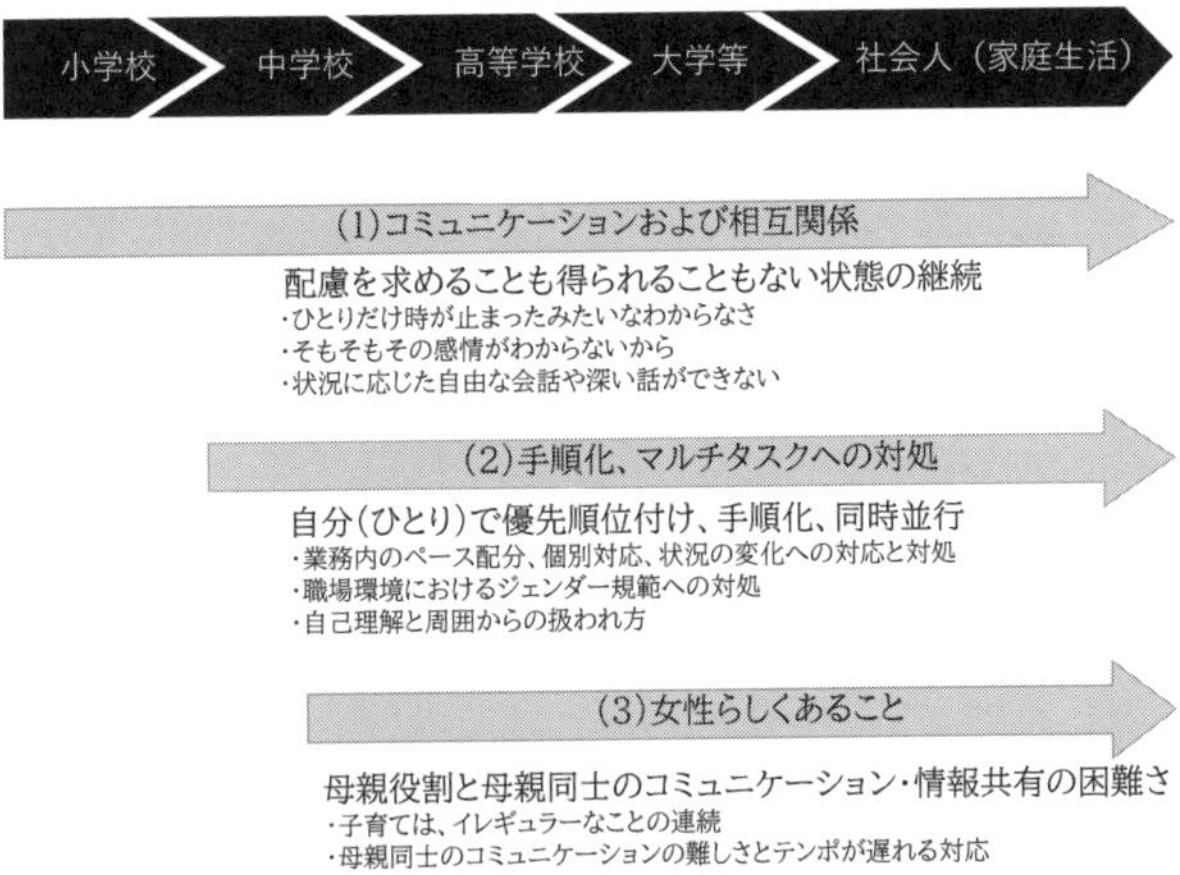

小学校 ＞ 中学校 ＞ 高等学校 ＞ 大学等 ＞ 社会人（家庭生活）

(1)コミュニケーションおよび相互関係

配慮を求めることも得られることもない状態の継続
・ひとりだけ時が止まったみたいなわからなさ
・そもそもその感情がわからないから
・状況に応じた自由な会話や深い話ができない

(2)手順化、マルチタスクへの対処

自分（ひとり）で優先順位付け、手順化、同時並行
・業務内のペース配分、個別対応、状況の変化への対応と対処
・職場環境におけるジェンダー規範への対処
・自己理解と周囲からの扱われ方

(3)女性らしくあること

母親役割と母親同士のコミュニケーション・情報共有の困難さ
・子育ては、イレギュラーなことの連続
・母親同士のコミュニケーションの難しさとテンポが遅れる対応

図２　ライフステージを通して求められる規範的態度との間で生じる生きづらさ（佐藤さんの場合）

えているという。

算数の文章問題が出たときに、先生がみんなに「わかっているところに線を引きましょう、聞いているところに線を引きましょう」って、私ひとりだけきょとん、みたいな（笑）。何のことをいっているのかわかんなくて、（中略）ひとりだけ時が止まったみたいになって／

友達の両思いになった男の子のことを、私が思ったままに「ゴリラに似ている」とか言ったんですよ。もう、すっごい怒られて。「好きな人のことをそうやって言われたら嫌でしょ」って言われて、（私は）好きな人がいないからそもそもその感情がわからないからうーんってなって。学級会みたいになっちゃって、「ごめんなさいって言いなさい」って言われたから一応、「ごめんなさい」といったものの、意味がわからないと思ってて。経験して初めてわかる感情っていうのを予想する

のが難しいっていうのを最近ちょっと思い出しました／
　会話では自由が苦手です。決めてって思う。なにかきっかけがあれば、それに返すことはできるんだけど、無の状態からなにか発言していいよって言われると、頭がパーって真っ白になっちゃって、将来の夢を聞かせてくださいって言われると、夢？ってなっちゃったりとか（笑）。漠然としたものに対して、なにか自分の思いを組み立ててみたいなことが苦手だから／
　深い話ができないっていうか、当たり障りのない言葉を言って、いまでもそうなんですけど、会話が続かなくなったりとかして。

学齢期から他者とのコミュニケーションにおいて、継続的に配慮を求めることも、配慮を得られることもない状態が続いたことがうかがい知れる。ひとりだけ時が止まったようなわからなさを感じたり、感情を想像し予想することが困難で感情の表出や共感に乏しさがあるため、他者との会話が弾まず、状況に応じた自由な会話や深い話ができないことで、孤立しがちな状況が生まれてしまうという。

（2）手順化、マルチタスクへの対処

コミュニケーションや相互関係に加え、特に社会人になってからは職場での「手順化」や、「マルチタスク」に対処する際に感じる「生きづらさ」についても語られた。

（就職したころは）自分が障害だと思ってないから、まったくそんなことは思ってなくて、なんだけど、時間を見るのが苦手なんですよ。で、ペース配分をするのも自分時間になっちゃって、時計はちゃんと見れないし、時計を見たところで、その時計に合わせて行動が取れなくて（笑）。今でもアラームならして、はっと思うときもあるんだけど。その当時は、今以上に時間の感覚が。でも、時間を見て動かなきゃいけなくて、何時にお客様、お茶出しとか片付けとかもあったし、受付もあったし、事務用品の発注とか慶弔関係やら、お土産の発注、いろいろやってたんですよ。お客様の出入りの間隔管理、時間管理。

このお客様は前回見えたとき、こうだったからとか、（継続して覚えておかなければならない）引き続きの概念とか。この役員さんはこれが好みだから、コーヒーに対してシュガーが何本で、ミルク何個がお好みだとか、先輩はみんな頭に入ってるんだけど、表もあるのに、それが覚えられない。顔と名前がそもそも入らないし。ぱっと顔見たときにあの写真のときとちょっと違うとか。もう全然わかんない。めがねの人？　ええ？　みたいになって。（中略）毎年違う。更新されるから。役員さん変わるたびにバンバン覚えなきゃいけないのに覚えられない。だけど、覚えてるふりしてやる。とりあえず多めにつけとけばいいかなと思ってつけちゃう。わかんないからつけさせてもらって、いらなかったら残してみたいな感じ。失礼なんだけど。そんなんで適当にやってました（笑）。

今は、発達障害だって知識があるから理解できるけど、当時は目の前のこと一個一個しか見えないから、自分はなんなんだろうっていうところまでは発展しないというか。できるできないにも波があって、あんたはもうって思われてるだけ。

職場では、ひとりで物事の優先順位をつけ、手順化し、複数の事柄を同時並行で進めることを求められる場面に立たされる。それは、業務時間中のペース配分、個別対応、状況の変化への対応と対処がついて回る業務内容であることが多い。また、組織のなかで、お茶出しや役員対応などが、女性の担うべき仕事とみなされ、「配慮ができる」ことは能力であり、それは女性にある生得的な特性とみなされていることで、それができない自分自身のことを「失礼（な存在）」と認識して了解しようとする背景には、ジェンダー規範の内面化が見てとれる。

また、「多めに」「適当」に行動することが、周囲からの本人への「性格づけ」に結びつけられる可能性、危険性がある。そしてそれは内面化され、他者からあきれられる者として扱われてしまう存在と自己を認識し、自己肯定感を低下させる契機が日々積み重ねられることとなる。

（3）女性らしくあること

多くの女性は、周囲や社会の側からの女性役割・社会的規範・定義を求められ、押しつけられる。生きづらさの重なりはさらに子育てにおいてもみてとることができる。特に子育てにおける母親同士のコミュニケーションと、母としての役割対処の難しさがある。また、個人的経験を通してとらえ、対処しようとし続けることによる限界とつらさもある。

子育てしてて難しいことばっかりで、育児書と違うことがあるじゃないですか。当たり前なんですけど、イレギュラーに対していちいち困るんですよ。こうやったけど、こうならないんだけどなんで？　困るんだけど。そんなもんだよってみんなが言うけど、そんなもんってどんなもん？　わかんないから、わかんない。わかんないって思いながらも手探りでやるんだけど、うまくいかなくて。なんでうちの子だけこうなっちゃうんだろうって思って。でも、うちの子も他のお母さんに言わせると「わかりやすいよね」って言うからわかりやすいのかなって思って（笑）。全然わかんないって思って。うちの子も結果的に発達障害あったんですけど、で、発達障害の診断がついて、病院に通う中で、自分のほうがむしろ当てはまっているかなって思うときがあって、試しに先生に内緒で子どもの漢方を飲んだら、調子がいいんです。（中略）じゃあ、ちょっと診断受けてみなよってやってみたら、あんたもだねって言われて。あぁ、はいって。そうは思ったけど、ですよね。みたいな（笑）／

（子どもが）四月に学校でお道具箱を使うときに、上の子と下の子と仕様が違うと気づく速度が他のお母さんと違って、あとから子どもが困ってるのを見て、あ、買わなきゃいけなかったんだと思って。大変なんだっていうのを後から理解して、後手後手で対応する感じなんですよ。（他のお母さんたちが）いいタイミングでみんながわざわざそれを話しているときに、何のことを話しているのかよくわからないので、なんの話？　って感じでしてるんだけど、みんな話してるときはふーんって思って聞いてて、あとから、あ、私にもそれ関係あったの？　っていう感じで。困ったときにはみんな終わってる。参考にするタイミングが違うっていうか。

子育ては、育児雑誌の通りには進んでいかないイレギュラーなことの連続である。突然の変更にも臨機応変さを求められる子育て期では、特に子どもの学校からの連絡や学校行事にかかわる母親役割と、それを遂行するうえで母親同士のコミュニケーションによる情報共有の困難さがある。

母親同士の会話から情報共有と対処をし続けようとする一方で、タイミングのズレを突きつけられる現状がある。子どもの学校を取り巻く関係性では、親と子の双方が、少しずつ居心地の悪さを増していくことも予想される。仮に、子どもの忘れ物が続けば、母親役割を果たせていないと自らを責める気持ちを招くことにもなるかもしれない。

近年では、ＳＮＳの活用などにより、学校からの情報共有のあり方も変化し、母親同士の情報ネットワークを通したものではなく、個々の情報端末に直接届くことにより、なじみにくさや気まずさによる失敗感は減少しつつあるかもしれない。

3　生きづらさの所在

彼女らの多くが「周囲の人びとから浴びせかけられた様々な要求に応えようと頑張った」「人びとの心のうちを推し量ろうとして、過度の緊張を強いられ続けた」などの経験を共通して語った。それらの「頑張り」や「緊張」に彼女らはひどく困憊し、ライフステージの初期から長期にわたって「疲れ」を抱え続けることになる。この疲労、困憊は、体力の不足や不調といった彼女ら自身の事情に起因するというよりもむしろ、彼女らを取り囲む人びとや環境との関係性によって引き起こされている。それは、気力、体力のほとんどを周囲の人びとへの応答、同調のために使い切らざるを得ないことによることが推察される。それゆえに、彼女らが残されたエネルギーを使って努力し、解決を図ることは難しい。にもかかわらず、彼女らの周囲は、彼女らに個人の努力によって克服するよう一方的に求め続けることが大半である。

　こうした気力、体力を使い切るまでもがき続けることによって生じる「疲れ」は、行動の制約、コミュニケーションの不全などの具体的な形をとって彼女らの日常生活、社会生活を困難にする。その困難との格闘は、一層の疲労をもたらして負の循環構造を形づくってもいる。とりわけ、女の子らしさ、女性らしさ、母親らしさといったジェンダー規範への応答、同調圧力は、ライフステージの移行とともに初等教育から高等教育までの学校生活の各段階、就職活動を含む職場、友人やパートナーとの交流、交際や結婚生活に至るまで、それぞれの場面ごとの事情にそって変化する。一定の時間と経験を経てなんとか適応したとしても、その困難は、場面を変え、対象を変え、ことがらを変えて波のように押し寄せて絶えない。

　これらの困難は、例えば、視覚障害、肢体不自由のある人たちと相対的に比較しても、自身や周囲の人びとの理解や予測が容易なものではない。それゆえ、彼女らの多くは自身の特性、不得手の実相を理解する機会を得ることのないまま年齢を重ね、支援や配慮を求める気持ちをもつ機会がないことが多い。自助グループなどとのつながりを得て初めて適切な医療との接点をもった、福祉サービスの制度利用によって日常生活の展望が開けたなどの体験談は、それ以前の状況との明らかな対照を呈し

ている といえる。

困難は、彼女らと周囲の人びととの相互作用を通じていっそう拡大する。今回の聞き取りによって得られた知見の過半はそれらであった。逆に言えば、それゆえに、困難は周囲の人びととの相互作用を通じて縮小する可能性も秘めていることに留意したい。

たぶん、子どものころからみんなが共通認識としてわかっているのに、私がわかっていないことがすごくあって。みんなはテレパシーで会話しているんじゃないかなって私、思ってたんだけど、そうじゃなくて。（ほかの誰かの）行動を見て、行動分析を、分析してますって思ってるんじゃなくても自然にやってて、それでみんなの中に蓄積されているデータっていうものがあったのに、私にはそれがあまりにも無くて。

人は、経験を通じて物事を認識し、また、他者との関係を確かめたりする。その経験に基づいたものの見方や理解は、他者においても同様であろうと思うものだろう。多少のズレがあったとしても、その場に居合わせて、同じ経験をしているのだから、複数人で共有される感覚や感情、主観はほぼ同じものと思いがちだ。多くの人は、その場の雰囲気を察知し、共感し、たがいに推し量りながら相互に理解を深めている。

しかし、発達障害のある彼女らは、非言語メッセージを察知することに難しさがあったり、人びとの言語表現をそのままに受け取るとまったく逆の意味であったりすることで、責められたりする。彼女らは、混乱し、安易な同意もできない状態のまま、身構えるしかない。記憶にある「経験のリスト」にないことについては対応に困難を抱えることがあり、経験を蓄積すること自体にも時間を要する。周囲の人びととの「主観のズレ」が拡大し続け、居心地の悪さや「生きづらさ」ばかりが生成されてしまう。

おわりに

発達障害のある女性の語りから、彼女らのあゆみには、自身の「生きづらさ」を自分なりに理解しようとする機会や理解できる場を希求する姿が必ず登場する。その多くが、専門家といわれる人との出会いによりもたらされるのではなく、彼女らが自ら動き、求め、たぐり寄せた場であった。それは、私たちが出会ったのが、すでにSNSを通して他者とつながり、自身の状況を理解し、言語表現可能な場をもっている女性たちだったことが大きく影響しているかもしれない。

彼女らは、他者とは異なるように実感される自身を語り、知り、ひとりではないと実感し、専門医へのアクセスや苦手なことをアウトソーシングする術としての福祉サービスの利用といった具体的な行動を知り、実行に移すことで自身を了解し、肯定する足がかりを得つつあった。さらには、自身の障害特性を了解しつつ、必要な支援を活用して日々の生活が安定すると、発達障害であることを表明して就職する選択をする人もいた。

本章は、発達障害のある女性の語りからその「生きづらさ」を可視化しようと試みたが、彼女らを取り巻く抑圧の側からの推論の域を出ない。彼女らの「生きづらさ」は、環境要因である社会の側、多数派のものの見方を問うてもいる。というのも、彼女らの自己認識や定型発達の人びとに対する認識は、ひるがえって、定型発達の人びとの生活や意識の実態や特質を考究するための手がかりともなるからだ。彼女らの語る経験は、実は、この世界に生きる私たちの多くがそうしている「適当ないい加減さ」の実相を衝いているともいえるのではないだろうか。

こうしたなかでの彼女らのあゆみには、綾屋ら（二〇一〇）が「世代」として指摘するようないくつかのステージが見てとれるのではないだろうか。綾屋らが指摘する「世代」とは、過剰反応する時期（第一世代）、仲間と出会い連帯する時期（第二世代）、多様性を認めながら連帯する時期（第三世代）である。本章では、仲間と出会い、多様な生き方があっても良いと自身が思えるようになり、社会資源とつながることで「生きづらさ」からの脱出を試みる彼女らのあゆみの一端を示すことはできたかもしれない。だが、多様性を認めながら連帯するまでには、自らの障害に気づく機会はもとより、ジェンダー規範についても内面化された状態にあり、そのことへの気づきの機会が求められよう。同時に、仲間と出会い、多様な女性像を知り、あゆみながら選び取ることの積み重ねが当事者発でなされ社会全体が多様性を認め合う必要がある。そのあゆみに専門家が加わる余地があるとすれば、まずは、専門家と彼女らとの対話が不可欠となろう。

参考文献

綾屋紗月、熊谷晋一郎、二〇一〇年、『つながりの作法　同じでもなく違うでもなく』ＮＨＫ出版。

岩波　明、二〇二〇年、『医者も親も気づかない　女子の発達障害――家庭・職場でどう対応すればいいか』青春出版社。

川上ちひろ、木谷秀勝編著、二〇一九年、『発達障害のある女の子・女性の支援』金子書房。

川上ちひろ、木谷秀勝編著、二〇二二年、『続・発達障害のある女の子・女性の支援』金子書房。

斎藤万比古、二〇〇九年、『発達障害が引き起こす二次障害へのケアとサポート』学研プラス。

シャナ・ニコルズ他、二〇一〇年、『自閉症スペクトラムの少女が大人になるまで――親と専門家が知っておくべきこと』東京書籍。

本田秀夫、植田みおり、二〇一九年、『最新図解　発達障害を考える心をつなぐ　女性の発達障害サポートブック』ナツメ社。

宮尾益知、二〇一七年、『ＡＳＤ（アスペルガー症候群）、ＡＤＨＤ、ＬＤ　女性の発達障害――女性の悩みと問題行動をサポートする本』河出書房新社。

ルディ・シモン、牧野恵訳、二〇一一年、『アスパーガール――アスペルガーの女性に力を』スペクトラム出版社。

コラム1　聴覚障害があること・女性であること

臼井久実子

障害のある人の場合、「障害者」と一括りにされがちだ。障害のある女性が性差別もこうむっているということについては、全否定まではされないとしても、軽視・無視が一般にある。そして、女性という時に、その中に障害のある人もいる、という視点は、希薄なように見える。

なぜだろうか？

第一に、障害の有無で分け隔てられてきたからではないか。障害を理由に分け隔てられた一方の側にとっては、障害者という属性が、何よりも大きなものとしてのしかかる。分け隔てられたもう一方の側にとっては、障害がある人は「見えない存在」となりがちなようだ。なにか接点があった時も、まず意識されるのは「障害者」の側面ということが多い。

聴覚障害があるということ

私もまた、聴覚障害があることで、小中学のほとんどを障害児学級が設けられた他市の学校で過ごし、一般学級の子どもとのあいだには隔たりがあった。小学校低学年の教室で既に、聞こえない子どもや聞こえにくい子どもは、「人と話さなくてすむ手作業の仕事につくように」と言われていた。手作業が苦手とか嫌いとかいうわけではなくても、それしかできないと言われることへの違和感と、将来に蓋をされている感じをもっていた。電車通学していたので、住んでいる町には同年代の知り合いがいなかった。その後も、進学や下宿探しやアルバイト応募等のたびに、「聞こえない人は前例がない」「聞こえないと危ないだろう」という対応があった。

このように、障害者差別は、拒絶の壁にぶつかるなどの経験から、本人にとっても、わりあい見えやすい。

しかし、障害のある少女や女性が、自分を女性のひとりとして捉え、性差別をも捉えること、障害ゆえの差別と性差別とが複合した差別に気づくことは、容易ではない。家族や障害者・関係者のかかわりの中で過ごしてきているならば、一層難しい。

女性であるということ

「障害があるのだから、人に迷惑をかけないように、可愛がられるように」という抑圧が、学校に社会に、空気のようにあった。それに加えて、「女の子は出しゃばらないように、おとなしく」「女は結婚して子どもをもつのが幸せ」ということがよく言われた。障害のある子どもたちのあいだでも、「女のくせに」「女だから」というフレーズが出ていた。何重もの抑圧を感じていたが、少女あるいは女性の立場からも話し合える人や、被害について相談できるような人は、周囲にはいなかった。障害があるという理由で、他の少女や女性たちとも隔てられてきたから。

私にとっても、聴覚障害があるという側面が大きかった。そして私の場合は、「女の子らしく」なんてやってられない、という気持ちが強かった。しかし、本人がどう思っているかとは全く関係なく、外見が女の子であれば、例えば性的加害者が標的とすることがある。私も通学電車などで被害を受けた。障害のある少女や女性ゆえに標的とする加害者も少なくはなく、性暴力とＤＶは、障害がある女性に対する複合差別が明白にあらわれていることの一つである。社会に出て、女性と見なされていれば、女性の立ち位置をおしつけられる。そのことは障害がある人も、また、障害がある人どうしであっても、例外ではない。対等なパートナーのつもりでも、家事や、家族・親族のケアや、生活マネジメントは、圧倒的に女性の肩にかかっている。

子どもをもつことについては、親族はある時期からふっつりと言わなくなった。学生だった時に、何気なく、もし子どもをもつならば聴覚障害のある子どもなら、と口にしてから、言われたことがない。かなり後になってから初めて、障害はない女性と話し込んだり、女性としての経験をきく機会をもつようになった。「結婚はまだか、子どもはまだか」とうるさく言われてきたことをきいた。「五体満足」な子どもを産み育てなければという、抑圧の深さを知った。性的マイノリティの立場で活動している人々とも会った。障害がある人のあいだで私が見聞してきたかぎりでは、家族も含めて、性にかかわることについてまともに話題になることはほとんどなかった。性教育は一般にも乏しい状況だが、障害児学級ではほぼゼロだった。

一方の「産むべき」と、他方の「産むべきでない」、性的なことを極力回避」、この違いは何だろうと考えるうちに、あらわれ方は正反対に見えるけれども、根っこは一つなのではと思うようになった。

障害のある女性の参画について

今は少しは変わってきているが、今でも、障害者団体の長の役割を担う大部分は男性である。その男性の大多数が、ケアや生活マネジメント面は女性に支えられながら、団体の仕事や活動に日夜従事している、ということも、社会一般と大差はない。また、国や自治体の審議会や委員会も、もっぱら団体の長で構成する慣習がある。その結果、障害のある委員が何割かいるような委員会であっても、メンバーはほぼ男性となっていて、障害のある女性の委員はほとんどいない。国会や地方議会の議員にも、官庁の役職者にも、もとから障害がある人はわずかで、障害のある女性となると、皆無に近い。

そのような、ものごとを議論し決めていくところに、障害のある女性がいないことの影響、弊害は、極めて大きい。

障害のある女性の多くは孤立点在の状況にあり、障害者団体の会員になっている人でも、女性の立場で話し合う機会は得にくいと言われている。そういう中から、雑誌『ヒューマンライツ』四〇三号（二〇二一年一〇月号）に掲載された佐々木貞子さんの寄稿「障害女性が直面する複合差別――コロナ禍の今考える」にもあるように、障害のある女性自らの手で実態を調査し、それぞれができることをもち寄りながら、提言や働きかけを続けてきている。障害の違いや障害の有無を越えてゆるやかなネットワークを形成し、女性という立場でつながりをつくってきている。法律や制度など構造から変えていくには、立場を越えた積極的な取り組みがいっそう欠かせない。

前述してきたような状況であるだけに、国や自治体は、調査や統計や政策立案の初めの一歩から、何よりも障害のある女性の参画の確保に力を注がなくてはならない。国連障害者権利条約の公式指針にも、国のほうから障害女性に進んで意見を聞きに行き、その参画を確保し、当事者の組織化を支援しなければならないという旨の記述が、繰り返し出てくる。日本も障害者権利条約の締約国として、そうした義務を怠らないことが求められている。

分離・分断をどう転換していくか

聞こえない人や聞こえにくい人も、その障害の程度などによって、学校や学級の振り分けなどで分断されてきた。視覚や肢体の障害、知的障害や発達障害などとされている人も、それぞれに、似たような状況がつくられてきた。障害者が均質な集団とは言えないように、障害のある女性も、均質な集団ではない。障害がある女性の中にも当然、性的マイノリティの人もいる。異なる国籍、先住民族、被差別部落に出自をもつ人もいる。まず、絡み合う差別があることを認識すること、複合差別という固有の課題を捉えることが、解決にむけた出発点になる。

今から四〇年前に、海外の障害者運動の渦中に飛び込む研修留学をした、障害のある女性から、こんなことをきいた。

〝日本では私は、車いすで、障害がある、ということが全てのようだった。留学先では、日本から来ている女性で、車いすユーザー、という紹介がされた〟

本当にそうだろうなと思った。四〇年を経た今、日本の状況はどこまで変わったと言えるだろうか。

課題がまだまだ大きいが、多くの人の尽力によって二〇一一年に、障害者基本法の第一条（目的）に「障害の有無によって分け隔てられることなく、相互に人格と個性を尊重し合いながら共生する社会を実現する」という言葉が入り、社会的障壁の除去が掲げられている。その後に成立した障害者差別解消法も改正を重ねた。国連では二〇二二年に、障害者権利条約の委員会による日本の初回審査が行われた。委員会は、「複合的かつ交差的な差別形態」を含めて障害に基づく差別の禁止を法に明記すること、特に障害のある女性の政治的・公的活動への参加を確保すること等を、日本に勧告した。

障害がある女性、という捉え方と併せて、障害によって分け隔てられずに、人権をもつ個人としてあたりまえに生きていけるようにしていきたい。

そのことは、誰もが、それぞれの属性の違いにかかわらず、共に平等に生きていける社会への軌跡と重なるだろう。

＊初出：「聴覚障害があること・女性であること」『ヒューマンライツ』（四〇八号、二〇二二年三月、部落解放・人権研究所）。収載にあたり、一部加除・修正をいたしました。

第Ⅱ部

ライフコースと性役割

第4章　恋愛・結婚、妊娠・出産をめぐって

河口尚子

はじめに

本論に入る前に、なぜ私がこの障害女性の生きづらさの調査をしようと思ったのかについて書き記しておく。

私は、骨が成長する過程で体の関節のあちこちに良性の骨腫瘍ができるという疾患の当事者である。病院には、小さい頃から一八歳ぐらいまで毎年のように経過観察で通ってきた。子どもの難病（小児慢性特定疾患）の対象にはなっているが、障害者手帳はもっていない。ということで、障害があるのかないのか、自分でもよくわからない、境界に生きてきた人間だと感じている。自分以外の同疾患の人とも出会ったことがないまま、また、いわゆる「障害者コミュニティ」にも、全く接点のないまま育った。

大学に入学すると学内に視覚障害の学生のサポートや点訳をするボランティアサークルがあり、た

またまなんとなく入った。そこで初めて視覚障害のある人と出会い、障害のある人との接点を持った。

大学での専攻は文化人類学で福祉とは全く関係なかったが、卒業後数年間、会社員として働いた後、社会福祉士の資格を取り、支援者として福祉現場に入った。精神科病院の併設の社会復帰施設のソーシャルワーカー、民間病院の医療ソーシャルワーカー、中途障害の人の作業所の指導員などとして働いた。

その後、視野を広げたいとスウェーデン、イギリスに留学した。イギリスでは大学院で障害学を学んだ。帰国後の二〇〇七年からは、大学等で障害者福祉・社会福祉の授業を担当している。また愛知県で、身体障害の当事者団体の学習会にボランティアとして参加をして、重度の身体障害の人たちとかかわっている。

ジェンダーについてはずっと以前から関心があり、一九九四年から一九九六年にかけて愛知でフェミニスト・カウンセリング（女性による女性のためのカウンセリング）の講座にも通っていた。思えばその当時から障害女性の問題に取り組みたかったが、そのテーマに関心をもつ人はほとんどいなかった。それでも当時、障害のある子どもをもつお母さん方のフェミニスト・カウンセリングのグループが京都にあるということで、紹介を受け、京都までお話を聞きに行ったり、また知的障害の当事者女性の話を聞きに行ったりもした。

民間病院のソーシャルワーカーになってからは仕事の忙しさもあって、フェミニスト・カウンセリングとは疎遠になった。ソーシャルワーカーとしては女性の問題に取り組む機会があまりなかったこともある。

社会学と社会福祉では状況把握の切り口がやや異なっている。社会福祉の現場では、女性のほうが支援を受けるのがうまい、女性はSOSを出せるが男性は出せないといわれ、支援が難しい、いわゆる困難事例として挙げられるものは、もっぱら支援に拒否的な男性である場合が多い。しかし社会学的に見ると女性のほうが社会・経済的に不利な状況におかれている。女性の直面する困難は問題化されずに見過ごされてしまうところがあるように思う。

その後、福祉を学びに行ったスウェーデンでは、シングルマザーの人たちもたくさん福祉現場で働いていた。生活に追われている日本のシングルマザーと比べ、自分の生活を楽しむ精神的、物理的余裕をもっている姿に目を見開かされた。日本では女性が男性並みになることがジェンダー平等だと誤解されているが、そうではなく違いを前提にして平等を考えるということだとスウェーデンでようやく理解した。

このように障害者福祉の現場にもかかわりながら障害学も学び、ジェンダーにも関心をもっていたが、私の中ではこの二つは別々だった。

二〇一五年に障害女性を対象にしたピア・カウンセリング（同じ職業や障害をもっているなど、同じ立場にある仲間＝ピアによって行われるカウンセリング）を受講する機会があった。それをきっかけに、「やはり障害とジェンダーの二つの問題は別々ではなくて、同時に取り組むべきだ、障害女性特有の課題がある」と気づいた。

二〇一六年から本書のもとになった科学研究費助成事業「障害女性の差別構造への「交差性」概念を用いたアプローチ」という調査にもかかわることになった。本章ではこの調査で行ってきた障害女性のインタビューの結果から、障害女性の恋愛・結婚、妊娠・出産をめぐる生きづらさについて、考えていきたい。次節では、それに先立ち、障害女性の交差差別・複合差別の概念について述べる。

1　障害女性と交差差別・複合差別の概念

（1）マイノリティ女性への複合差別

社会的に周縁化され、被抑圧的な地位にある集団ないしカテゴリー（マイノリティ）に属する、あるいは属するとみなされる女性たち（マイノリティ女性）は、ジェンダーに基づく差別のみならず、人種や、民族的出身、国籍、宗教、障害、性的指向など、その他の事由に基づく差別が加わった複合的差別状況にあることが、九〇年代以降、少しずつ知られるようになってきた。

そうした複合差別について、上野千鶴子は、単に重なるだけではなく、差別がそれを成り立たせている複数の文脈のなかで、ねじれたり、葛藤したり、一つの差別が他の差別を強化したり、補償したり、かなり複雑な関係にある、ということを「複合差別論」（一九九六）で述べている。

一方で、国際的な人権条約による人権保障システムでは、あらゆる差別は単一の次元で発生し、相互排除的であるかのように差別問題を差別事由ごとに分離して扱ってきた（元、二〇一六）。そうした法体系のもと、女性差別であり人種差別でもある差別が起きた場合は、訴えやすいほうで対処するという形が取られてきた。

そこで問われるのが、藤岡美恵子（二〇〇一）が指摘しているように、部落民と女性という複数のアイデンティティをもっている場合に、どちらのアイデンティティを中心に置くかである。このように序列化したり二者択一を迫ったりすることは、一人で複数の差別を受けている人を二つに引き裂いて、一方の抑圧を見えなくさせてしまうことになる。そうではなく複数のアイデンティティを認めながら、同じグループ内の権力関係や抑圧の関係を告発して克服していく視点をもつ、というのが差別を複合的に見ることである、と藤岡は述べている。

二〇〇〇年以降、複合差別は国際人権条約の中で注目されるようになってきた。女性というだけではなく、その中の多様性として、障害女性、高齢女性、武力紛争下の女性といったサブ・カテゴリーにも注目されるようになり、また個人のアイデンティティだけではなく、貧困、健康状態も含まれるように、範囲を拡大してきている（元、二〇一六）。

（2）交差性の概念と女性差別撤廃条約（CEDAW）

交差性＝インターセクショナリティは「性差別や人種差別などを個別の問題として取り扱うのではなく、交差し合うものとして捉える視点」である。詳しくは本書の渡辺論文（第8章）を参照されたい。「交差性」という概念は、現在では女性差別撤廃条約（CEDAW）にも取り入れられている。女性差別撤廃条約は五〇年近く前の一九七五年に採択された。その後、一般勧告という形で、さまざまな課題が付け加えられている。二〇一〇年に出された「一般勧告二八号」のパラグラフ一八では「交差性」について言及された。

交差性とは、女性差別撤廃条約の第二条締約国が負うべき一般的義務の範囲を理解するための基本概念である。性別やジェンダーに基づく女性差別は、人種、民族、宗教や信仰、健康状態、身分、年齢、階層、カースト制及び性的指向や性同一性など女性に影響を与える他の要素と密接に関係している。性別やジェンダーに基づく差別は、このようなグループに属する女性に男性とは異なる程度もしくは方法で影響を及ぼす可能性がある。締約国は、かかる複合差別及び該当する女性に対する複合的なマイナス影響を法的に認識ならびに禁止しなければならない。締約国はまた、そのような差別の発生を防止するため、必要に応じて条約第四条一項ならびに一般勧告第二五号に基づく暫定的な特別措置を含め、政策や計画を採用ならびに推進しなければならない。

また性的指向や、性同一性についても触れられ、レズビアンやバイセクシャル、トランスジェンダーの人もこの条約の女性というカテゴリーに含まれることが明確に示された。

（３）複合差別についての日本の法制度の現状

日本の法制度には、まだ複合差別を捉える包括的な枠組みはない。一般勧告二八号で提言されているような暫定特別措置、政策、計画も、まだ策定されていない。

また、二〇一三年に障害者差別解消法が成立し、二〇一六年に施行された。しかし、単一事由に対する差別禁止法であり、差別の複合性、交差性はまだ明記されていない。

(4) 障害女性への交差性・複合差別について

・障害者権利条約（二〇〇六）における女性の複合差別への言及（第六条）

障害者権利条約は二〇〇六年に採択された。第六条に女性の複合差別が言及されており、国際的な人権条約では初めての規定である。女性差別撤廃条約では複合差別について直接の言及はないが、障害者権利条約では直接言及されている。

1　締約国は、障害のある女性及び少女が複合的な差別を受けていることを認識し、また、これに関しては、障害のある女性及び少女がすべての人権及び基本的自由を完全かつ平等に享有することを確保するための措置をとる。

2　締約国は、この条約に定める人権及び基本的自由の行使及び享有を女性に保障することを目的として、女性の完全な発展、地位の向上及びエンパワメントを確保するためのすべての適切な措置をとる。

・DPI女性障害者ネットワークによる調査

DPI女性障害者ネットワークは、障害女性の複合差別について、二〇一二年に調査報告書を出している。「生きにくさ」として挙げられているのは、「性的被害」が四五件と最多であるが、本章のテーマに重なるものとして、「恋愛・結婚・離婚」が二一件、「性と生殖」が一二件、「女性として尊重されない」が一一件挙げられている。

これ以前には網羅的な調査がされておらず、複雑に絡み合う問題、交差性を把握するには、まだまだ不十分である。交差性という概念は、ジェンダーと〝人種〟が重なった差別が見過ごされてきたというアメリカのアフリカ系女性の運動から出てきたという歴史的背景もあり、いまだにジェンダーと障害を分析軸にしたものはデータが蓄積されていない。

2　インタビュー調査について

生活史法を用いた本インタビュー調査では、日常生活だけではなく、職業、学校、地域、家族関係と、幅広く聞き取りを行ったが、この章では、恋愛・結婚、妊娠・出産といった項目と、自己アイデンティティに焦点化をしている。恋愛・結婚、妊娠・出産は、障害者差別禁止法のいわゆる「合理的配慮の提供義務」にはなかなか収まらないものだが、それにもかかわらず障害女性の生きづらさには直結しているのではないか。アメリカの奴隷制度では、親密圏の剝奪、つまり家族を形成するのを妨害することが差別の最たるものとして行われたという（齋藤・竹村、二〇〇二）。障害者についても同じことがいえるのではないかと考え、取り上げた。

3　取り上げた対象者のプロフィール

・インタビュー対象者一〇名のプロフィール

障害：肢体不自由　五名、精神障害　四名、視覚障害　一名
年齢：二〇代　一名、三〇代　二名、四〇代　二名、五〇代　四名、六〇代　一名
障害開始年齢：幼少期　三名、一〇代　二名、二〇代　三名、三〇代　一名、五〇代　一名
婚姻歴：独身（婚姻歴なし）五名、既婚（有配偶）三名、（離別）二名
子ども：あり　四名、なし　六名

基本的に組織・ネットワークを通じて紹介してもらった方々である。年齢は二〇代から六〇代まで、婚姻歴は現在結婚している方、離婚をされた方、ずっと独身の方、子どもがある方もおられ、障害開始年齢（障害をもつようになった年齢）も、幼少期の方から、成人になってから、五〇代になってから、という方もおられた。

実際に結婚、出産などを経験した人に限定せず、恋愛・結婚・妊娠・出産などにまつわる自己アイデンティティについて質問している。その語りから「生きづらさ」を見ていく。

4　障害女性の生きづらさ

障害女性の生きづらさについて、本章では女性規範と自己アイデンティティに着目して考察した。女性規範は、社会・周囲との環境から女性として期待される役割・状態である。恋愛・結婚、妊娠・出産の項目ごとに、どのような女性規範があると障害女性は感じているのかについて、言及する。また自己アイデンティティは、一般的には自分が自分であるという自己同一性、また自分が他者や社会から認められているという感覚を指す。そしてこれは、他者、特に親密圏において承認されることで支えられている。女性というアイデンティティを有する人は、女性規範を満たすことで、他者から承認されやすくなり、自分を肯定しやすくなると考えられる。しかし、ドミナント（＝社会で支配的で広く普及している）な女性規範は、障害女性を想定していない。したがって、これらの女性規範と自分自身との距離について言及することで、アイデンティティの承認について考えていきたい。具体的には、女性規範を満たすべきものとしてプレッシャーを感じているかどうか。女性規範を満たしていない自分に対して肯定的か否定的かについて、まとめていく。女性規範は（　）内で示している。

〈恋愛における生きづらさ〉（身体規範、ケア役割）

障害女性には、自身がいわゆる「健康な体」「美しい体」、という身体規範からはずれている、恋愛対象としてみなされないという思いがある。恋愛欲求、性的欲求を周りから否定される経験があり、そういう気持ちは押し殺して生きてきたという語りがあった。

ケアする性として自分が相手をケアする、という女性規範がある。女性がケアすることは当然とされる一方で、逆にケアされる立場になると、相手の男性にケア役割を担ってもらう関係にはなりにくい。自分の障害が重度化して介助が必要になって、今までどおりには付き合えない、対等な恋愛関係が成り立たなくなったという語りがあった。これは相手の男性にケア役割を担ってもらうのは避けたい、愛情（恋愛感情）をケア役割に結びつけることへの疑問の声でもあった。自分の恋愛相手には、絶対介助はしてほしくない、ヘルパーにやってほしい。でもデートのときは介助のことを忘れていたい、という語りもあった。

〈結婚における生きづらさ〉（家事役割、嫁役割）

女性にとって、結婚は家事役割や嫁役割と結びついている。結婚を相手の家族から反対される人がいる。結婚した女性でも、相手の親から「障害者と結婚したら苦労する」と最初は反対されたりもする。結婚後も家事・ケア役割や、「嫁だったらこうしなさい」と押しつけられる。

〈妊娠、出産における生きづらさ〉（出産して跡継ぎをもうける）

妊娠・出産は、その家の「跡継ぎ」をもうけるという女性規範と結びついている。

①妊娠における困難

医療者が障害のある女性が妊娠・出産することを想定しておらず、性、生殖にかかわることを医師に相談できない。また妊娠中に減薬・断薬することで、自分の身体の状況が悪化することについての恐れ。薬の胎児への影響、催奇性等の恐れ、ということも語られた。

②出産に向けての困難

近所のアメニティがよいことで評判のマタニティクリニックで出産しようと思ったら、受け入れてもらえず、大学病院で出産することになった、という話もあった。本人の持病や障害の専門医と、出産を担う産科医との連携体制が整っている医療機関は限られており、障害女性が出産を受け入れてくれる医療機関を見つけるのに困難がある。

③産まない・産めないことで女性として受け入れてもらえない困難

障害女性が、産みたいのに産むことを想定されていない、肯定されない、という問題がある一方で、自分の体を犠牲にしてまで無理に子どもを産みたくない、身体的に子どもを産むのは無理だという声もあった。そういった思いは女性規範にはそぐわないため、おもてだっていうのは非常に困難だということであった。実際にそういう意思を交際相手に伝えたら、結婚相手として受け入れてもらえなかった、という話もあった。

女性の場合、性的行為が「妊娠の可能性」と直結していることもあり、性的欲求のみを満たすだけでは充分ではなく、その前提として相手との関係性を築いて、親密性・パートナーシップへの欲求も満たされることを求める傾向にある。つまり性的欲求と恋愛欲求というのは分かち難いところもあるが、障害女性がドミナントな女性規範の役割を果たすことが困難であることから、恋愛・結婚の困難につながっている。それが、さらには狭義の性的欲求を満たすことの困難につながっていると考えられる。

もう少し詳しく大谷さん（仮名）と吉田さん（仮名）の二人を生活史に沿って取り上げたい。

5　大谷さんの生きづらさ——親密圏からの排除

（1）大谷さんの生活史

大谷さん（四〇代）は、幼少期から身体障害をもっていた（希少疾患による）。小学校、中学校は養護学校に通っていたが、本人が高校から普通学校に行きたいということで、高校は普通学校に通った。普通学校はとても楽しかったそうだ。

若くして生殖機能にかかわる疾患にかかったが、医療機関からは障害のない女性に対してならあるはずの精神的ケアやホルモン治療などのケアを全く提案されず、受けられなかった（何年も経過してから別の医師から指摘された）。

卒業後は、障害者雇用で事務職として地元で就職した。障害者雇用枠であったにもかかわらず、全く合理的配慮がなされないまま、無理をかさねて何年も働き続けていたが、けっきょく体をこわして退職することになった。職場では彼女以外に障害をもっている人がおらず、なかなか理解が得られなかった。

就職していた時は、なんとか杖を使って歩いていたが、現在は、車椅子を使って移動し、ヘルパーを利用している。

（2）自己アイデンティティ

子どもの頃は、健常者男性と結婚して、子どもを三人くらい産むのが夢だった（それが普通学校へ進学する動機にもなっていた）。

しかし就職後は職場で同僚からハラスメントがあり、「あなたのような人は親密な関係の対象とされない」と貶めるような発言をされることもあり、自分の身体が他の人とは違うことに対する強い不安を感じていた。

大谷さんの気持ちは親にもなかなか理解してもらえず、「恋愛・結婚はあきらめろ」ということだったが、障害が重くなり、ヘルパーを利用するようになって、自分のことを理解してくれるヘルパーに出会うことで自分の気持ちを肯定できるようになったことは、今の自分を作る手助けになったという。

「それでもやっぱり子どもも産めないし、障害もあるし、何のために生きているのだろう、と思う。性的にも女性としても、私という人間で満足してもらいたい、そういう関係性がほしい」と語っていた。

（3）女性規範との関係

大谷さんは、女性規範との関係では、ドミナントな女性規範には身体的に応えられない、と思いつつも、さまざまな情報を自ら集めており、障害女性としてのもう一つの（＝オルタナティブな）女性規範をずっと模索してきた。ただドミナントな女性規範によって、周囲から自己否定される経験を受けてきたことで、生きづらさが生じている。

6　吉田さんの生きづらさ——親密圏での抑圧

（1）吉田さんの生活史

吉田さん（五〇代）は、障害をもった後に結婚をし、子どもを産んだ後、離婚をしている。二〇代の時に事故で重傷を負い、その後遺症で障害が残った。数年間のリハビリを経て障害者雇用で一般就労した。その後、三〇代の時に親同伴形式の障害者対象のお見合いパーティに参加して、そこで紹介された人と結婚した。

お見合いパーティでは、吉田さんは何人もの男性から申込みをされた（吉田さんはその理由を歩行が可能で障害が軽いからだと考えていたが、跡継ぎを産むことを期待できるという理由もあっただろう)。その候補者の中から、「この人だったらいいんじゃないか」「優しそうな人」と思える人で、一般雇用で働いている身体障害の男性と結婚した。

相手が長男であり、夫婦ともに障害があるからということで、義理の母と同居であった。吉田さんは出産にあたり、実家に戻ることを希望したが、義母が里帰り出産を許してくれず、婚家で男児を産んだ。義理の母と同居ではよくあるパターンかもしれないが、夫は母親の言いなりで、妻である自分や子どもたちよりも母親を優先していた。吉田さんは次第に夫や義母と衝突するようになり、結婚生活は徐々に悪化していった。ある時、激しく衝突し、吉田さんはクールダウンするために一人で実家に戻ったが、結局、婚家に戻ることにはならなかった。子どもに会えなかった時期もあったが、実家等の助けもあって今は定期的に会うことができるようになった。現在は子どもの成長を励みに暮らしている。

(2) 自己アイデンティティ

昔から女性らしくという意識は強かったそうで、「三日で終わってもいいから結婚したいと思った」「(より重度の人に比べて) 自分はまだ歩けるし、話せるのでやれることがある」「子どもが生まれてから自分は変わったと思う」と語っている。

吉田さんの場合、中途障害でもあり、「障害者アイデンティティはあまりない」という。

（3）女性規範との関係

吉田さんの場合、結婚、出産という、ドミナントな女性規範に沿いつつ、他方で「長男の嫁」としての生きづらさを経験している。「障害のある夫婦」であることが、義母との同居を当然のこととしたり、出産のため実家に戻ることを許されなかったり、夫婦の生活においても吉田さんの意見が尊重されないといった、「長男の嫁」としての生きづらさを増幅させている。離婚の際に子どもを婚家に置いてこざるをえなかったのが、吉田さんにとって最もつらい経験だった。子どもと会えなくなってしまった時期があったが、実家が法律専門家を見つけ、子どもと会えるようになった。現在は、母親として子どもの将来のために働くことが、本人の自己アイデンティティになっている。

大谷さんは「親密圏からの排除」、吉田さんは「親密圏での抑圧」という二つの形の生きづらさがある、といえるのではないか。

7　インタビューから浮かび上がったその他の要素

インタビューから浮かび上がった、女性規範、自己アイデンティティ以外に浮かび上がった要素を挙げていく。

〈介助〉

自分自身の介助をどう考えるかについて、複数の人が語っている。相手に介助してもらうのは対等な関係といえるか、お付き合いが成り立つかどうか。自分はそんなふうには思えない、だから恋愛は「ああ、無理」と中途で重度障害になった女性は語った。

「介助イコール愛情と考えるのはやっぱりおかしい」「そんなふうに考えるとすごく疲れちゃう」「介助してもらうことが相手の愛情だって考えたら、喧嘩もできないので、介助はヘルパーに、仕事として、プロとして、やってもらいたい」。これが多くの女性の声であった。

しかし、恋愛関係にある二人の間に介助者が入る時に、プライバシーをどのように確保すればいいのかが問題になる。女性たちが、親密性のあるプライベートな空間に介助者が入ることが「すごく嫌」「やっぱりすごい抵抗がある」と語っており、「恋愛とかの手前のところで、介助の問題をどうクリアするかが大きな壁」とのことであった。

〈薬の服用〉

継続的に薬を服用している場合、妊娠によって減薬や断薬することで、自分自身の体調が悪化し、障害が重くなることを懸念している。薬を飲んでいることによる胎児への影響を、本人が心配したり、周囲からいわれる、という語りもあった。さらに妊娠、出産時に医療のサポート体制が得られるか、ということも懸念として挙がっていた。

〈家族との関係〉

生まれ育った家族（＝定位家族）が恋愛や結婚に肯定的かどうか、また女性規範をどういうふうに考えているかも重要だ。

大谷さんは、親から「恋愛、結婚は、お前はあきらめろ」と言われてきたが、吉田さんは、本人の「三日で終わってもいいから結婚したい」という強い希望に合わせて、家族がお見合いに一緒に付き添っている。

家族は、本人が障害に加えて結婚して母親になったら子育てまでかかえることを心配し、消極的になりがちである。相手の家族に自身の障害をオープンにしている場合には、結婚を反対されている。さらに相手が障害者同士のカップルであっても、女性が子どもを産めそうにないといったら反対されたという語りもあった。外見からはわからない障害の場合、結婚相手には伝えたが、相手の家族にはクローズドにしていて、後から障害のことが相手の家族に伝わり関係が悪化してしまったという語りもあった。

一方で、吉田さんが語ったように障害者同士のお見合い、それも親同伴でのお見合いも行われており、「障害のある息子にお嫁さんを確保したい」「跡継ぎを産んでほしい」と、相手の家族が結婚に積極的になっている場合があることもわかった。しかし、それはいわゆる家父長制による「イエ」の存続が第一の目的であり、夫婦で共に新たな家庭を築くというよりは、「相手の家に入る」という形になりがちである。障害のある女性にとって抑圧的に働く場合もある。

〈経済的な立ち位置〉

障害女性に限ったことではないが、収入や年金があるかが、人生の選択肢の広がりにも生きづらさにもつながっている。大谷さんは就職してから何年間も、障害年金の存在を知らずに手続きをしていなかったが、たまたま情報を知る機会があって障害年金を受給することができ、退職時の経済的な支えとなった。

吉田さんは子どもと面会するため、法律専門家を利用した。

〈サポート・ネットワーク〉

身近にロールモデルがいたかどうかも大きい。自分と同じような障害で、結婚して子どもを出産している人を知っていたから自分も産めると思っていた、という語りもあった。

障害の程度よりも、身近に自分を理解してくれる人とつながっているかどうか、サポート・ネットワークがあるかどうかが大きい。

大谷さんは、恋愛・結婚への欲求を親から「お前はあきらめろ」と否定されてきたが、自分のことを理解するヘルパーに出会うことで自分の気持を肯定することができた。

吉田さんは、家族がお見合いに付き添うなど結婚をサポートし、離婚の際にも物心両面で支えた。

おわりに

今回インタビューした障害女性たちは、なんらかの組織・ネットワークにつながっていて、インタビューを了承してくれた人である。障害女性の中にはどこにもつながっていなかったり、困難が深刻すぎて他人に話すことができない人たちもいるだろうことを想像すると、限定された人である。

それでも結婚、妊娠、出産をしている人自体が、障害女性の場合は少ない。さらに離婚の際に子どもを自分の手元におくことが難しい（調査対象者四八名中、二五名は結婚歴がなく、結婚（事実婚含む）歴があるのは二三名となっている。子どものいる人は一七名である。離婚・別居している人は八名である。子どもが未成年のうちに離婚した七名のうち、子どもを引き取っているのは三名で、自分以外が引き取っているのは四名であった。障害のない夫婦では母親が引き取る割合が多いのに比べると特徴的である）。

これまでの議論をまとめると、女性としての自己アイデンティティについては、障害による社会的障壁が大きいことにより、女性であるという意識があまりもてない。女性としての自己アイデンティティをもちにくいこと自体が、障害女性の生きづらさを表している。

女性規範に応じられない、ドミナント（＝社会で支配的）な女性規範に応じられないことについて、ただ応じられないだけではなくて、応じられなくても、それを相対化できるような環境にあれば、それほど生きづらさにはつながらないが、それを相対化できない環境におかれ、周囲から全く承認されない、軽んじられてしまうことで、自己アイデンティティの不安定さ、生きづらさにつながっているのではないか。

障害女性の場合、障害者差別から逃れようとドミナントな女性規範に応じて、なんとか結婚をして、妊娠、出産すると、今度は、女性差別が待っている（小森、二〇一六）。

妻・母をやるだけで精一杯になってしまい、自分自身、一人の人間としての自己実現が、さらに困難になる。しかしそのことは障害女性本人にも周囲にも意識されにくい。障害があることで、ドミナントな女性規範から解放されて自由になるかといえば、そうはならずに、妻・母になることで、伝統的な嫁役割・ケア役割を求められ、一般女性よりも強固に女性規範にとらわれてしまうこともある。個人としての自己実現や経済的な自立が困難になるだけではなく、ＤＶといった親密圏での暴力から逃れることがより困難になる可能性もある。

これまでインタビューした障害女性のなかには、もともと身体障害のある女性が、生活史のなかでなんらかのハラスメント経験を受け、それを契機に、一時的にしろ、うつやパニック障害のような症状に陥ったり、身体だけでなく精神も病んでしまう例が少なからずあった。これは非常に重大な問題である。

障害女性が肯定的な自己アイデンティティをもてずにメンタルヘルスを損なうような状況について、どのように予防し、対処するかについても、考えていく必要がある。

＊注記：この文章は、「障害女性の生きづらさに向かい合う」（二〇一九、『立命館生存学研究』二巻）の原稿を再構成したものである。

参考文献

浅倉むつ子、二〇一六年、「イギリス平等法における複合差別禁止規定について」『ジェンダー法研究』第三号、三三－五五頁。

ＤＰＩ女性障害者ネットワーク編、二〇一二年、『障害のある女性の生活の困難――人生の中で出会う複合的な生きにくさとは 複合差別実態調査報告書』。

Driedger, Diane, 1988, The Last Civil Rights Movement: Disabled Peoples' International, C Hurst & Co.（＝二〇〇〇年、長瀬修編訳『国際的障害者運動の誕生―障害者インターナショナル・ＤＰＩ』エンパワメント研究所。）

藤岡美恵子、二〇〇一年、「絡み合うアイデンティティを認める「複合差別」という視点」反差別国際運動日本委員会編『マイノリティ女性が世界を変える！』解放出版社、一九八－二〇一頁。

小森淳子、二〇一五年、「脳性まひ女性の子育てから見えてきた生きづらさとエンパワーメントに関する研究」二〇一五年度日本福祉大学大学院社会福祉研究科社会福祉学専攻修士課程　修士論文。

元百合子、二〇一六年、「マイノリティ女性に対する複合差別と国際人権条約」『ジェンダー法研究』三号、一－三一頁。

齋藤純一・竹村和子、二〇〇一年、「対談　親密圏と公共圏の〈あいだ〉――孤独と正義をめぐって」『思想』九二五号、岩波書店、七－二六頁。

谷口洋幸、二〇一六年、「ジェンダー視点から読み解く国際法」『法学セミナー』七三七号、二〇一六年六月、四四－

四八頁。
上野千鶴子、一九九六年、「複合差別論」井上俊他ほか編『差別と共生の社会学』岩波書店、二〇三 - 二三二頁。
臼井久美子、二〇一六年、「日本の法制度と障害女性の複合差別」『ジェンダー法研究』三号、一五三 - 一七一頁
渡辺克典・土屋葉・河口尚子・後藤悠里・時岡新・伊藤綾香、二〇一七年、「障害女性研究における交差性アプローチ」第九〇回日本社会学会大会　二〇一七年一一月四日発表。

第5章　障害女性が性暴力被害にあうとき

河口尚子

はじめに

障害女性の生きづらさの聞き取り調査において、性暴力被害が語られることが度々あった。それらは障害女性が生きづらさを抱える契機になっており、またライフコースにも大きく影響を与えているように感じた。重いテーマであるが、取りあげるべきと考えた。

国連では、性暴力を「身体の統合性と性的自己決定を侵害するもの」（国連経済社会局女性の地位向上部著、二〇〇九）と定義している。身体の統合性とは、わたしの身体はわたしのもの、わたしの心はわたしのものという感覚であり、性的自己決定とは、自己の身体、生殖、セクシュアリティやジェンダーに関して、あるいはいつ、誰と性的な関係をもつかもたないかをも含めて、その人自身が決める、ということで、それらを侵害する性暴力は深刻な人権侵害とされている。

しかし、これまで日本の刑法においては、性暴力は、被害者が性的な行為に同意していなくても、「暴行・脅迫」または「抗拒不能」（＝身体的・心理的に抵抗することが著しく困難なこと）の構成要件を満たさないと犯罪とは認められず、実際の性暴力被害の深刻さとの大きなギャップが指摘されてきた。

一方で先進国の多くは、既に「不同意の徴表」（＝徴表とは客観的に区別して認識できることをいう）、つまり被害者が同意していないと客観的に判断できる場合は犯罪とされている（ヒューマン・ライツ・ナウ、二〇一九）。刑法改正の議論においても主要な検討事項となっている（二〇二三年六月の刑法改正でようやく「同意のない性行為が犯罪になりうる」ことが示された）。

さらに〝障害に乗じた〟性暴力を犯罪化する法律が制度化されている国もある（岩田、二〇一八）。被害者が施設入所者・福祉サービス利用者の場合を列挙するものや、障害者が法的に同意する能力を欠いているとして犯罪化しているものがあるが、後者は障害者の性的自己決定権を制限してしまう側面もある。

障害女性に対する性暴力被害を防ぐだけではなく、障害女性の身体とセクシュアリティが尊重され、いつ、どこで、誰と性的関係をもつのか、自らの意思によって決めていく、性的自己決定権を行使できるような環境が確保されること、またそのような社会を実現することも同時に進めていく必要があるだろう。

今回、限られた事例ではあるが、障害女性による貴重な語りから、性暴力被害の一端を把握したい。また当事者のライフコースにどのように影響を与えているかについて見ていく。性暴力被害について障害とジェンダーとの交差性や社会的要因との関連で分析を行う。さらに当研究は、障害女性のエンパワメントにつなげるという立場からのものであるため、障害女性の回復（レジリエンス）についても考えていきたい。

他の障害女性の役に立つならと事例の掲載を了承いただいた五名の方々には感謝の意を表したい。障害女性に対する性暴力被害の防止に、少しでも役立てば幸いである。なおプライバシー保護のため、情報の一部を削除・改変している。

1　これまでの主な文献について

斎藤・大竹（二〇二〇）は、性暴力被害の実際を「奇襲型」「飲酒・薬物使用を伴う型」「性虐待型」「エントラップメント型」の四つのプロセス型に分類している。「奇襲型」は突然襲われ性被害にあうというもの。「飲酒・薬物使用を伴う型」は被害者を酩酊状態や意識がもうろうとした状態にして性的暴行を行うもの。「性虐待型」は、家庭など生活を同じくする場での性暴力で、多くは行為を認識できない子どもの頃から被害を受けるというもの。「エントラップメント型」は、エントラップは罠にはめるという意味で、精神的・物理的に徐々に逃げ道をふさがれていき、明確な暴力がなくとも逃げられない状態に追い込まれて被害にあうというもの。斎藤・大竹（二〇二〇）は、従来の「強姦神話＝見知らぬ人に突然襲われる」ではなく、この「エントラップメント型」が最も典型的だと指摘している。なかでも地位・関係性を利用した性暴力として「社会的抗拒不能」と名づけている。

障害女性に対する性暴力については、先行研究から、障害者は健常者よりも性暴力被害にあっている割合が高い、障害者は性暴力被害から逃れることが難しい、また支援を求めることが困難であると指摘されている（岩田、二〇一八／ＤＰＩ女性障害者ネットワーク、二〇一二など）。

内閣府の「若年層における性的な暴力にかかわる相談・支援の在り方に関する調査研究事業」報告書（二〇一八）においても、障害の有無が報告されている性暴力一二七件のうち七〇件が障害あり（発達障害・精神障害・軽度知的障害、解離性障害、知的障害、パーソナリティ障害、双極性障害）と報告されており、性暴力被害を受けている障害者の割合は高い。

人間関係で波風を立てるべきでないという女性規範や、障害などのマイノリティ性を被害者が有している場合、加害者はそれを利用して上下関係をつくりだしているという。

障害のある女性たちは、優生思想の影響の下で、性的存在（特に子どもを産むべき存在）としてみなされない一方で、性的な暴力の対象となってきた。

本章では、聞き取り調査で語られた個別の事例から、障害女性への性暴力とその社会的要因について考察したい。

２　取りあげた性暴力の範囲と、聞き取り方法について

本章においては、性暴力とは「他者からの性的な意味合いを含んだ働きかけに対して、それを受けた当事者が性的自己決定権を発揮することができず、自己の心身およびセクシュアリティやジェンダーを脅かされたと感じたできごとである」ととらえる国連の定義を採用している。

ただ事例については、現在、地域生活をおくっている障害女性からしか聞き取りをしていないため、以下の限界があることを記しておく。

肢体不自由の障害女性が、かつて入所していた施設で、自分以外の入所者（知的障害の女性など）に対する性暴力被害を見聞きした「語り」も複数あったが、今回は本人自身の被害に限定した。それらの「語り」からは知的障害の女性がさらに被害にあっていると推測されるが、知的障害の女性自身への性暴力被害についての聞き取りが果たせず、事例には入っていない。

病院・施設で治療や介護を受ける場面での問題、特に「異性介助」を受けざるをえない苦痛についての「語り」も複数あった。いまだ「異性介助」が行われているのは、障害女性が女性として認識・尊重されていないことを示しており、望まない異性介助それ自体の問題性がある（岡山、二〇二一など）。

だが今回は、個人の性的な意図が明らかなものに限定したため取りあげていない。視覚障害の女性が三療に従事する際に生じる問題については本書第2章の土屋葉氏による論考を参照されたい。

また言葉による性的ハラスメントも数多く、どこまで拾うべきか迷うところであったが、今回はなんらかの具体的な性的行動を伴う事例に限定した。

類型化には当たっては、斎藤・大竹（二〇二〇）による性暴力のプロセス型を用いた。性暴力被害と思われる語りを抽出し、類型化を試みた。

性暴力被害の内容・経緯、その後のライフコースにどのような影響を与えているのか、障害・ジェンダーとの交差性、社会的要因との関係についてはどうか、レジリエンス（回復）につながったのはなにか、について見ていく。

なお聞き取り自体は、性暴力被害に焦点化したものではなく、生きづらさについて語ってもらうなかで出てきたものであるため、話していただいた内容については、その時の状況が詳しく語られた場合とそうでない場合があるなど濃淡があることをあらかじめお断りしておく。

3　取りあげた具体的な事例とその類型

(1) 対象者とプロフィール

視覚障害一人、肢体不自由二人、難聴・内部障害一人、精神障害一人の全部で五名のケースを取りあげた。対象者のプロフィールを表にまとめた。

性暴力の類型でいえば五名のうち、見知らぬ人にいきなり襲われる「奇襲型」はなく、すべて顔見知りによるものであった。「飲酒・薬物使用」によるものもなかった。

すべてのケースで、「エントラップメント型」といえるプロセスが見られる。被害を受ける前に、加害者との関係性が職場の上司や先輩などといった上下の関係が成立していた。

三村さん、武藤さんの場合は子ども時代の被害で、いわゆる「性虐待」型の要素も入っている。さらには、性暴力のみならず、それ以外のハラスメントも存在している場合が多い。

それでは個別の事例を見ていきたい。

仮名		三村さん	武藤さん	目黒さん	桃瀬さん	牧原さん
障害		視覚障害	肢体不自由	肢体不自由	難聴・内部障害	精神障害
障害開始年齢		幼少期	幼少期	幼少期	幼少期	三〇代
聞き取り時の年齢		三〇代	二〇代	五〇代	六〇代	五〇代
被害時の年齢		小六／中学／二〇代	中一	一八～一九歳	三〇代	三〇代
被害を受けた場所		児童施設／家庭／社員寮	学校	授産施設（入所型）	授産施設	会社
性暴力の類型	奇襲					
	飲酒・薬物使用					
	性虐待	○	○			
	エントラップメント	○	○	○	○	○
補足 他のハラスメント		複数回被害	いじめ	複数回被害	パワハラ	パワハラ

（2）三村さんの場合　視覚障害

・被害の内容

小六の時：胸をもまれる（宿直の男性職員から、児童施設で）

中学生の時：性器にさわられる（きょうだいから、家庭で）

二〇代の時：セクハラ　わいせつ（勤め先の社長から、社員寮で）

・経緯

複数回被害にあう。自身の障害を父の実家は受け入れず、両親は離婚し、母親に引き取られるがネグレクト気味であった。児童期から施設に預けられ、施設から学校に通う。学校の紹介で就職。勤め先の社長は女性を好んで雇っていた。児童の施設で夜勤の職員から胸をさわられる。

自分だけでなく知的障害の少女も被害にあっていた。他の職員に被害を訴えるが信じてはもらえず、被害が続いた。時間が経ってから、ようやく被害を信じてもらえた。

帰省時にきょうだいに性器をさわられる。母親に訴えても、母は自分ではきょうだいを問いただささずに学校の先生に頼んだ。きょうだいの学校の先生が問いただしたが、きょうだいは開き直った。きょうだいとは疎遠になった。

勤め先の社員寮は、男性の社長と女性職員数人が同居し、鍵もなかった。社長によるセクハラが横行していた。勤め先は学校からの紹介で、後輩のこともあり被害を訴えにくかった。学校と勤め先がつながっていると認識していた。他に働き場がない、行くところがないと思い、長期間にわたり被害を我慢し続けた。

・語り

「(施設職員が) 布団に入ってきてさわるんですよ。もむと胸が大きくなるとかいって」

「(きょうだいは) 女の体の構造が知りたい」「いいこと教えてやったのに (と言った)」

「(職場は) まわりが一〇〇%社長の味方」「労働局とかそういうところにつてがあったら相談したかった。当時はそういうこと全然わからなかった」「一人で歩けないしで、相談できない」

「(今) 正直いって、視覚に障害がある女性は恋愛をしようなんていうことを考えるのは一〇〇%無理なのかなって」

・ライフコースへの影響
度重なる性暴力被害によって、視覚障害のある女性が男性と対等な恋愛関係になることは無理だと認識するようになった。

・レジリエンス（回復）
当事者団体の人とつながり、その紹介で別の勤め先に就職することができた。

度重なる性暴力被害によって、自己の身体の統合性が脅かされていても、自分の身体よりも、学校の評判や収入の確保の方を優先すると考え、我慢し続けることになってしまった。

（3）武藤さんの場合　肢体不自由

・被害の内容
中一の時　下着の盗撮（クラスメートの男子生徒から、学校で）
いじめ（担任の教師やクラスメートから、学校で）

・経緯
中学校の時は学校に行くのがつらかった。電動車椅子からずり落ちた時に、スカートがめくれてパンツが見える。その下着の写真をクラスメートの男の子に撮られた。盗撮の背景に担任の先生(男性)からのいじめがあった。猫を可愛がっていた担任に「猫はエサをやるとなつくけど、武藤さんはお世話をされているにもかかわらず文句いうよね」といわれてショックだった。そのことを親に話したところ、親が学校に問い合わせをしたが、かえって自分へのあたりが厳しくなった。学校に行くのがこわくなり、泣きながら通っていた。

クラスメートからも「泣いている子」ということで距離をとられ、いじめの対象になった。高校は、「自分から話しかけるようになって。それで、障害がある子って思われる前に普通の子、っていうか面白い子だと思われようと頑張った」。友人もできて楽しい学生生活を送ることができた。

・語り

「先生がいろんなことをいったりやったりしてるし、私は泣いたりもしてたので、何をやってもいい存在と思われていたのか」

「クラスメートが原因というよりかは担任の教師がきっかけをつくってしまった」

「中学生ってモラルより前にエッチな本とかそういう動画とかも興味あるお年頃なので、ちょうどよかったんでしょうね。というところで、これ男だったらパンツ撮られなくて済んだのになって」

・ライフコースへの影響

本当につらい、学校で死んでやる、と思うほど、つらい中学生活を送る。

・レジリエンス（回復）

先生の机に入っている彫刻刀で、自分を傷つけようとしたが、手に力が入らず果たせず。「この身体のおかげで死ねないぞ。ということは、これは生きろということなんだろうな」「高校から頑張ろう」と思った。

学校で担任からハラスメントを受け、同級生からも距離を取られてしまったが、自ら「この身体のおかげで死ねないぞ」と障害の価値のとらえ直しを行い、つらい時期をやり過ごした。

（4）目黒さんの場合　肢体不自由

・被害の内容

一八〜一九歳時　下着にいたずらされる（年配の入所者、授産施設で）

二〇代　下半身を見せられる（見知らぬ男から、通勤路で）

二〇代　ホテル（買春）に誘われる（見知らぬ男たちから、バス停・駅で何度も声かけ）

・経緯

養護学校の高等部を卒業後、入所型の授産施設で働く。夏にTシャツを着ていると下着がわかる。

施設で一緒に働いている年配の入所者からブラジャーのひもを後ろからひっぱられたりした。人間関係が合わず、一年半で退所。通所型の授産施設に移って一〇年ぐらい働く。その後、障害者運動にかかわる。現在は自立生活。

・語り

「授産施設へ通勤する時に、変質者がいて、下半身を見せられて」「わたしは逃げられない。被害はなかったけど、そんなことがありましたと、誰にも言えない」

「(バス停や駅で待っている時に) ホテルに行かへんか？　とか。声かけられることが多かった」「お金がいくら？　って聞いてくるから、それが、障害者だと思って、ばかにして、安く言ってくるから」

「どうせ経験ないんだから、経験させてやる」

「(何回も声かけられるのは) 私に隙があるのかな」

「そんなことが結構、多かった。でも親とか周りの人とかは、障害者はそういうことはないって。まったくの思い過ごしだとか。信じてもくれないとか。日常的に信じてくれない」

「授産施設自体が、大人の会話が禁句。セックスのこと、恋愛のこと、性のことも、なんにも話できない」

・ライフコースへの影響

性的被害をいっても信じてもらえないことから、大人の女性として見てもらえないと認識。

・レジリエンス（回復）

女性の障害者の課題に気づき、障害女性の仲間とつながる。

年配の入所者からの被害は、入所者間の上下関係を利用して起きている。もし入所者ではなく職員が被害を受けていたら問題化されたのではないか。

下半身を見せられたり、ホテルの誘いは、身体的に直接の被害があったわけではない。だが、もし相手が追いかけてきたら、自分は肢体不自由なので逃げられない、と自覚することは恐怖を感じる経験である。またホテルの誘いも、女性として低く扱われ、セクシュアリティを脅かされる経験である。さらにそのようなセクハラ経験を、職員に語っても信じてはもらえないこと、自分の見た目や態度に隙があったのではと考えることも重なり、つらさが増幅している。

（5）桃瀬さんの場合　難聴・内部障害

・被害の内容

三〇代　セクハラ・暴行（通所先の施設の所長から、家に連れていかれた）

・経緯

幼少期から学齢期は内部障害により、度々入院していた。家族も病院も学校も内部障害を気にかけていたが、難聴になっていることが小学校三年生まで気づかれなかった。難聴がわかっても補聴器を使うようになっただけで、その後も授業はよく聞こえず、声で自分の意思をうまく伝えられない状態であった。一般企業に就職するも、職場で合理的配慮はなかった。職場が遠くへ移転するのを機に退職。障害者雇用枠で再就職するも合理的配慮はなかった。ずっと働く気だったが、就職して二年近くになると退職強要を伴ういじめにあい退職。障害者の相談窓口から自分が希望していない知的障害者の授産施設に措置されたが、そこでも難聴や内部障害に対する合理的配慮はなかった。そこで被害にあう。暴行を受けて体を痛め、授産施設は退所した。性暴力被害については、これまでなかなか人に話すことができなかった。

・語り

「所長に目をつけられ、自分がターゲットにされた」
「家に連れていかれてセクハラ暴行」
「(暴行を受けた際に所長に)「一般企業にいられなかったお前が悪い」といわれた」
「抵抗し続けたら死んでたと思う」
「母親にも悲しむと思い、いえなかった」
「まわりも(所長がそういう人だという事を)うすうす知っていたと思うが、誰も助けてはくれなかった」

・ライフコースへの影響

被害後は体を痛めたこともあり再就職せず。家事・親族の幼児の世話をして過ごす。

・レジリエンス（回復）

高校生のころ、悩みを相談する先を探し、宗教に求める。その宗教つながりで、難聴団体とつながった。親族の幼児の世話をし、発音を気にすることなく話す機会をもったら、自信をもって話ができるようになった。人前で話す機会ももった。最近は要約筆記をつけてもらえるようになったので、いろんな講座に参加して学んでいる。

桃瀬さんの「ずっと働きたい」という希望は砕かれてしまったが、その状態から幼児の世話をしたり、難聴団体とつながることで、回復をはかっている。

（6）牧原さんの場合　精神障害（性暴力被害を契機に発症）

・被害の内容

三〇代　パワハラ、セクハラ、性被害（勤め先の上司から　職場）

・経緯

離婚して一人で子育てをする。実家にも頼れず、生活に余裕がなく、セクハラにあっても会社を辞められない、と我慢しているうちに、急に精神疾患を発症し、働けなくなる。会社の事務員からすぐに退職することを求められた。こわかったので退職に同意するしかなく、労災にもならず、傷病手当も受給できなかった。

・語り
「タイムカードを押す前に三〇分早く来てお茶出し、掃除」「買い物に行くのに上司の車に乗せられ、手をにぎられる。お尻をさわられるなど」「ここで職を失っちゃったら明日からご飯たべていけない」「洗脳されちゃって」

「お金がもし十分にあったら、（精神疾患に）なっている確率も少なかったと思う。仕事もポンと辞めてたかもしれない」

・ライフコースへの影響
性暴力被害が直接的に精神疾患発症の引き金になっている。母子世帯に対する偏見に加えて精神疾患に対する偏見にもさらされるように。

・レジリエンス（回復）
会社が自己都合退職扱いにしていたが職業安定所に相談したら、すぐに失業手当を出してもらえたのが助かった。受給中三カ月間休んで回復。再就職できた。数年後に再発したが、今度は傷病手当を受給しながら休業できた。当事者活動に参加。

ハラスメント的な職場環境に加えて、地域の環境も母子世帯に対して理解がなく、仕事をしていても体調が悪くても、母親なら家事や子ども関係の役員をこなすべき、という視線にもさらされ、生きづらさにつながっている。

4　性暴力被害後の対応

(1) 被害の申告について

今回の事例では、誰も警察に被害を申告していない。

性暴力被害の相談窓口にも、誰も相談をしていない。近年、性犯罪・性暴力被害の窓口として、性犯罪・性暴力被害者ワンストップ支援センター（#8891）が設置され、医療機関への受診、警察への被害届、カウンセリング、弁護士への相談などへとつないでいくように整備されつつあるが、それ以前はそのような窓口はなかった。

またワンストップ支援センターがあっても、性暴力被害自体に羞恥心を感じることから、他人への相談がしづらい上に、障害女性の場合、建物がバリアフリーか、情報保障（手話・要約筆記など）があるか、相談窓口までガイドヘルパーなしでは一人で移動できない、などの物理的なアクセスの問題があり、ハードルが高い。

今回の事例においては、誰も相談に行っておらず、またワンストップ支援センターを通して提供されるような支援を受けていない。

（2）被害を相談できたか

・福祉の相談機関

障害女性は「障害者」としてのみ認識され、性のある存在として十分に認識されていない。そのため、本人が被害を訴えても信じてもらいにくい。さらに加害者が福祉関係者の場合は、福祉の相談機関に相談すること自体、守秘義務保持に不安がある。

三村さんは、複数回、被害にあっているが、適切に対応してもらえなかったため、次に被害にあっても訴えたところで仕方がない、と考えるようになってしまった。三村さんは学校から紹介された勤め先で被害にあっている。自分が辞めると後輩に迷惑がかかる、また学校と勤め先はつながっていると考え、学校に訴えても無駄、学校側は就職実績をよくしたいために障害者を雇用する会社に対する監視の目がゆるくなる、という認識であった。

目黒さんの場合、授産施設の職員に話しても、障害女性が性被害を受けるなんて信じてもらえない、と認識していた。

桃瀬さんの場合、福祉の相談機関から紹介された先で被害にあっている。またその前に障害者雇用で一般企業に就職し、長く働くつもりでいたのに急に退職強要まがいのいじめにあった。なぜかわからなかったが、障害者雇用の補助金が出ており、補助金が切れる期限に合わせて退職強要されたのだと後からわかった（解雇すると次から補助金がもらえなくなるので本人が自ら退職するようにもっていく）。障害者雇用にもかかわらず、合理的配慮は一切なかった。

性暴力被害について、まずは福祉サービスの相談窓口とは別の独立した相談窓口が設置される必要がある（シェルターで介助が受けられるよう福祉サービスとの連携は必要になってくるが）。

牧原さんの場合、職業安定所の相談員には性暴力の対応は困難であったが、自己都合の退職にされていたのを、会社都合として待期期間なしで失業手当が出るようにしてくれたことが、経済的にも心理的にも大きな助けとなった。

・周囲の人々

特に三村さん、桃瀬さん、牧原さんのケースでは、加害者が被害者のみならず周囲の人々に対しても力のある立場であった。武藤さんも、直接の性被害の加害者からではないが、おかれた環境で力のある立場の人からハラスメントを受けていた。性暴力が起きる前にパワーハラスメントが存在するような状況で、周囲の人々は傍観するだけで対応してもらえなかった。

・家族

家族に相談することにもハードルがある。家族自体がDVやネグレクトなどの問題を抱えていて、相談する状況にない場合もある。また、家族に相談することができても、家族は施設や学校に対しては、子どもを預かってもらっている、いわば人質にとられている立場であり、声をあげ、問題を指摘することの困難さもある。三村さんの場合は、家族との関係性から相談をしても無駄と考えた。桃瀬さんは家族が悲しむと考え相談できなかった。牧原さんは実家に頼ることはできない状況であった。

(3) 被害からの脱出

三村さんは、仕事を失うと困ると考え、被害にあっても我慢しつづけた。最終的には被害者である三村さんのみが職場から去るという形で被害が終わっている。桃瀬さんも被害者のみが職場から去るという不利益をこうむっている。牧原さんも同様である。かたや加害者はそのような不利益は受けずに終わっている。

(4) 回復（レジリエンス）

今回の五名について、性暴力被害に対する正式なサポート・ケアを受けられた障害女性はいなかった。回復につながる社会資源として当事者団体が大きな役割を果たしており、心の支えにもなっている。しかし多くの場合、本人が積極的に動いて、当事者団体につながっており、学校教育や相談機関がつないでいるわけではなかった。

今回のケースの障害のある女性たちは、正式なサポート・ケアを受けられなかったにもかかわらず、自ら相談できる場を見つけ、自身を立て直し、経験をバネにしているように思われる。まさにサバイバーであるといえるだろう。

5　障害とジェンダー、その他の社会的要因との交差性

ここまで具体的な事例を見てきたが、それでは障害女性に対する性暴力がどのように起きるのか、障害とジェンダー、その他の社会的要因がどのように交差し関わっているのかについて考察したい。

(1) 障害ゆえの「可動性」の低さ

「(視覚障害があるので) 一人では外出できない」(三村さん)
「(加害者からすると) 顔や様子などを証言できないだろう」(三村さん)
「電動車椅子なしでは自由に移動できない」(武藤さん)
「(下半身を見せられたが) 逃げられない」(目黒さん)
「(加害者からすると) 発声に困難があるので被害を訴えないだろう」(桃瀬さん)

「一般企業で働けない（他の職場に移ることが難しい）」（桃瀬さん）
「精神疾患を発症して、対処するエネルギーがなくなってしまう」（牧原さん）

加えて、性暴力を受けたこと自体の精神的なダメージにより動けなくなることもある。

このような「障害ゆえの可動性の低さ」に、加害者は乗じているといえる。

性暴力は、女性と縁のない男性が性欲解消の目的でセクシーな格好をした女性を狙うという先入観があるが、実際には妻子のいる男性が行うことも多く、捕まらないように被害にあっても抵抗しなさそうな女性を狙う（斉藤、二〇一七）とのことで、加害者は障害女性が性暴力から逃げることが困難な点のみならず、被害を受けても訴えたり立件しづらい点にも乗じているといえる。

（2）情報へのアクセス、権利擁護へのアクセスの困難

被害を受けても、どこに相談すればいいのか情報を取得したり、物理的なアクセスについての困難がある。これらの情報へのアクセス、権利擁護へのアクセスの確保についての社会的な支援がなく、家族に依存してしまっている（三村さんの勤め先については、三村さんが退職してずいぶん経った後に、就職した女性の親が動いて、労働基準監督署が監査に入ったとのこと）。

権利擁護機関における障害女性の性被害への認識が低いだけではなく、シェルター等の避難施設もバリアフリーではない、介助者が入ることができない、情報保障がない等の理由で障害女性が利用す

ることが難しい。

（3）児童期の逆境的環境

ＤＶ家庭だったり、ひとり親世帯だったりなど、家族が被害者の権利擁護をすることが困難な状況にあると、性暴力被害に対して、より脆弱になっている。

児童養護施設等で行われた二〇一九年の厚生労働省の調査によると、子どもの性被害の加害者の半分が子どもということである。性加害する子が過去に性被害を必ず受けているわけではないが、なんらかの傷つき体験があり（森田、二〇二一、三〇三頁）、加害に向き合うためには被害体験から生じた傷つきへのケアが必要になるという。「性暴力のサバイバーは、性の身体感覚や性意識を加害者の侵入によって混乱させられたために、セックス拒否になったり、逆にセックス行動に取りつかれてしまうことがある」（森田、二〇二一、一三七頁）という。

そうした場合のケアがなされていないと、自己肯定的なセクシュアリティをもつことが難しくなったり、他者を傷つけてしまったりする可能性も出てくる。

（4）学校教育で適切な対応がされない

今回のケースでは、学校で適切な性教育が行われておらず、かつ被害への対応・ケアもなされなかった。さらに三村さん、武藤さんのケースでは加害した側も子どもであった。加害した側の男子生徒の方にも、適切な性教育や対応が必要であったが何の指導もされなかった。

三村さんが家庭で被害を受けた時に、三村さん本人に対するケアのみならず、加害者であるきょうだいに対しても自分の内面・加害に向き合えるような教育やケアが必要であった（子どもの性の健康研究会、二〇一一）。

武藤さんのケースでは、直接の加害者は男子生徒であったが、いじめが存在している環境であることによって誘発されている。さらに加害した男子生徒に対して何もせずに放置することで被害の度を強めている。被害の前に教師からのいじめがあり、家族が改善を求めたら、かえって状況がひどくなるなど、学校側に組織として改善する力が不足していた。

（５）施設の職員体制の問題

三村さんは、児童施設に入所中に、夜間一人で宿直していた男性職員から被害にあっている。異性介助の問題でもある。肢体不自由の障害女性の異性介助についての語りでは、人手不足から異性介助が行われ、夜間、男性が一人で女性入所者のところに自由に出入りできてしまうことが性暴力を誘発しており、また被害が発覚しても加害者がクビになるだけで、男性一人での宿直や異性介助をなくすなどの職員体制は変更されず、被害がなくならない実態が語られた。加害者個人の問題として処理され、防止する体制がとられなかった。女性が家事・育児等の負担により正規職員として就労しにくく、夜間の女性職員の確保が困難、という雇用のジェンダー問題も背景にはあるだろう。

（6）性文化におけるダブル・スタンダード

日本では性についての文化が、「嫌よ嫌よも好きのうち」という言葉もあるように、女性は性的に受け身であるべきで、はっきりと性的同意を示すことは女性らしくないと、性的な主体として位置づけられてこなかった。

一方で男性は性的に能動的であるべきという規範は、男性が性暴力を受けた場合に声をあげることを困難にしている。さらに「男性は性欲を押さえられない」などと性的逸脱には寛大な文化が形成されてきた。

また女性に対しては性のダブル・スタンダードが存在する。結婚して妻となり、母として子どもを生み育てる女性には貞節を求め、性暴力にあうと隙があったと女性の落ち度とされ、命がけでの抵抗が期待されてきた。一方で、そこからはみ出している女性（妻・母でない女性）は、性的な対象としてのみとらえ、人として低く見る、というものである。性産業に従事する女性への蔑視はその典型である。

障害女性に対しては、ダブル・スタンダードに加えて、優生思想によって妻にするべきではない、子どもを産むべきではない存在、性的に価値のない存在として低く位置づけられてきた。その一方で障害女性を性的に利用してきたことは障害女性の性暴力被害の高さが示している。

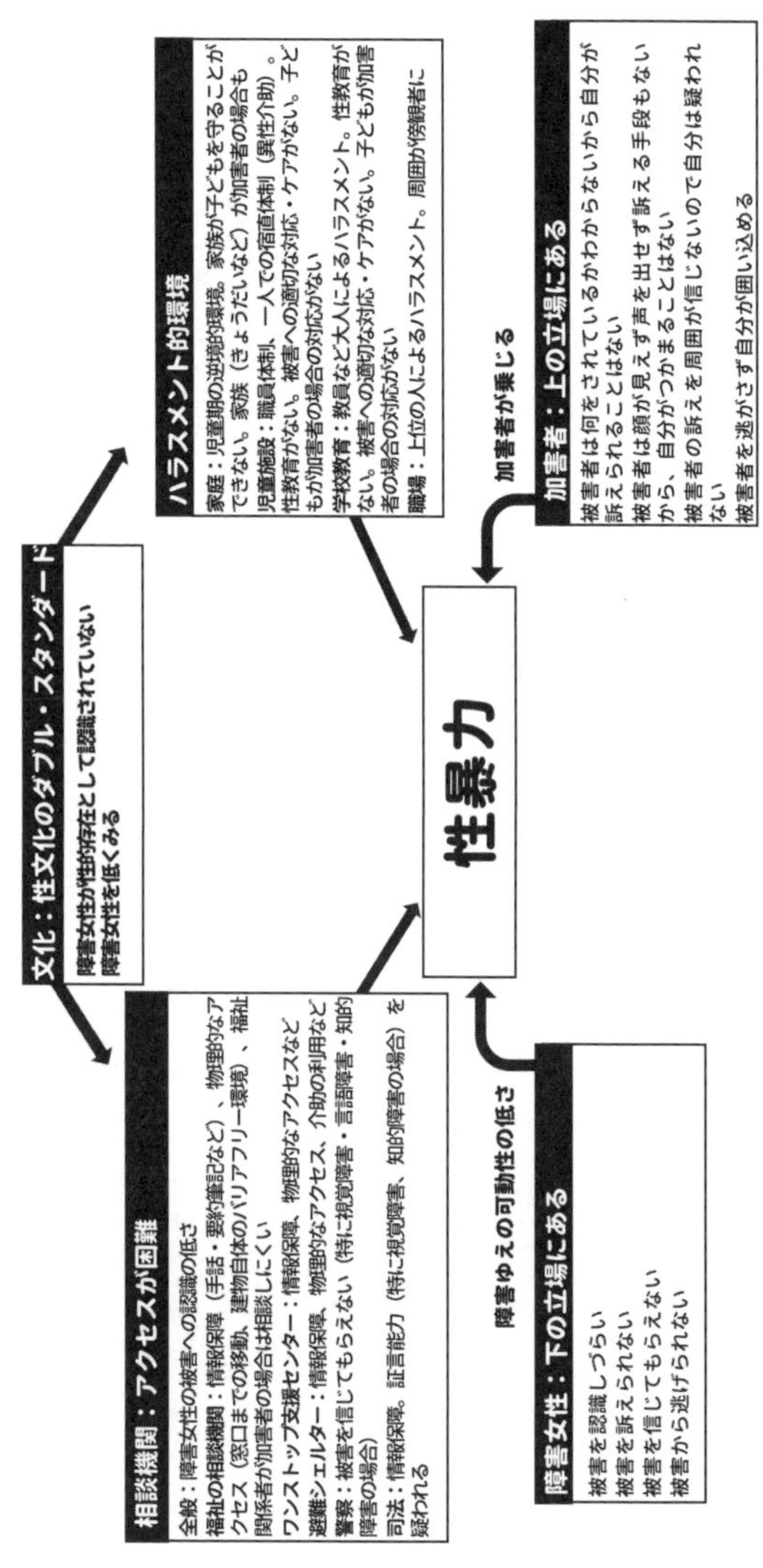

図　障害女性に対する性暴力が誘発される構造図

（7）障害女性に対する性暴力が誘発される構造図

これまで述べてきたことをもとに、障害女性に対する性暴力が誘発される社会構造を一五三頁の図にまとめた。

6　今後に向けて

日常生活・社会生活にかかわる様々な場面で、障害女性が性的存在として位置づけられておらず、性暴力被害を防ぐ方策がとられていない。政策策定に当たっては、障害女性を「障害者」ではなく「障害があり女性であり、性のある存在」として位置づけ、性暴力被害を防ぐ方策をとることが求められる。

平成二四（二〇一二）年一〇月から施行されている障害者虐待防止法における性虐待の件数は、令和三（二〇二一）年度の報告でも、認定されたのは養護者（家庭内）によるものが七三件（養護者による虐待全体の三・七％）、うち男性二件女性七一件、障害者施設従事者によるものが一〇七件（従事者による虐待全体の一五・三％）、使用者によるものは届出件数でも三二件（使用者による虐待全体の一・九％）、認められたものはたった九件（使用者による虐待全体の一・七％）である。

この数字は実態を反映しているとは考えにくく、多くの被害がいまだ埋もれているといえる。相談窓口の担当者の意識向上のために研修等を行う必要があるだろう。

二〇二三年六月に成立した刑法改正では、「強制性交罪」が「不同意性交罪」に、「強制わいせつ罪」が「不同意わいせつ罪」に罪名が変更され、同意のない性交が処罰の対象になりうることが明示的になった。「暴行・脅迫」がなくても、性暴力として犯罪となる具体的な八つの要件として、①「暴行や脅迫を受けること」②「心身の障害を乗じること」③「アルコールや薬物を摂取させられること」④「睡眠、そのほか意識が明瞭でない状態にすること」。⑤「拒絶するいとまを与えないこと」⑥「予想と異なる事態に直面させ恐怖させたり驚がくさせたりすること」⑦「虐待に起因する心理的反応を生じさせること」⑧「経済的・社会的関係上の地位に基づく影響力によって受ける不利益を憂慮させること」が示された。また性交同意年齢を一三歳から一六歳へ引き上げ、一六歳未満との性行為は同意の有無にかかわらず犯罪化された（一三歳から一五歳の処罰対象は年齢差が五歳以上）。

一六歳未満を性的目的で面会するように要求したりする行為を罰する「面会要求罪」、性的な盗撮を罰する「性的姿態等撮影罪」が新設された。時効が五年延長され、不同意性交罪は一〇年から一五年に、不同意わいせつ罪は七年から一二年となった（一八歳未満の被害者は一八歳になるまで時効は適用されない）。

大きな前進であるが、依然として被害者の側に不同意であったことの立証責任が課せられていることに変わりはない。性暴力対応の進んだ国では、被害者ではなく加害者の側に同意があったことの立証責任が課せられる法律に改正されてきている。

立件に当たっても、今回の三村さん、桃瀬さんのような視覚障害、聴覚障害のある被害者の証言を捜査に充分に生かすために、捜査の段階での障害への対応も進めていく必要があるだろう。

7　包括的性教育による自己尊重的なセクシュアリティ形成の機会を

刑法による性暴力の厳罰化だけでは、障害女性に対する性被害をふせぐことはできないだろう。障害女性を含むすべての人が、自らの性的自己決定権を行使し、相手の性的自己決定権を尊重できるようになることが重要である。そのための手段として、身体の統合性を含むセクシュアリティを人権としてとらえ、人権に基づいた対等な関係性と性的自己決定権を育む教育、つまり「包括的性教育」が提唱されている。

これまで障害女性は性的な存在と認識されてこなかったがために、そのような性教育を受ける機会がほとんどなかった。特に子どもの時期に被害にあい、適切な対応がとられないと、自己尊重的なセクシュアリティの形成が阻まれてしまう。

また男性も自らの性、特に思春期の心身の変化について学ぶ機会がなく、悩みをかかえることもある（村瀬、二〇一四）。男性も含めすべての人が自らのセクシュアリティを肯定し、相手のセクシュアリティも肯定したうえで「性的同意」をすることができれば、性暴力のない社会へ近づくだろう。

＊謝辞
本章を執筆するに当たっては、事例として掲載予定の方全員に改めて掲載をお願いした。その過程で原稿の掲載を断る方もいらっしゃった。原稿の確認をしていただくこと自体が、つらい記憶を掘り起こす、精神的な負荷のかかるものであると再認識することとなった。掲載不可だった方も含めお話を聴かせていただいたことに感謝したい。

参考文献

浅井春夫、二〇二〇年、『包括的性教育――人権、性の多様性、ジェンダー平等を柱に』大月書店。

ＤＰＩ女性障害者ネットワーク編、二〇一二年、『障害のある女性の生活の困難――人生の中で出会う複合的な生きにくさとは 複合差別実態調査報告書』。

ヒューマン・ライツ・ナウ『１０か国調査研究　性犯罪に対する処罰　世界ではどうなっているの？～誰もが踏みにじられない社会のために～』二〇一九年二月。

岩田千亜紀、二〇一八年、「障害者へのＤＶなどの暴力についての国際的な動向と課題：文献レビュー」『東洋大学社会学部紀要』、東洋大学社会学部、五一巻一号、四三‐五五頁。

岩田千亜紀・中野宏美、二〇一八年、「発達障害への性暴力の実態に関する調査」、『東洋大学社会学部紀要』五六巻二号、東洋大学社会学部、二三‐三七頁。

国連社会経済局女性の地位向上部著、二〇〇九年、『女性に対する暴力に関する立法ハンドブック』。

子どもの性の健康研究会編、二〇一一年、『どうしたらいいの？―きょうだい間の性暴力を知ったとき―』（平成二四年度科学研究費助成事業「子どもの性被害と性加害への心理・教育的アプローチ―性的発達の観点から―」（研究代表者　野坂祐子）により作成）。

http：//csh-ab.com/wp/wp-content/uploads/2011/06/dousitaraiino.pdf

村瀬幸浩、二〇一四年、『男子の性教育――柔らかな関係づくりのために』大修館書店。

森田ゆり（編著）、二〇二一年、『トラウマと共に生きる――性暴力サバイバーと夫たち＋回復の最前線』築地書館。

岡山祐美、二〇二一年、「女性ならではの困難・差別について」『筋ジス病棟の未来を考えるプロジェクト』病棟実態調査報告書、第7章、八七-九三頁。
https：//note.com/kinjiisu_project/n/n95eefe43e5e0

斉藤章佳、二〇一七年、『男が痴漢になる理由』（イースト・プレス）。

齋藤梓・大竹裕子編著、二〇二〇年『性暴力被害の実際――被害はどのように起き、どう回復するのか』金剛出版。

特定非営利活動法人「しあわせなみだ」理事長・中野宏美、監修・岩田千亜紀、『障がい児者への性暴力に関するアドボカシー事業　報告書』二〇一八年七月。

内閣府男女共同参画局、『若年層における性的な暴力に係る相談・支援の在り方に関する調査研究事業』報告書、二〇一八年九月。

厚生労働省『令和三年度使用者による障害者虐待の状況等の調査結果』令和四年九月七日。https：//www.mhlw.go.jp/stf/houdou/000172598_000007.html

厚生労働省『令和三年度都道府県・市区町村における障害者虐待事例への対応状況等（調査結果）について公表します』令和五年三月二四日。
https：//www.mhlw.go.jp/stf/houdou/0000189859_00016.html

平成三〇年度厚生労働省委託事業、『児童養護施設等において子ども間で発生する性的な問題等に関する調査報告書』みずほ情報総研株式会社、平成三一年三月。
https：//www.mhlw.go.jp/content/000504698.pdf

法務省「性犯罪関係の法改正等　Ｑ＆Ａ」
https://www.moj.go.jp/keiji1/keiji12_00200.html

第6章　障害当事者運動における生きづらさ

後藤悠里

はじめに

本章では、障害者運動内部における女性差別について取り上げる。具体的に取り上げるのは、障害者運動団体の委員経験者（リーダー）、および、障害者運動にかかわる女性（以下、「女性リーダー等」と表記する）の語りである。彼女たちは団体内外を見渡せる位置におり、障害者運動団体の生きづらさの全体像を把握できる存在だと考えられるからである。第一に、障害女性リーダー等の生きづらさについての語りを示す。第二に、ほかの社会運動内の女性の生きづらさとの比較、本書の別章で言及される領域の生きづらさとの比較も行うことで、女性リーダー等の生きづらさの特徴を明らかにし、生きづらさをもたらす要因を指摘する。現状を明らかにすることによって、交差差別について洞察を深めることを目的とする。

1　障害者運動において障害女性たちはどのような立場に置かれていたのか

長谷川公一（一九九三、一四七頁）は、社会運動を「現状への不満や予想される事態に関する不満に基づいてなされる変革志向的な集合行為である」と定義する。日本において、いくつかの障害当事者による運動が、不満を解消させるよう動き、政策に影響を与えるというかたちで変革を成し遂げてきた。その例として、一九七〇年代の青い芝の会神奈川県連合会や二〇一〇年代の障害者差別解消法制定活動が挙げられる。青い芝の会は、「殺される者」の立場から優生保護法に異議を唱え、優生保護法の改正を阻止した。障害者差別解消法制定活動に関しては、動きが本格化して以降は、障害者運動団体メンバーが内閣府の障がい者制度改革推進会議の委員として、実際の法案制定に携わった。これらの活動は、障害者に対する差別や排除を「仕方のないもの」、「個人的なもの」としてではなく、社会的な現象として、そして人権問題として位置づけた。

社会運動は外に向けてのみ影響を及ぼすのではない。内部に向けても影響を及ぼす。社会運動内部で差別や排除を受けることは、参加者たちに、より多くの精神的なつらさを感じさせるものではないだろうか。なぜならば、社会運動は「居場所」としても機能するからである（橋口、二〇一二）。参加者は、他のメンバーとのかかわりを通じて問題を共有し、孤独を癒し、運動そのものを行う活力を育む。障害者運動の中で行われている「ピア・カウンセリング」はその一例である。ピア・カウンセリングの場においては、「ピア」、つまり、仲間である障害当事者のみが参加を許されている。ピア・カウンセリングでは「真実の自分に出会い、自己変革をし、社会を変えるエネルギーを貯え」（樋口、二〇〇一、一九頁）ることができる。このように、障害者運動は「居場所」機能を活動の一環として位置づけている。したがって、障害者運動内部での差別や排除は居場所を奪う行為であるともいえる。

しかし、社会運動の中において、女性が差別から自由なわけではない。男性中心的な組織運営やハラスメントが行われていることが、組織内部からの声として出されることがある。例えば、公民権運動において、女性は事務職や日常業務を担わされ、指導者の地位は男性に割り振られていた（Evans 1980）。女性たちは、人種的マイノリティの中でも、女性であるがゆえに、マイノリティの立場に置かれた。

障害者運動の中でも、同じような状況があることを指摘することができる。一九七〇年代の青い芝の会について、二階堂祐子（二〇一一）が取り上げ、運動の問題点を指摘している。一九七二年に青い芝の会の中に「婦人部」が設置される。それは、障害者運動内部における女性差別に対する、男性障害者による反省を踏まえたものであった。しかし、婦人部の長は会長が指名しており、一九七六年に婦人部メンバーが自分たちで長を選出したいと表明したところ、会長は婦人部を廃止することを決定した。二階堂（二〇一一、九七頁）は、婦人部は女性会員同士の交流のために設立された部であったにもかかわらず、「女性たちが「自分たちのことは自分たちで決める」との意思表明をしたために反発を受けたと考えられる」と述べている。

また、二階堂は、青い芝の会の障害女性が子どもの面倒を見るために活動への参加ができなかったことを指摘している。ただ、彼女たちにとって、健常者と同じライフコースを歩むことは望ましいことであり、彼女たちは性別役割分業を自ら「選択した」とも述べている（二階堂、二〇一一、九九頁）。

一九七〇年代から一九九〇年代の障害女性運動を瀬山紀子（二〇〇二）が取り上げている。そこでは、障害女性が日本におけるピア・カウンセリングの導入時に主要な担い手となっていたことが指摘されている。その際、障害女性たちは「時間配分の対等性」を主張したという。瀬山はその背景要因として、障害者運動において、女性たちが男性の優位性を感じていたことを挙げている。つまり、障害者運動の中の障害女性に対する差別が示唆されている。

二〇一〇年代の障害者運動団体における女性障害者の位置づけについての先行研究として、伊藤智佳子・島野涼子（二〇一二）によるものがある。伊藤・島野は、DPI日本会議の加盟団体七三団体に調査を行った。その結果、団体の代表者の中で障害男性の占める割合が高いことが明らかになった。彼女らは、調査を踏まえ、障害男性が中心となって活動が進められてきた可能性や、性の違いに焦点が当てられてこなかった可能性を指摘している。

このように、必ずしも、障害者運動は女性差別から自由ではない。[*1]

ところで、近年では、セクシュアル・ハラスメントという言葉が日本社会の中に根づいたように考

---

*1　一方で、障害女性の活躍が見られる障害者運動もある。アメリカ障害者差別禁止法制定過程においては、パトリシア・ライトが「ロビイストのリーダー」（Shapiro 1993=1999：169）として活躍した。先ほど言及した青い芝の会の関西支部である「関西青い芝の会」の初代会長は古井（旧姓・鎌谷）正代という女性である（定藤、二〇一一）。定藤邦子は関西青い芝の会の代表的な活動家として、ほかに、二人の女性の名前を挙げている（定藤、二〇一一）。アメリカ障害者差別禁止法制定過程や関西青い芝の会の活動において、障害女性の不利益がとくに強調され、解消されたわけではない。差別は構造的なものなのである。したがって、障害女性が活躍できたことによって、運動団体内部に障害女性の差別・排除がなかったということはできない。

えられる。人びとは自らが被害者になる可能性があり、訴えることができることを認識するようになった。また、誰もが加害者になり得ることも認識されるようになり、人びとはハラスメントをしないように心がけるようになった。このように、社会は、セクシュアル・ハラスメントをなくす方向へと動いている。したがって、現時点での障害者運動内の女性差別の状況もまた、改善しているのではないだろうか。または、以前とは違った様相を帯びるものになっているのではないか。そこで、現状を明らかにし、差別や排除があった場合には、その要因を明らかにすることが求められる。

本章では以下、二つの問いに答える。第一に、現在の障害者運動における障害女性の経験する生きづらさとはどのようなものか。第二に、生きづらさの要因は何か、である。これら二つの問いに答えることによって、交差差別の一端を明らかにし、交差差別の研究に蓄積を加えることを目的とする。

2　障害当事者運動内部における障害女性たちの語り

本章では、障害当事者運動内部における女性差別について取り上げる。長い間、障害者問題については、当事者ではなく、専門家によって問題解決の動きが行われてきた。専門家たちによる障害者運動は、障害者のため（for）の運動であった。しかし、一方で、視覚障害者による運動や結核療養所における患者運動など、当事者による運動も行われてきた（田中、二〇〇五）。近年では、スローガン「私たちのことを私たち抜きで決めないで（Nothing About Us Without Us）」に表明された考え方が根づきつつあり、障害者の（of）運動が徐々に活動を主導するようになっている。そこで、本章では、障害当事者による運動を取り上げることとする。

その中で、障害当事者運動内の生きづらさの全体像を把握しやすいことから、障害者当事者運動の女性リーダー等による語りを取り上げる。得られたデータは、本プロジェクトの枠組みにしたがって整理した。その上で、本研究では、「所属コミュニティ（運動団体・趣味の団体等）における生きづらさ」に分類された語り（五名によるもの）を使用している。さらに、これらの語りを意味のまとまりごとに分類し、カテゴリーを検討した。得られたカテゴリーは、「(1) 経験に基づく語り」と「(2) 想像に基づく語り」の二つである。その上で、経験に基づく語りを「①制度についての語り」「②慣行についての語り」「③観念についての語り」に分類した。

表　インタビュー対象者の属性

インタビュー対象者（仮名）	年齢
松浦	三〇代
中本	五〇代
西村	二〇代
向井	三〇代
森	六〇代

（1）経験に基づく語り

①制度についての語り

対象者からは、障害当事者運動における女性の数の少なさが語られた。松浦さんは三〇代で比較的最近、障害当事者運動の全国組織にかかわりはじめた。一方の中本さんは五〇代で、長年障害当事者運動で活躍してきた（〔　〕括弧内の発言は調査者による。以下同）。

（障害当事者運動団体の全国組織のＡには男性が多いという話を受けて）そうなんですよ、本当に。それもみんな女性は、「何だかな」と思っています、ずっと。（松浦さん）

障害者運動は、男の人が中心だから、そんなこと（日常生活の中で起きた性的な被害について）言えない。（中本さん）

語りからは、障害当事者運動内に女性が少ないと、内部の女性にとって感じられていることがわかる。これらは主観的な認知を示したものであり、事実として障害当事者運動内に女性が少ないということを意味しない。先に述べたように、障害当事者運動団体内には女性グループも存在する。日本のピア・カウンセリングの導入過程においては、女性が主導的な役割を果たしてきた（瀬山、二〇〇二／土屋、近刊）。しかし、内部からは、障害女性が少ないと感じられているのである。[*2]

そのことは、なんとなくの居心地の悪さを障害女性たちに感じさせている。障害当事者運動に女性がいないこと自体は、非難できることではない。たしかに、障害者人口の男女差は大きくない。活動にも同数の女性が参加していることは自然であるように考えられる。しかし、参加は自発的な行為であるべきであり、女性を強制的に参加させることはできない。そのため、彼女たちも明確に批判をしているわけではない。

ところで、障害当事者運動参加者の総数の把握は困難である。しかし、障害当事者運動のリーダーについては別である。公式な組織であれば、さまざまな職位があり、それぞれの職位の人数が決まっている。したがって、数字は女性の排除を客観的に示す証拠となる。

B（障害当事者運動団体の全国組織）の総会だったんですけど、〇〇委員（組織の意思決定を行う委員）っていうのを選挙で決めるんだけど、女の人は、一五人中二人しかいなかったんです。そ

*2 数の少なさについては主観的なものである。伊藤・島野（二〇一一）の調査結果によると、団体のメンバーは障害女性の数を多いと捉えているということである。伊藤・島野は、この結果が実態とは異なると述べ、回答者が男性であるため、女性が多く所属していると思われるのではないかと指摘している。伊藤・島野による論文と本章の間に見られる差異は、男性と女性の認知が異なるということを示唆している。男性にとって女性は実数より多くいるように感じられており（ここにジェンダー化された社会の存在を見ることも可能である）、そのため、女性の委員の数がたとえ少なくても、平等であると考えているという可能性もある。この点については、今後の検討課題としたい。

もそも立候補している人も二人しかいなくて、そういう、前に出て何かやるっていう人は、男の人が、障害の当事者の中でも、健常社会みたいに男の人が前に出るのかと思ってすごく残念だったなと思います。（西村さん）

団体内において、女性の役員は少ない。そもそも立候補者が少ない。立候補の段階で女性の数が少なければ、選挙というかたちを取っている以上、女性の役員が自然と少なくなるだろう。しかし、西村さんは、選挙に立候補しない女性たちを責めているわけではない。「健常社会」に対比される社会、「障害社会」とでもいうべきものの組織風土に疑問を抱いていることを、ここで確認しておきたい。[*3]

障害当事者運動団体は、連携して活動している場合もある。さきほどは一つの団体内部についての語りであったが、団体外においても、同様のことが起こっている。

会議に参加していると、やっぱりすごい男性ばっかりだなと（感じます）。会議に一人のときとかもあって、特にC（障害当事者者運動団体の全国組織）って、いろんな、D団体（障害種別ごとの団体）とかも、ご重鎮みたいな人の中に私一人で行ったりとか、あと自治体の差別解消委員みたいなのも、E（障害当事者運動全国団体）からの代表っていうことで行っても、もう男性ばっかりだなみたいな感じがするし。（向井さん）

障害当事者運動団体も現在、ジェンダーバランスに配慮し、女性を委員として選ぶようになっている。しかし、この語りからは、役員として選出された障害女性がその数に不満を覚えていることを読み取ることができる。

②慣行についての語り

次に、具体的な出来事に関連させて生きづらさが語られることがあった。向井さんは若手女性リーダーの育成について調査者とやり取りする中で、仕事の進め方における慣習について言及している。

たしかに自分も、もし妊娠したりしたら○○委員とか辞めるかもっていうの、ちょっと思ったことがあって。土日、二カ月に一回の週末、土日出ていたりだとか、それ以外にもいろいろあるから、子どもを置いていけるかみたいなのとか、そういう場に。リーダーになればなるほど、リーダーっていうか代表として発言しなきゃいけないほど、結構出張みたいにいろんな全国行かなきゃいけなかったり。（中略）（男性障害者リーダーが）時間ものすごく費やして、本当バリバリ（活動をしている）っていうので、それで志とか覚悟っていうようなことを問われる当事者運動になっていくみたいなところ（がある）。それは気持ちとしてはもちろんあるし、志だってあるけど。でも、そこ

＊3　二〇二三年にはこの状況は改善されており、女性の委員の割合が増えていると西村さんは述べている（二〇二三年五月三一日、メールでのやり取り）。

についていくのが、ちょっと頑張ってついてっているっていうところとか（がある）っていうのも。例えば、「連休中がっつり合宿やりますから来てください」みたいなので、いや、夫をその間、一人にしなきゃいけないなとか、例えば子どもとかできたら多分絶対無理だろうなとか思うし。でも、それを断ることに勇気が要る。断ると「ああ、中途半端なやつだ」みたいに言われているんだろうなみたいな、そういうのを感じちゃうプレッシャーはちょっとあるかも。（向井さん）

向井さんは、ワークライフバランスへの配慮なしに会議が行われているという実態を経験した。向井さんの参加する会議は土日に設定される。全国への出張がある。泊まりでの合宿がある。もちろん、こうした仕事を断ることもできるだろう。しかし、その裏にあるのは、障害者運動に尽力せよという命令である。向井さんは隠されたメッセージに気がつき、受け止めているからこそ、悩んでいるように思われる。

女性は家庭の中でケア役割を果たすことが求められる。働いている女性に対しても例外ではない。彼女たちは仕事外の時間（土曜や日曜）にケア役割を果たすことが求められている。向井さんが土日や連休中に仕事を任されるということは、彼女が家族に対するケア役割を果たせないことを意味する（「夫をその間、一人にしなきゃいけないな」）。ケア役割を果たすことができない女性は、悩みを抱えるのである。

さらに、会議の中では、差別と感じられる行為が明確なかたちを取って行われることもある。直接的な言動によるものである。

Ｅ（障害当事者運動全国団体）の委員の中で、〇〇委員（女性特別委員の枠）は、女性を三割にするために設けるみたいなのを、私が入った去年の期で一応達成したから、次どうするみたいな話し合いをしていたときも、けっこう上の人たちが、「そんなこと言ったって、女性で、できるやつがいるのかよ」みたいな話が会議の場で出たりとかして、私は女性としてっていうので入れられたけど、あんまり女性×障害者っていうところの意識は多分低かったと思うんですけど、そういうのを聞くと、「えっ？」みたいな、「えー？」みたいのっていうのは、結構ちゃんと、そういうのは結構感じますかね。（向井さん）

会議の場における「女性で（〇〇委員を）できるやつがいるのか」という発言をどう捉えるか。女性であり委員である向井さんの前でこの発言がなされていることを考えると、発言主はこの発言を差別と意識していないのだろう。しかし、この発言に対し、向井さんは「えっ」と絶句し、インタビューの場で生きづらさの例として挙げている。向井さんは、発言主の無意識の差別を感じているのではないだろうか。さらに、「そういうのは結構感じる」という発言からは、同じような経験が繰り返されていることが示唆される。

③観念についての語り

インタビュー対象者からは、明確な差別意図を持った行為というよりも、「なんとなく」というような、感覚に関する表現を伴った発言が多く見られた。長年、障害当事者運動にかかわってきた森さんは以下のように語っている。

F（障害当事者運動団体）は男ばっかだし。なんだろうな。居づらいよ、やっぱり。〔どんなふうに？〕男性の意見が優先されるとか？〕そんな気がする。何って言われると困るけど。しんどいわ。（森さん）

「なんだろうな」、「何って言われると困るけど」といった発言からは、森さんが生きづらさの具体的な現象を提示することができないということが示唆される。

森さんのあいまいな生きづらさを具体的に誰かの行為によるものとして表現しようとすると、それは女性の発言が聞かれないというかたちで表される。調査者が、女性が障害者運動内にとどまらない理由を聞く。森さんの答えは以下の通りである。

他の女性職員にも見られるけど、男性職員が女性のひとを大事に思ってない。G（障害当事者運動団体）もそんなに（大事に）思っていないと思う。〔大事に思うってどういうこと？〕意見を積極的に聞かないとか。Gに関しては、女の人って、認めてないな。そういう存在ではない。（森さん）

運動内部で何かを決めるとする。そのときに女性たちの意見が聞かれることがない。森さんは生きづらさを感じる。森さんはこの語りにおいても、発言に関する生きづらさが明確なかたちで存在しているとは述べていない。

女性の発言のしにくさについては、ほかのインタビュー対象者も述べている。向井さんは女性が発言する場面のことについて語っている。

> 圧はすごい感じるし、私が発言するときの聞き方が、「いや、これ別の人だったら違うよね」みたいな。軽く扱われている感じはすごくする。（向井さん）

向井さんは、発言するときに男性たちからの「圧」を感じている。「圧」は、目に見えるものではなく、空気感と言ってよいものであろう。発言に対して質問を投げかけられることがある。男性と女性である向井さんに対する質問の言い方は異なっている。もちろん、悪い意味で、である。女性と男性との間に発言のしやすさに違いがあることは、西村さんも感じている。障害者運動の委員に女性が立候補しない理由に答えて、西村さんは以下のように言う。

> 意見を言うときに男の人のほうが強そうだなっていうのがあるのかなと思います。（西村さん）

男性の発言は女性の発言に比べて、強く感じられると西村さんは言う。ここでの「強さ」とは、ほかの聞き手がその発言を受け入れる程度を示していると考えられる。内容の良し悪しではなく、誰が話し手かによって、その意見は受け入れられるか受け入れられないかが決まるように、西村さんには感じられている。女性にとっては、居心地の悪い会議となる。

発言のしにくさや発言が聞かれることについて、障害女性たちは生きづらさを感じている。しかし、発言をめぐる語りは、「なんとなく」や「圧」という言葉で表されているように、捉えどころのないものである。

(2)　想像に基づく語り

インタビュー対象者たちは、経験に基づく語り以外にも、想像に基づいた語りを行った。障害女性が考える、ほかの障害女性が障害当事者運動に参加しない理由は、家庭との両立が難しいことである。向井さん自身は、家庭と障害当事者運動の両立が難しいということを、自らの家庭の経験、障害当事者運動の経験両方から語っている。

例えば連休中ががっつり合宿やりますから来てくださいみたいなので、いや、夫をその間、一人にしなきゃいけないなとか、例えば子どもとかできたら絶対無理だろうなとか思うし。(向井さん)

障害当事者運動のリーダーには、時間外の仕事や泊りの仕事が求められる。そして、向井さんは夫のことや将来の子どものことを考える。向井さんは、夫の世話や子どもの世話は自分の役割であると考えている。仕事からと家庭からの二つの要請が、両立の難しさにつながることが述べられている。

西村さんは、「わからない」と前置きをしながら、障害女性が障害当事者運動の役員に立候補しない理由を語っている。

> 私はわからないけども、もしかしたら障害の女性の中には結婚している人もいるだろうし、自分の家庭のこととかをやらなきゃいけないっていう思いがあるから、多分仕事とかはそんな重きを置けないのかなっていうのはあったりとかする。（西村さん）

西村さんは「仕事とかはそんな重きを置けない」というかたちで、向井さんと同様のことを語っている。仕事（運動）に重きを置かなければならないというメッセージが、障害当事者運動内で発出されていることが示唆される。量的にも（時間外労働も）、質的にも（献身的に）、障害者運動に求められているものがこれらの語りでは明らかになっている。そして、西村さんは障害女性たちが家庭のこと、つまり家事労働をしなければならないと考えている。そしてそれは、家庭とのバランスを崩すものであり、障害女性を活動から排除していると西村さんは考えている。

3　障害当事者運動における障害女性の現在の立ち位置

ここまで見てきたように、障害女性は障害当事者運動内においてさまざまな生きづらさを経験する。障害女性を考慮せず排除している制度的なもの（障害者運動内の女性の数の少なさ、女性リーダーの少なさ）・慣行的なもの（会議の慣習、ワーク・ライフ・バランスの欠如）・観念的なもの（居心地の悪さ、発言のしにくさ）である。くわえて、想像された生きづらさについても記述した。

（1）「障害当事者運動における女性リーダーらの語り」の特徴

①他の障害女性の生きづらさへの共感

想像に基づいた語りには、「私はわからないけれども、もしかしたら障害の女性の中には結婚している人もいるだろうし」、「例えば子どもとかができたら絶対無理だろうなとか思う」という語りがあった。ここから、女性という集団の間にさまざまな分割線を引くことができる可能性が示唆される。結婚している／していない、子どもがいる／いない、などである。

しかし、対象者の障害女性リーダー等は、自らとは異なる立場にある女性たちを想像し、生きづらさを感じている。結婚していない人は結婚している女性の生きづらさを思い、子どもがいない人は将来の自分を思っている。したがって、現状においては、結婚や子どもをもつことは女性たちを分裂させるものとはなっていない。むしろ、その女性の置かれている立場以上の生きづらさを本人たちが感じているということができるだろう。そして、それは全体を見通すことのできる立場にいる女性たちならではの生きづらさであるといえる。

②障害当事者運動の特徴：障害に基づく不利益の解消と障害男性並みの役割の期待

次に、障害当事者運動における障害女性の経験する生きづらさの特徴を、ほかの社会運動との比較によって示す。

先行研究では、社会運動内で女性が家事的な労働や補助的な労働を求められていたことが指摘されているが、そうしたことは語りの中では見られなかった。その理由として、障害女性が女性役割を果たすことに時間がかかったり難しかったりすることがあり得るからということが一因として考えられる。また、家事的な労働や補助的な労働が介助者に任されているということも考えられる。男性障害者の介助者の女性がそうした労働を担っている可能性もある。つまり、この現象をもって、女性役割から障害女性が「解放」されているということはできない。

むしろ、語り全体を通じて見られるのは、障害女性が障害男性並みの役割を果たすことが期待されていることである。そして、障害男性並みの役割というのは、委員としての能力を示すことだけではなく、時間外出勤をすることや出張に行くことが含まれている。これもまた、手放しで称賛することはできない。なぜならば、家庭など運動外部の女性役割が、こうした活動に不利になるからである。女性役割からの「解放」というよりも女性役割の「無視」が、ほかの社会運動との比較から示される障害者運動の特徴であり、課題であるということができる。

③ほかの領域との違い：障害に基づく不利益の解消と居場所の機能の欠如

最後に、本書の各章で示してきたような、障害当事者運動とは違う領域との比較から見えてくる特徴は何か。ほかの領域においては、健常者が多数を占める中に障害女性が存在している。そうした場においては、障害者としての不利益が作られ続ける。一方で、障害当事者運動においては、障害者としての不利益がその都度見つけ出され、解消されていると考えられる。しかし、女性役割の無視というかたちで障害女性の排除は続く。そして、居場所での居心地の悪さという、悪影響を女性に与えることとなる。

（2）誰／何が生きづらさを作り出しているのか

経験された語りについて、「誰が」「何が」生きづらさを発生させているのかという観点から考察する。

まずは、障害男性が作り出す生きづらさが存在する。障害男性はリーダー的な役割を占めており、障害女性に不利となるような慣行を続けており、ときには障害女性に対する批判的な言葉を投げかけたりする。また、障害女性に「圧」をかけ、なんとなく居心地の悪い思いをさせる。

しかし、これらは一般的にイメージされる「差別」とは異なる。語りの中には、一九七〇年代の障害当事者運動団体に見られた、女性に対するあからさまな排除はほぼ見られなかった。ただし、依然として、障害女性は生きづらさを感じている。この状況を、「マイクロアグレッション」と呼ぶことができる（Sue 2010=二〇二〇）。この概念の定義は、「ありふれた日常の中にある、ちょっとした言葉や行動や状況であり、意図の有無にかかわらず、特定の人や集団を標的とし、人種、ジェンダー、性的指向、宗教を軽視したり侮辱したりするような、敵意ある否定的な表現のこと」である（Sue 2010=二〇二〇、三四頁）。つまり、マイクロアグレッションとは、行為者が意図せず行っており、被行為者も言語化できないという性質をもつ被行為者の排除である。女性にとっても男性にとっても、気づきにくいものとなっている可能性がある。これは生きづらさの解消を難しくする。

次に、障害女性自身が作り出す生きづらさがある。障害女性たちは、夫や子どもの世話、家事労働をしなければいけないと考えている。女性たちは、「女性はこうあるべき」という規範、つまり、ジェンダー規範を受け入れ、自分のものとしている。ジェンダー規範が内面化されていることによる生きづらさが障害女性によって作られている。一九七〇年代の障害女性たちもまた、ジェンダー規範に従い、結婚をし、子どもを産むことを目指していた。具体的な中身は変わっているものの、ジェンダー規範は強固に障害女性の中に位置づいている。

ここまで、生きづらさを作り出す主体について言及してきた。しかし、実際のところ、誰か特定の人物を責めることによって問題が解決するわけではない。最後に、健常者社会との関係も指摘しておかなければならない。なぜならば、障害男性および障害女性の考え方には、健常者による組織と同様の論理を見ることができるからである。健常者社会は、「できること」、特に労働において能力を示すことを至上の価値とする社会である。健常者社会は、障害者にも「できること」を求める。つまり、健常者並みに動くことが障害者にも求められる。健常者社会の要求が内面化されると、実際には健常者社会で行われていないことも求められるようになる。時間外や土日に会議が行われ、それらに参加することが求められる理由は、健常者以上に働く者が求められるからである。

つまり、健常者社会が障害男性を女性排除に向かわせることがある。また、障害女性に対してジェンダー規範に従うよう誘導することがある。このように、障害者運動における障害女性の生きづらさを生み出す要因は、複数存在するのである。

そして、原因と結果が循環している要因も存在する。先に、障害女性の数について述べた。障害女性は、表立っては批判しないものの、運動に参加する女性の数について「なんとなく」違和感を覚えていた。それは、障害女性たちが、その現象が、障害女性の排除によってもたらされたと考えているからではないだろうか。障害当事者運動内に女性が多くいれば、または女性にとって居心地が良ければ、ほかの障害女性たちも活動に参加すると考えられる。しかし、反対のことが生じているのであれば、参加自体も少なくなるし、役員に立候補することも少なくなることが考えられる。アファーマティブアクションの目的として、過去の差別の補償、現在の差別の是正、将来の多様性の実現が期待されている（池田・堀田、二〇二二）。根底にある考え方は、現在の事象は過去の事象の結果であり、現在を是正しない限りは将来の差別も是正されないというような因果関係があるということである。こうした考え方があるように、障害女性たちが現在の女性の数の少なさの理由を、過去の差別に求め、居心地の悪さを感じることは不自然なことではないように思われる。つまり、女性の数の少なさは、障害女性の生きづらさの要因でもあり、結果でもある。

このように、障害女性リーダー等の経験する生きづらさに、表面的には差別解消が実現されていることと、その一方で残り続ける生きづらさがあることの両面を見ることができる。障害当事者運動の中の障害女性の生きづらさは、過渡期にあるといえる。

おわりに

本章では、障害当事者運動における障害女性の生きづらさを、経験に基づく語りと想像に基づく語りの二つに分け、その特徴と要因を指摘した。

本論文の限界を二つ挙げておこう。本論文の対象者はすべて身体障害者である。一方で、障害種別によっては、障害女性が多くリーダーになっている場合もあるだろう。一例として、精神障害者の当事者運動団体が考えられる。実際に、本調査において、ある精神障害者のグループのリーダーが女性であるという事例があった。そうした場合、障害女性は生きづらさを大きく感じていない可能性がある。したがって、障害種別に関連して生きづらさが変容する可能性がある。また、障害女性が別の組織を立ち上げる動きがあるが、その動きについて言及することができなかった。

障害当事者運動における障害女性の不利益は、一方で解消され、他方で残存している。つまり、過渡期にある。「交差性」という言葉が現れたことは、障害女性にとっての大きな武器である。いいかえれば、交差差別という言葉が現れる以前は、その現象を指し示し問題解決に導くことは難しかったということができる。今後は障害者運動における障害女性の生きづらさの解消策が蓄積されていくことが期待される。

参考文献

Evans, S., 1980, Personal Politics：The Roots of Women's Liberation in the Civil Rights Movement & the New Left, New York：Vintage.

長谷川公一、一九九三年、「社会運動——不満と動員のダイナミズム」梶田孝道・栗田宣義編『キーワード／社会学——現代社会を解読する——』川島書店、一四七‐一六三頁。

橋口昌治、二〇一一年、『若者の労働運動——「働かせろ」と「働かないぞ」の社会学』生活書院。

樋口恵子、二〇〇一年、「日本の自立生活運動史」全国自立生活センター協議会編『自立生活運動と障害文化——当事者からの福祉論』現代書館、一二‐三二頁。

池田喬・堀田義太郎、二〇二一年、『差別の哲学入門』アルパカ合同会社。

伊藤智佳子・島野涼子、二〇一一年、「障害のある女性に関するアンケート調査の実施とその分析」『厚生労働科学研究費補助金　障害者対策総合研究事業（身体・知的等障害分野）障害者の自立支援と「合理的配慮」に関する研究—諸外国の実態と制度に学ぶ障害者自立支援法の可能性—、平成二二年度総括研究報告書（勝又幸子研究代表者）』、三二三‐三三〇頁。

二階堂祐子、二〇一一年、「一九七〇年代の障害者運動における女性障害者の意識変容—青い芝の会神奈川県連合会「婦人部」をめぐって」『女性学』日本女性学会一九号、八九‐一〇七頁。

Shapiro, J.P., 1993, No Pity : People with Disabilities Forging a New Civil Rights Movement.（秋山愛子訳、一九九九、『哀れみはいらない――全米障害者運動の軌跡』現代書館。）

定藤邦子、二〇一一年、『関西障害者運動の現代史――大阪青い芝の会を中心に』生活書院。

瀬山紀子、二〇〇二年、「声を生み出すこと――女性障害者運動の軌跡」石川准・倉本智明編著『障害学の主張』明石書店、一四五－一七三頁。

Sue, D. W., 2010, Microaggressions in Everyday Live : Race, Gender & Sexual Orientation.（マイクロアグレッション研究会訳、二〇二〇年、『日常生活に埋め込まれたマイクロアグレッション――人種、ジェンダー、性的指向：マイノリティに向けられる無意識の差別』明石書店。）

田中耕一郎、二〇〇五年、『障害者運動と価値形成――日英の比較から』現代書館。

土屋葉、近刊「障害のある女性の「生きづらさ」と障害者運動」『ヨーロッパ障害学ジャーナル』。

第7章　意識が無いと思われてる
——難病、六条歌林さんのばあい

時岡　新

はじめに

ひろく知られているとおり、ひとを対象とした社会調査は調査の主体と対象との相互作用の諸過程から構成され、その果実である調査報告もまた両者のありさまをともに描きだして読み手に伝える（時岡、二〇一九）。本書の研究課題にそくしていえば、聴き手が障害女性に「生きづらさ」を問いかけ、それに応えて話された事ごとを、書き手の解釈や知見も交えながら紡いで示したのが本書の各章である。それらは総じて、障害女性の「生きづらさ」をめぐる認識の生成過程ということになる（時岡、二〇二二）。

これから筆者は本章で、調査する私たちのすがた（対象への問いかけや解釈など）を積極的に明示しながら語り手の経験や心情を紹介する。この章はもちろん、本書の全体についても、いま書かれてある文脈とはちがう理解を呼び起こしたいからである。

語り手の六条歌林さんは調査時点で三〇代なかば。二〇代なかばで全身性障害をともなう進行性の難病を発症し、一年後に要介護状態となる。インタビューは彼女の自宅で二回に分けておこなった。レコーダーで記録したが、人工呼吸器をつかい発声に制約があるため現場でもタイプ入力した。本文では歌林さんを訪問した筆者らのことを、インタビューを構成する一員としてのあり方に重きをおくときには「聴き手」と表し、歌林さんの語りを解釈、理解する主体としてみるばあいには「私たち」、より一般的に障害女性の「生きづらさ」に関心を寄せる人びとのなかに置いて言うばあいには「研究者」などと書き示すが、互換性はたかく、使い分けは相対的なものである。

以下で話されるいくつかの経緯をあらかじめ簡単に列記する。歌林さんは専門学校を卒業後、医療機関で働いた経験を持つ。勤めはじめて三年ほど経ち、身体の各所に不調をおぼえて受診。診断後、大学病院に二年三か月、在宅療養のための準備期間として難病病棟に三か月の入院。病院での経験や心情はおおむねこの二年半について話される。長期の入院後、在宅での暮らしがはじまるが、ヘルパーとの関係、旧友やほかの障害者とのかかわりについてはその在宅での経験について話される。

1　できなくなると配慮が無くなっていく。

診断から三か月ほど経ち、検査と集中的な治療のため歌林さんは入院する。二週間の予定は彼女の予想外に引き延ばされ、家に帰ったのは二年半後だった。入院生活の快適ではない思い出を訊くと、歌林さんはまず医師たちの態度を挙げた。医療機関で働いた経験があるのだからと、そこでは「物分かりのいい患者であってあたりまえ」のように扱われたという。たとえば「病気を受け入れて当然、みたいな。（医師たちが）忙しいときとかも分かってるでしょ（だからぞんざいにしても悪くは思わないで）、みたいな」。筆者に印象的なのは、そのような医師たちの扱いについて歌林さんが「なんか、やりにくかったですね」と附け足して言ったことである。医療の現場にいた彼女には医師たちの心のうちがよく分かる、分かってしまう。たとえば「予後とかを説明されても、それちょっと軽めに言ってるでしょとか分かっちゃうから。真実をズバッと言ってくれた方がいいのに、わざと遠回しに言われたりしているのが分かるのが、すごい嫌だった」。おなじ医療者としてまるで〝身内〟のように歌林さんを扱い、あるときは忙しさを言い訳にしたり、こんどは悪い知らせをみずからは声に出さず歌林さん自身にそれと分からせる。巧みとも粗放ともつかないが、かれらはそのようにして細大を歌林さんに負わせていった。

そのときの主治医、神経内科の雑誌みたいなやつをバッて渡してきて、これ読んどいてって言われてそれで終わりとか。手術の説明とかも海外論文の印刷みたいな英語の文献を（手渡して）、「僕が説明するよりこういうの読んでくれた方が分かるでしょ」みたいな。

いま、当時の主治医に訊くことはできないし、その意味もない。この章にとって大切なのは、伝えられた情報はいずれも歌林さんのもとめに叶わなかった結果である。もちろん彼女はそれを読んだ。「とりあえず読んで「ああそうか」って思って、じゃあ自分はどうなんだろうと思うけど、ちゃんと説明してもらったことはなくて」。歌林さんと、彼女がはじめに入院した大学病院の医師たちとの間合いは、退院して数年後までほとんど変わることがなかった。入院中のできごとをふり返るまえに、その大学病院から離れたきっかけを聴こう。

（数年経って）嚥下障害がひどくなってきて、大学病院の先生は「死にたくないなら食べるな。もう一生食べるな」という感じで。一回だけ嚥下造影の検査をして、咽頭分離手術を勧められたんですけど、声が出なくなっちゃう手術なんですね。一回だけの検査で「それしか方法がないから、それをやるか、もう一生食べるなのどちらかしかない」って言われて、それはちょっとおかしいんじゃないかと思って。ふつう、嚥下のリハビリをするんじゃないかと（考えて）、＊＊病院のリハビリ科が嚥下障害にすごく強いんで診てもらったら「これくらいで手術する人なんていないよ、食事計画したらぜんぜん食べられるようになるよ」みたいな感じで、もう大学病院やめようって思って。

大学病院の医師の勧めは、ありふれた一例だろうと筆者は思う。あわせて、歌林さんは医療者だったからこそ「おかしい」と感じるだけに終わらず＊＊病院に行くことができたのだろうとも思う。こんにちを生きる私たちすべてのあと一歩のところには、医師に「これしかない」と言われて抗うすべを知らない局面が待っている。だから筆者は、いま聴いた歌林さんの経験を、ありふれた一例の数少ないなりゆきと見て書きとどめる。この章が読まれるとき、語る歌林さんを理解する手がかりのひとつになると判ずるからである。

その大学病院で過ごした二年以上についてふり返ってもらう。看護への不満はありましたかと訊くと、どうだろう、と間を置きながら「最初は身の回りのことはなんとか自分でできる状態で入院してるけど、そこから症状が進んで、もう全然できないっていうふうになっていく。なんとかできているころって、男の看護師さんが担当になると、お風呂介助とか他の人に替わりますねみたいなのがあるけど、寝たきりとかになってくると、そういう配慮とかはだんだん少なくなってくる」。筆者が意図して歌林さんの「どうだろう」の呟きを書いたのは、聴きとりのその瞬間、聴き手は〝男性看護師の入浴介助〟に不満があるものと思い込みかけたからである。だから「お風呂介助が異性……」「男性の看護師さん……」などと合いの手を入れた。歌林さんはすぐさま、そんなことは「ぜんぜんある」と聴き手を諭しながら続ける。

それ（男性の入浴介助）じたいが嫌だっていうのは、べつに、私はないんですけど。異性介助も〝あり〟かなと思ってるんですけど。だけどこう、どっからどこまでは配慮して、どっからされなくなるんだろうっていうのに、すごい興味があって。自分でできるうちは配慮してもらえるのに、できなくなると配慮が無くなっていく。

具体的な経験は残念ながらいくらでもあり、すぐ後段でみる。そのまえにインタビューの全体にかかわって使われた歌林さんの言葉を確認したい。すなわち「配慮」である。それは変化するものであり、変化は「自分でできるうち」と「できなくな」ったときのあいだに生じる。歌林さんの回想から離れて、ただこの一行半だけを筆者がナイーヴに聞けば、できる、できないと配慮の組み合わせは次のように想像される。①できる人には配慮が与えられない。まだ〃自分でできる〃とも見える人がやろうとしないのだから、介助の仕方に注文をつけるべきではない。②できない人には配慮が与えられる。もう〃自分ではできない〃人の介助には、思い遣りと気配りが大切である。これらのうち、配慮の無いありさまとは前者であると筆者は思う。けれど、筆者の想像と歌林さんの経験ではそれらの組み合わせが異なる。身の回りのことはできるけれど、入浴ばかりは難しい。その歌林さんに男性看護師は、女性の看護師に替わりますねと言って告げる。入浴はもちろん、身の回りのことも何もできない。その歌林さんの入浴介助に、男性看護師はためらうこともない。後者を歌林さんは配慮の無いありさまだと表する。

いずれのばあいも「配慮」とは、心もちの確認と尊重である。筆者の想像では〃できない〃程度が強まるほどそれは多く与えられるが、歌林さんの経験では〃できない〃程度が強まるほどそれは薄らいでいく。はたして、彼女の症状はおおむね悪化の途をたどり、確認と尊重は一片のきざしも見せなくなる。顕著な場面として歌林さんは、入院生活がおわる直前の三か月、在宅療養のための準備期間として過ごした転院先の難病病棟のようすを挙げた。彼女が入った四人部屋では「私以外の三人はもう完全に寝たきりで、コミュニケーションとれる人じたいが病棟に数人しかいなくて」。何もできなければそこに配慮が与えられることもない、具体的なありさまは次のようである。

まあさすがに、お風呂は男の人の日と女の人の日に分かれているんですけど、女どうしであっても一緒に入るのって嫌だったりするじゃないですか。だけど、浴槽につかっている人がひとり、身体洗ってもらう人がひとり、脱衣所にひとり、廻されていく感じで、流れ作業みたいな感じでやってたり。

いま、この章を読むあなたは歌林さんの言い分をもっともだと思うだろうか。それならば筆者に苦労はない。けれど筆者のわずかな見聞に材を採れば、次のように言う声が容易に想像される。ひとつは、そこで洗われている人たちは歌林さんと同じく、たがいを気にとめているだろうか。視力や聴力はじゅうぶんでなく、意識もはっきりしないだろう。もうひとつは、人手と時間の制約である。流れ作業のようにしなければ入浴だけで一日が終わってしまうのだがそれで構わないのか。前者は、さきにみた配慮の必要がないという判断である。後者は、事情が配慮をゆるさないという説明である。後者については この節の冒頭で、すでに歌林さんから聞いている。忙しいんだから、分かってるでしょ。いずれの判断や説明にも筆者はすぐさま同意できない。そうではあるが、後者の説明は医療者の言い訳、弁明であって、軽視するわけにもいかないと思う。時間は有限だし、医療者の多忙は事実である。たいして、前者の判断はこの世界にありふれたもので、ひとり医療の場面だけに見られるわけではない。同意できないと書きながら、筆者じしん、障害をもつ人びとにたいする十全の配慮、心もちの確認と尊重を尽くしているとは言い難い。

あるいは、もしかすると、配慮の省力化や最小化に努めているのかもしれない。男性の入浴介助を話すなかで歌林さんは「できるうちは配慮してもらえる、できなくなると配慮が無くなっていく」と教えた。筆者も労を惜しんで、誰かを〝できない人〟にしようとしてはいまいか。

2　まあ、意識があったことは黙っとこうと思って（笑）。

大学病院の二年三か月のなかで歌林さんが文字通り「もう全然できない」状態になったのは、入院生活が一年半を過ぎたころのことで、期間にして二週間ほどだった。「どんどん悪くなっていっちゃって、（完全）閉じ込め症候群みたいな状態になっちゃって。自分は意識があるし、伝えたいこともちゃんとあるんだけど、人には意識が無いと思われてる。全部聞こえているし、されていることも分かってるけど、なんか（何も）伝えられないというときがありましたね」。その歌林さんに聞こえていた〝全部〟とは何だろうか。前節の話題から続けて、やはり「配慮」に欠けるものだろうと筆者は思った。その見立ては的を外してはいなかったが、図星というわけではなかった。それは次のようである。聴き手「聞きたくないこととか聞こえちゃいました？」、歌林さん「私の身体を拭きに来て「今日の飲み会、何時から、どこで待ち合わせだよね」とかふつうに会話してたり。となりの部屋の家族がどうとかこうとか、そういう話をしてて」。どちらも歌林さんにかかわる用件ではないから、筆者にはそれを挙げる歌林さんが意外だった。けれどまさにそれこそが配慮の無い実態なのだと彼女は言う。

自分がいないものだと思って会話されてる感じ。自分だけ、なんかこう、見えてないっていうか。

その人たちのなかでは私はいないも同然の状態で会話をしてるんだなあと思って。意識が無い人にたいしてはこんなふうにしてるんだって思ってた。

書き写しながら筆者は痛切に感じる。これは歌林さんのベッドサイドにいた医療者たちのことではない、筆者じしんのことだ、と。そうではあるが、いまは先に進もう。歌林さんにはこれに先立つ医療者たちとの会話の経験があった。「ときどき、今日、仕事終わったら遊びに行くみたいな話をしてたりだとか。歳が近い（当時の歌林さんは二〇代なかば）のもあって、私も入れての会話で「あそこのお店、いいお店だから元気になったら行ってきたら？」みたいな話や、プライベートの話になったりとかはしてたけど。でも完全にふたり（医療者だけ）の約束の話とか、（歌林さんが）完全に除外されてる状態の話（医療者の会話）っていうのは、さすがになかったかな」。やがて回復したあと、医師からは「直前に行った血漿交換療法のためのシャント手術によるもの（クリーゼ症状）だろう」と説明されたが、歌林さんの関心はまた別のところにもあった。

だけども先生たちは、ほんとに意識が無かったと思ってるから、まあ、意識があったことは黙っとこうと思って（笑）。

聴き手は歌林さんの笑いを引き取って「〝配慮〟ですね」と合いの手を入れた。彼女はさらに続けて「何か（歌林さんに知られたくないことを）聞かれた、不味いって思われても嫌だなと思って、もう黙っとこうと思って。だから（いまだに）大学病院の人たちは知らないです。今、ちょっとネタで（講演会などで）使わせてもらってます」。医療者たちの心のうちは歌林さんの想像のとおりに違いなく、また筆者がその立場にあればすっかり同じように首をすくめるだろう。しかし、そこで筆者は「不味い」とは思うけれど、歌林さんに非礼を詫びることはない。真に不味いのは、歌林さんを取り囲む人びとに、みずからの不適切がじゅうぶん理解されていないことである。

医療者に何も伝わらない二週間、歌林さんは〝意識が無いように見える〞ことで〝いないも同然〞の扱いを受けた。同じ大学病院で彼女はまた、意識がはっきりしているときでさえ、およそ似かよった扱いを受けている。まずは具体的なありさまを聴く。

> 大学病院の病室って、個室に監視カメラが付いてるんですね。で、私が「更衣とかトイレ、おむつ交換とかするときはカメラを止めてください」って言ったんですよ。そしたら看護師長さんに「常に見てるもんじゃないから、そんなの気にしなくていい」って言われて。「だったらやめてください」って言ったんです。でもぜんぜん聞き入れられなくて、相談窓口に行ったらソーシャルワーカーに「寝たきりの人にプライバシーなんてない」って言われたことがあって。

いったい、これは何だろうか。念のため補うが、この病室は症状の重い患者のためのもので、カメラの設置には必然性がある。常に見ていなければならないからこそ、そこにある。常には見ていないのだから気にするなという返答は、はしなくも、怠慢を居直る腹の内を明かしてしまった。とはいえ、なりゆきの見苦しさはひとまず措こう。たしかな必要のあるカメラを止めてくれという歌林さんの申し立てには、相応の理由があった。ナースステーションに並べられたモニタが廊下から丸見えなのである。おむつ交換の一部始終が通りかかるすべての人びとに公開されている。歌林さんはそれを嫌だと言い、医療者たちはそれに同意しなかった。

同意しなかった医療者の側の論理を、筆者が想像して書く。だって、誰も見ていないから。必要なとき即座に見るため、カメラやモニタは常につけておく。けれど、必要がなければ見ない。おむつ交換なんて見る必要はない。廊下を通りかかった人もわざわざ覗き込まない。だから、誰も見ていない。これらの筆者の想像は医療者じしんの証言により裏付けられていて、本当に誰も見ていない。さて、このときモニタのなかの歌林さんは、本節はじめの〝完全閉じ込め症候群みたいな状態〟の歌林さんと同じようである。わずかに違うのは、先の場面では歌林さんの意識が無いものと「思って」医療者たちが話したのにたいし、この場面では意識が無いものと「して」歌林さんを扱うところである。

ふり返れば、前節のおわり近くで聴いた入浴の流れ作業も患者たちを意識の無いものとして扱う一例である。その難病病棟では、また、トイレの個室がカーテンで仕切られていたり、食堂に集めて一人の介助者が三人の口に順番にスプーンを運ぶのも毎日だったという。患者の意識は無いも同然だからかまわない、医療者に訊けばそう応えただろう。たいして、歌林さんには〝みずから意識を失う〟やり方もあったが、そうはしなかった。「長く居ちゃいけないところだなと思って。自分の感覚が狂っちゃうと思って。だから早く帰りたいってことは思った」。大学病院から続いた二年半の療養生活は、以後、舞台を自宅にうつす。

退院後しばらくの歌林さんは、夜間だけ気管挿管のない人工呼吸器を使い、ヘルパーの確保にもとくに困らなかった。やがて、前節で聴いた＊＊病院のリハビリ科を経て、現在は自宅から近い○○病院に主治医がいる。嚥下障害はしだいに悪化し、救急搬送もくり返したため、発症から五年ほどで咽頭分離手術を選んだ。歌林さん「主治医もちゃんと説明してくれたし、私が納得するまで待ってくれてっていう期間がちゃんとあったんで、じゃあ仕方がないかなと」。出なくなるはずの声は、歌林さんにとって不自由のないほどには出せており、この聴きとりも実現している。手術入院の後、医療的な処置ができるヘルパーの確保は難儀だったが、ＮＰＯ法人を立ち上げるなどして、いま彼女を訪れるヘルパーは週に一二、三人、うち男性は二人である。

さきに、見るべきは配慮の有無であって介助者の性別ではないと歌林さんは言った。いまのヘルパーについても同じだろうか。歌林さん「やること雑な女の看護師（ヘルパー）さんより、丁寧にやる男の看護師さんの方がいいんじゃない？　って私は思うし。男の人の方が、着替えるときにバスタオル一枚掛けてくれたり、そういう介助してくれる人の方が多いから。着替えるのにぜんぶ一回、裸にさせられちゃう女の看護師さんとかよりか、そっち（バスタオルを掛ける男性）の方がぜんぜん、いいんじゃない？　って思う。男の人か女の人かっていうよりかは、プロ意識がある人かどうかっていうので判断するかな」。納得もしつつ、筆者には疑問も残る。その男性介助者は「プロ意識」からバスタオルを掛けたのか。裸にしてしまう女性介助者の配慮の不足は確かだが、男性のばあい、介助者の遠慮が歌林さんには配慮に感じられたこともあるだろう。けれども、筆者の疑問は過剰かもしれない。見るべきは〝結果としての配慮〟すなわち歌林さんにとって好ましい介助であるか否かであって、介助者がそのようにした真の理由ではない、かもしれないから。

あるいは、また、バスタオルを掛けた男性介助者のように歌林さんを見ることが、裸にしてしまう女性介助者には求められるべきとも言える。女性介助者が裸の歌林さんに「私たちは同じ女性なのだから恥ずかしがる必要はない」と断じて譲らないのは、歌林さんを〝完全閉じ込め症候群みたいな状態〟に置くのと同義だからである。

3　そのへん、自分では割り切ってることだから。

女性であること。その言葉につづけて歌林さんに訊いたり、その言葉をそえながら歌林さんが応えたやりとりのいくつかをみる。はじめに、前節までと同じく入院にかかわるできごとから。聴き手「入院しているあいだに、女性であることで嫌な目に遭ったっていうふうに思えたことはありますか」。歌林さんはまず「女性だからなのかはわからないけど。男性の気持ちが分からないからね」と前置きして、病院のソーシャルワーカーの言葉を例に挙げた。

結婚するタイミング無かったの？　みたいなことを言われたことがあって。私、二〇代なかばで発症して寝たきりとかなってるから、それまでに結婚する機会があったら人生、変わってたんじゃないの？　みたいなことを訊かれたことがあって。

発言にたいして歌林さんは「それ、どうなんだろう？」とか「関係なくない？」と感じたが、当のワーカーはなんの迷いも疑いもなく、適切なコメントだと思っていたらしい。健康保険や国民年金の納付や受給が「扶養家族になってると変わってくる、みたいな話をしてて、(歌林さんが結婚していないことにふれて) 結婚するタイミング無かったの？　みたいなことを言われて」。ここまでを聴いて筆者は、歌林さんが婚姻の有無を言われたことじたいに憤慨したと思ったのだが、それは早合点であった。聴き手の「男性だったら言われなかったかもしれない？」という質問に、歌林さんは次のように応えたのである。「(男性であれば発症後も何とかして)「お仕事、続けられなかったか」みたいな話になるだろうところが、(女性であるがゆえに)「結婚して扶養に入るタイミングがなかったのか」みたいなことを言われた (後略)」。障害女性の生きづらさを考える本研究にとって、この歌林さんの経験は重い。女性は結婚して家庭に入るもの、まして障害をもったなら扶養されるのが何よりではないか。歌林さんにそうと言ったソーシャルワーカーは、ひとりかれの独創ではなく、私たちの社会に根深くある通念を口に出したのである。

結婚はするもの、子どもは産まれるもの、それらの通念はまた一方で、努めてふれずに避けて通るべきことがらであるとも見なされている。前段のワーカーとは対照的に、なかには、歌林さんにその話をするのは適切でないと思う人びともいた。

まわりに気を遣われてるなって思う。なんかたぶん、障害者であるうえに女性であるってことで、結婚とか、そういう話はしない方がいいんじゃないか、とか。

あらかじめ断っておくが、だからといって歌林さんは積極的にその話をしたいわけではない。「(ことさら)話してほしいわけでもないし、敢えて自分から(中略)ぜんぜんいいんだよってわざわざ言うことでもないって思うから」、とくに何も言わない。ただ、ひとつの会話の場にいるのに、歌林さんひとりだけに同じ話題が向けられないのは不自然ではないか。まるで、そこにいないかのように。歌林さん「私の歳だと(中略、結婚や子どもについての)話題にぜったいなるんですよ、昔の友だちとか集まっても。だけど私にはそういう話題は振ってこない。(中略)平気なのに私は。だけど気を遣ってそういうことを言わないようにしているのが明らかに分かるから、すごく居心地悪いなあとは思う」。読み手のなかには、歌林さんの友だちの態度も、歌林さん自身の気持ちも、どこかで見聞きしたことがある、ありふれた日常の一場面だと考える方もおられよう。筆者も同感である。けれどもそれを書いて示すのは、じつに多くの人びとが、そうと知りながら未だに同じ気まずさをくり返し続けている実状に、障害女性の「生きづらさ」の由来をさぐりあてようとするからである。

昔の友だちとは、高校時代からのサークル仲間のこと。同期で集まるのだから年齢も同じ。違うのは卒業後それぞれに歩んだ人生の道すじ。「結婚してる子も、再婚してる子もいて、「子どもほしくないの?」みたいなことを言ったり。独身の子には「そろそろ結婚しないの?」みたいなことを言うけど、私にはぜったい言ってこないし。気を遣ってるなぁと思って」。彼女たちを見ながら歌林さんは「もう、ふつうに訊いてくれちゃえばいいのに」と思う。「それは、自分では決着のついてる話」だから。筆者の考えるところ、子どものいない友だちや独身の友だちがいま、出産や結婚に抱いている感情と、歌林さんの抱いている感情にさほどの違いはない。どちらも「決着はついている」。違いは、子どもほしくないの？　結婚しないの？　と訊く方にある。訊く方は、なぜか、歌林さんには訊いてはいけないと思う。そのありさまは、たとえば私たち研究者とは対照的である。すでに「自分で子育てしたい、他人に委ねてまで子どもはほしくない」と言っている歌林さんに、聴き手は重ねて「抱いてあげるとか、食事をあげるとか、あやしてあげるとか遊んであげるとか、歌林さんもたぶんできることはあるじゃないですか。でも、ぜんぶ自分でやりたいっていう感じですか」などと問いかけたりする。

訊いてはいけないと思う友だちと、できることはあるでしょうと問う研究者は、ともに自分たちのよしとする生き方、暮らし方を思い描いて歌林さんの前に座る。そのどちらともが、歌林さんの「決着」とはうまく折り合わない。友だちのばあい、歌林さん「子どもほしいなぁと思ったことはあるけど、じゃあこの状態で、子ども育てていけるのっていったら、ぜったいに責任を持って育ててはいけないから、だから、ほしいほしくないじゃなくて育てられるか育てられないかっていう点から見てるから、そのへん自分では割り切ってることだから、べつに（話題を）振られてもなんとも（ないの）だけど、みんなは（話題を振られた歌林さんが）嫌な思いするんじゃないかとか、勝手に思って」。研究者のばあい、ヘルパーをつかう子育てに抵抗があるかとの問いに応えて、歌林さん「そこまでしてほしいと思わないっていうか。余計にできないのが嫌になりそう。自分でやってあげたいのに、自分ができないっていう現実をずっと見ているわけじゃないですか。そっちの方が大変そうだと思う」。いずれのやりとりでも、歌林さんの前に座る友だちと研究者は同じような相づちを打つ。「ああ、そうなんですね」。その相づちが「そうそう、そうだよね」ではないことが、歌林さんに何かしらの窮屈を感じさせていたかもしれない。

結婚の話題については、友だちとソーシャルワーカーも対照的である。歌林さんにはそれを訊かない友だちにたいし、ソーシャルワーカーは当然のように「結婚するタイミングは無かったのか」とたしかめる。では、歌林さんは結婚にどのような「決着」をつけたのか。聴き手から質問「病気になられるまで女性として生きてこられて、二〇代なかばで発症して、その後、ご自分のなかで変わったことはありますか」。

どうだろう。病気になる前まではつきあってた人とかいて。自分とつきあうことイコール介助とかが附いてきちゃうから、そっちの方が気になっちゃう。（中略）介護っていうのをふつうにして（交際相手の介護を受けながら）、でもおつきあいする（恋愛関係を継続する）っていうかたちになるのかな？　って、自分のなかでちょっと疑問がある。

経過について多くは語られなかった。「たぶん病気にならなかったらそのまま結婚してたと思うけど、その人は健常者のときの私からつきあってるから、そこまで背負わせるのが嫌だったっていうか。で、別れようって言って別れた」。聴きとりの別のところで歌林さんは、発症の前後に経験した大きな変化を「今までずっと歩んできた人生を一回リセットし」たと表していた。ここでも同じように「リセット。このまんま、今までと同じおつきあいはできないと思ったので。（中略）自分の、つきあうという感覚が変わったんじゃないかと思う。障害があってつきあうっていうのと、健常者のつきあってるっていうのは違いがあるんじゃないかな、と」。障害者については「そういうつきあい方もあるんだなとは思っても、自分がそれで満足するかっていったら無理だなと思う」。歌林さんは彼女じしんの心もちだけを私たちに教え、交際相手のようすにふれて話すことはなかった。

ところで筆者は今しがた、ソーシャルワーカーと友だちを並べて書いた。ワーカーは結婚を話題にするが、友だちは口に出さない。さしたる根拠もない筆者の思いつきだが、もしワーカーの言うように歌林さんが結婚して夫の扶養家族になっていたら、友だちは、そのことを話題にしてためらわなかったのではないか。たとえば「よかったね、結婚しておいて」。それとも、困った顔をしただろうか。お子さんは？　と訊きたいが訊けなくて。たほう研究者ならば、同じような（と研究者が判ずる）夫婦がヘルパーを使いながら子どもを育てていますよなどと前置きしながら、歌林さんがそうしないのはなぜですかと問うだろう。筆者の見るところ、歌林さんにとって面倒なのは、ワーカーも友だちも研究者もさほどかわらない。

4　人生を一回リセットして、もっかい一から建て直してる。

インタビューのなかで、ある質問に応えて歌林さんがつかった「リセット」という言葉を聴き手もつかって質問を深める場面があった。途中、コーヒーブレイクの時間、その「リセット」はキーワードになりますねと筆者は感想を述べた。予定していた質問と応答をおおむね終えたとき、聴き手の一人が思いついて訊いた。「ぜんぜん話が違うんですけど、障害者になられたあと、リセットされたっていう話があって。たとえば装いとか、着るものにかんしてはどうですか」。筆者にはこの質問が意外だったのだが、質問の意義を理解するために、まずその点から書き述べていきたい。

リセットの語を歌林さんが最初につかったのは、歌林さんが知人と自身を比べながら話した箇所である。知人は幼少のころから遺伝性、進行性の難病とともに暮らし、結婚し、子どもがいる。歌林さんは「成人になってから突然、障害を負った」ので、二人は「根本的な考え方がぜんぜん違う」という。二人して高校の講演会などで講師を務めることがあり、家屋に喩えて自己紹介する。「私はもともと住んでた家を完全に壊しちゃって建て替えた状態。今までずっと歩んでた人生を一回リセットして、もっかい一から建て直してる状態。知人のばあいはずっと障害をもったまま、自分がどうで、何だったらできるかを探してきてるわけで、バリアフリーの注文住宅を建ててるのと一緒。障害があるから「ここはこういうふうにしていったら生活していきやすいね」っていうことを元から考えて建て増ししたりしてるけど、私は建て替えて、新しく今の状態（に合わせた）家を建てましょうって。だから最終的にできたものが同じだとしても、建てた過程がまったく違う」。知人について話されたことの真偽は今は問わない。その上で、それと対比させながら自分を言うために用いられた「リセット」の含意をてみじかに考察する。

はじめに確認すべきなのは、二人の現時点での暮らし方の類似である。すなわち、肢体不自由の状態にあり、ヘルパー（など）の支援を受けながら生活している。前段で歌林さんはそれを「最終的にできたものが同じ」と表し、また別様に「バリアフリーの住宅」になぞらえている。念のために言えば、知人の家屋は「注文住宅」ではない。知人は、そうではない（俗に言うバリアフルな）住宅に増改築をくり返して「バリアフリーの住宅」をつくってきた。他方、歌林さんは今の状態に合わせて新しく建てたのだから、そちらが「注文住宅」である。とはいえ全体の主旨は変わらないから、このまま考察をすすめよう。

できたものは同じでも「建てた過程がまったく違う」との断りに注目したい。聴きとりのこの箇所では、結婚や子育てについて訊き、話されている。それらに限りながら言い換えると、知人のばあいは障害者として相手と出会い、結婚して子どもをもった。歌林さんは前節で聴いたとおり、発症よりまえからの交際相手とは関係を終えている。健常者だったころの交際は、障害者になったあとまで続かなかった。限定をゆるやかにして言い加えれば、知人は幼少期から現在までずっと障害者であり、歌林さんは大人になってから障害者になった。いま現在、ともに障害者である二人は、健常者として暮らした期間の長短と、その前後の変化の大きさに見るべき違いがある。

前後を分かつ時点に歌林さんは「リセット」の語をあてた。そうして「もともと住んでた家を完全に壊しちゃって建て替えた」、健常者としての暮らし（方）と障害者としての暮らし（方）は、まったく別のものだという。知人をひきあいに出した住宅の喩え話にそのまま続けて、歌林さん「できたことが一気にできなくなったという経験がある状態。先天性の障害の人って、もとからできない、できるという経験をしていないから受け入れられると思うんですけど、できていたのができなくなるって、同じ障害だったとしても、ぜんぜん違うと思う」。前節で話された恋愛関係における〝健常者のつきあい方と障害者のつきあい方の違い〟とも同じく、筆者には、この歌林さんの説明がじゅうぶん明瞭に了解された。

と、そのときまでは思っていた。聴き手が「着るものにかんしてはどうリセットされたか」と訊いたとき、筆者は、そこで生じる変化にさほどの見当もつかなかった。歌林さんが挙げる健常者と障害者の暮らし方の違いについて、ほんとうには何も分かっていなかったのである。彼女のばあい、完全閉じ込め症候群のような事態を経て、衣生活にかかわる細大さまざまが「できなくなった」。すると、

自分の着たい服を着たいんだけど、今まで着てた服が、たとえばジーンズは、スキニーとかだと着させにくいって言って、ちょっとダボッとしたチノパンとかを介助者の人に穿かされたりとかはしてたかな。

自立生活運動の理念だとか、当事者主権だとかのテキストはここでは引用しない。この場面のなかにいる歌林さんの心のうちについても、ひとまずは措く。あくまで筆者が歌林さんの語りから受けた印象として書けば、ああなんという無力。悔しさ。憤怒の二文字でも表し尽くせないほどの非礼。筆者から見れば、この介助者はナースステーションのモニタを消さなかった看護師長（本章2節）と何らかわらない。そして確実に筆者もこの介助者の側の人間である。スキニーのジーンズさえ穿かせられない介助者と暮らさなければならない彼女に、研究者はどうして、ヘルパーを使って子育てしている人もいますよなどとためらうこと無く言えるのか。障害女性の「生きづらさ」を聴こうとする研究の目標に照らして、装いの「リセット」を訊いたこの質問の意義は大きい。

意義は大きいが、しかし、介助者の不足を言いたいがために歌林さんを過度に非力に表してしまっ

た。じっさいには歌林さんの「私、こっちがいいんだけど」と介助者の「こっちの方がゆったりしてるから、座ってるときに楽じゃない？」がせめぎ合って「ウエストゴムのとかストレッチがきいてるジーパンもあるから、そういうのにちょっとずつ替えていって、いまは好きなのを選ばしてもらえる」。歌林さんはその程度には〝自由〟である。

着衣をめぐる制約には、介助者の事情のほか、医療からの要請もあった。歌林さん「家ではＴシャツとか着てるけど、病院だとぜったい前開きにしてくださいって言われる」。それなら呼吸器を外さずに脱ぎ着できるから。たいする歌林さんの心もちは。

（自宅では）パジャマを着るという習慣が無かった、Ｔシャツとかジャージとかスウェットで過ごしてたから、パジャマっていうやつを着るのがすごく病院っぽくって嫌だった。病院も、自分で着替えができるうちは何を着ててもべつに何とも言われないんだけど、自分で着れなくなると、着るものまで制限されるから、そこがすごい嫌だった。

後半の「嫌」は、さきに1節で聴いた「自分でできるうちは配慮してもらえるのに、できなくなると配慮が無くなっていく」ありさまと結びつけて考えたい。多少の難儀はあるがおおむね、または何かしらできる歌林さんには配慮も、選択への承認も与えられる。やがて、ほとんど、あるいはまったくできなくなった歌林さんには配慮も、選択への承認も与えられない。たほう前半の「嫌」は、彼女の言う「リセット」の意味をさぐる手がかりとしたい。パジャマを着ることの「病院っぽ」さは、在宅で暮らす現在の一場面と対照させれば次のように説明される。歌林さんは元来、着飾ることも無く化粧にも興味は少なかった。けれど「長いこと病気で化粧とかもしないじゃないですか。ずっとしなかったから（いま現在それをするのは）前よりちょっと楽しいかも」。それがたとえ外来受診のためであっても「着たいなと思う服があっても着るチャンスが少ないから、そのときに好きな服を着れるっていうのは楽しいと思う」。その現在から見ればなおのこと、入院中に着ていたパジャマは心地の悪い記憶である。

悪い記憶をつよめる機会は歌林さんにくり返しおとずれる。あるとき、同じ病院に通う患者の一人がパジャマにコートを重ね着して外来受診に出かけたと言った。帰りにファミレスに寄ったとも。聞いて歌林さん「車椅子でパジャマでファミレス行ったら、かわいそうだなっていう目で見られないのかな。そういうのは嫌だなと思う。健常者がパジャマでファミレスにいたら「なにあいつ」って思われると思うんだけど、「あの人は障害者だからしかたない」って思われるのは嫌だなと思う」。「なにあいつ」は見くだす言葉、「しかたない」は憐れむ言葉である。意に沿わないお仕着せに、憐れみまで被せられてしまう。そんなパジャマを歌林さんはとうてい、身にまとって外など歩けない。

健常者のパジャマを見くだすのは、着ているその人がもつ判断のちからを、取るに足らない程度とみとめるからである。障害者のパジャマを憐れむのは、その人には何も無いと想像するからである。選ぶことも自分で着ることもない。選びたいとも着たいとも思わないのだろう、と。いま、周囲の誰もが歌林さんの無頓着を無頓着とは解さない。念入りな化粧をしていないのも、ジャージもスウェットも、何もかも、すべては彼女が「障害者だから」。配慮や承認は消え、意識まで無いかのように扱われる。障害者として暮らしはじめた前後のその変化を、彼女は「リセット」と表した。

おわりに

本章の趣旨のひとつは、障害女性の「生きづらさ」をめぐる認識が生成される過程の粗描である。共同研究の全体をとおして、聴きとりの場で、女性たちから「ことさら辛い経験はありません」と返されることも稀ではなかった。重ねて訊けばそれは「しようがないことだから」とか、あるいは「たいしたことではないから」などと説明される。聴き手からみれば犯罪的とも思われる扱いを、しかしそのようには言い表さないばあいもある。本章の各節でも歌林さんと聴き手の認識はさまざまに異なり、それは質問と回答を重ねるやり方で明らかになった。なかには質問されてあらためて思い返し、はじめて口に出した心もちがあるかもしれない。別様に言えば、障害女性の「生きづらさ」をめぐる認識は、聴きとりすなわち観察そのものによって生成され、ときには変化する。だから本章のもうひとつの趣旨は、これを読む人びとに請うて、聴き手と歌林さんとの対話に、筆者が書いたものとは別様の解釈と理解を与えていただくことにある。

私たちの共同研究は今後、これまでに得た障害女性の「生きづらさ」をめぐる語りに材を採りながら、障害女性にかかわる専門職諸氏との対話を開始する計画である。新しい解釈と理解、認識の生成のために。

参考文献

時岡新、二〇一九年、「アクティヴ・インタビューと語りの生成――訊き（聴き）手と語り手が協働する〝きき方〟と〝書き方〟について――」『現象と秩序』第一一号、五‐二〇頁。

時岡新、二〇二一年、「何を聴き、どのように理解すべきか――障害女性の「生きづらさ」をめぐる生活史研究のねらいと困難」『金城学院大学論集　社会科学編』第一八巻第一号、一一七‐一二九頁。

コラム2
成田さんが私たちに語りたかったこと

土屋　葉

「聴きたいことが聴けた」？

インタビューに応えていただいた方々のなかには、「障害のある女性」として困ったことや辛かったことはない、と語る方は少なくなかった（土屋、二〇一八、二‐三頁／時岡、二〇二一、一二〇頁）。そのなかで視覚障害のある成田さんは、学校生活、職場、医療機関、あるいは親戚や友人関係における経験について、女性として辛かったこと、嫌だと感じたことを多く語ってくれた方だった。少なくとも私はそのように感じていた。

成田さんにはじめて会ったときの印象は、「快活な人」だった。[*1] 二回にわたるインタビューにおける私たちの言葉足らずな問いかけに、時に迷い言葉を選びながら答えてくれた。そしていったん勢いがつくと、〈あのとき―あそこ〉（桜井、二〇〇二、一一八頁）の出来事の詳細を、淀みなく語りつづけた。成田さんへのインタビュー終了後、私は「聴きたいことが聴けた」という感触をもっていた。しかしあらためてインタビュー記録を読み返し、成田さんにとって、「女性」としての「生きづらさ」の経験は積極的に語りたいことではなかったのではないか、成田さんが私たちに語りたかったのは、本当は別のことだったのでは、という思いがわきあがってきた。

成田さんへのインタビューにおいて、聞き手（＝私たち）が何をどのように尋ね、成田さんがそれに対して、何をどのように語ったのか、その相互作用に着目しながらふりかえってみたい。[*2]

「鮮明には思い出せない」――男女同室での着替えの経験

まず、聞き手が学校時代の「嫌な経験」を尋ねた際に、成田さんが「男女同室での着替え」というエピソードを語った場面をあげたい。

聞き手①：盲学校に入られたときに、特に女の子であって「これってちょっと嫌な経験だったな」とか、「辛かったな」ということとかって、ありますか。五年生とか六年生ぐらいから、クラスが男の子一人で、女の子が五人か六人だったんですけど、更衣室がなかったのか小学生は使えなかったのか、わかんないですけど、なんで一緒の教室で（笑）、着替えるのかなとかって思ったりはしたかな……と思います。（中略）鮮明には思い出せないけど。

（中略）

聞き手①：それは嫌だなっていう感じですか。

成田さん：嫌だ、そう、なんか……があったような気がする。

聞き手②：男の子も一人でちょっと。

成田さん：嫌だったでしょうね。そう、だって、やっぱ四年五年になってくると早い子は胸も出てくるし、私の同級生も、五年生ぐらいから生理があった子も一人か二人いた。（中略）男の子も一人だし、嫌だったこともあるだろうなってね、あまり考えたことないけど。

聞き手②：見えないからいいとか思ってたんですかね。

成田さん：そんなことはないと（思う）。私そういう話をしたことないけど。でも、男の子も弱視だし（中略）。だから、そういうこと……あとはなんかあるかな。

聞き手の問いかけに対して成田さんは少しの沈黙の後、男女同室の更衣という経験をあげた。聞き手は成田さんが小学校高学年で経験したことを、障害ゆえに不利益を被った経験であると感じた。このため「鮮明には思い出せない」という成田さんに対し、「それは嫌だなっていう感じですか」と、成田さんの「嫌だった」経験として、確実に位置づけようとする意図のもとに問いを重ねている。しかしこれに対する成田さんの答えは、そのような「気がする」というものであり、強い肯定ではなかった。「あまり考えたことない」という言葉が示すように、成田さんにとっては、深く考えるようなトピックではなかったようだ。この後、話題は同級生たちの障害の状態に移っていき、成田さんは「あとはなんかあるかな」とつぶやいた。聞き手の関心とは対照的に、このトピックを終わらせたいというニュアンスを漂わせていることに気づく。

「そういうこともあった」
——「ひどいこと」をめぐって

次に成田さんが「思い出した」こととして語った場面を示す。二回めのインタビューの冒頭で、成田さんは挨拶もそこそこに携帯電話を取り出して、画面のメモを見ながら話しはじめた。

聞き手①：さっき、何かちょっと思いついたことが（あったと話されていましたが）？
成田さん：はい。昨日、あと（で）また忘れる、歳になってきてほんとうそういうことが多くなって、一応、携帯に書いてきました。（中略）あれからすぐ思い出して、そういうこともあったなと思って（笑）。いいですか、その話から。
聞き手①：お願いします。
（中略）
成田さん：そういうこともあったなと思って。

「そういうこと」とは、仕事中に男性から卑猥な言葉をかけられた経験だった。このエピソードは「私が多分ひどいことをされてたらもうこんな思いじゃ終わらなかったかもしれないけど」と締めくくられている。ここで成田さんが、「ハラスメント」ではなく、「ひどいこと」という言葉を用いていることに注目したい。

インタビューの終盤に聞き手は、「セクハラっぽいことを受けたっていう話、最初にありましたけど、あれはそのときくらいですかね。ほかに」と尋ねている。成田さんは「あとはないですかね。あんまりないですね」と否定した直後に、「今思い出した」こととして、さらに語られたのが、やはり仕事中に男性から陰部をそれとなく見せられたという経験だった。

成田さん：あとはないですね。あんまりないですね。（中略）今思い出したっちゅうか。
（中略）
聞き手①：それは別に成田さんにとって嫌な経験じゃない？
成田さん：でも、嫌でしたね。
聞き手①：あ、嫌でしたか。
成田さん：だってそこが見えてる。それだけでも嫌だった。

聞き手はこのときも、「嫌な経験」だったかを尋ねているが、このときは成田さんの「嫌な経験」を確定しようとしたからではなかった。実は同時に、同じ男性から食事に誘われた経験にも言及され、それがポジティブなニュアンスを含んで語られたように、聞き手には感じられたからだ。

成田さん：「じゃあ何か食べに行こうか。いい？　行く？」って言われて、「はーい」って（笑）、「行きまーす」って言って、どっかで食べに行ったのかなあ。そこでその人が「あのね」って、「そんなに言われたとおりについていっちゃいかんよ」って言ってくれて、ほんで、さよなら（笑）。（中略）たぶんその人は本当は下心あったかもしれないけど、あまりにも疑ってないから、私が。私はそう理解してるんですけど。

しかし、聞き手の「嫌な経験じゃない？」という問いかけに対し、成田さんは「でも、嫌でしたね」と即答した。その応答は、聞き手が「セクハラっぽいこと」という言葉を用い、明らかにこの出来事をハラスメントとみなす態度を示したことと、関係があったのかもしれない、と今になって想像する。

おそらく成田さんは当初、このエピソードを「女性としての生きづらさ」という文脈で、まず語るべきこととして捉えてはいなかったのではないか。消し去りたい記憶だったからなのか、あるいは不快ではない経験と合わせての記憶だったからなのかもしれない。ともあれ、成田さんが過去の記憶から引っぱり出し、「思い出した」その経験を、聞き手の私たちは、付随して語られたエピソードを捨象したうえで、「セクハラっぽい」「嫌な」経験として位置づけた。

成田さんに過去の経験を「思い出」させたことにより、障害のある女性の「被害」経験が聴きとられたことに、一つの意味をもたせることができるかもしれない。[*3] しかし一方で、この経験は、成田さんの記憶のなかで埋もれていたものである。彼女が自分の経験をふりかえるなかで、別の出来事についてははっきりと「嫌だった」ものとして私たちに語ったことを鑑みれば、こちらは、語るに足らないことと位置づけられていた、とみることもできる。くりかえすが、それを「ハラスメント」や「嫌な経験」として捉え、引っぱりだしたのは、聞き手である私たちだったのだ。

より雄弁に語られたこと——母について

実は成田さんは、自身が生まれ育った環境や家族については、問わず語りにより雄弁に語っている。ただし成田さんは、この話題の前後に「なんか、すいません」、「障害女性、女性のことからはずれちゃうんですけど」といった言葉を差しはさんだように、家族の話題はこのインタビューにはそぐわないと認識していたようだった。しかし家族についてかなりの時間を割いて、ときに感情をあらわにしながら語られた。

成田さんが家族について語る際には、ネガティブな表現が多く使われた。たとえば「ちょっとおかしい」、「うちはなんでこんな変なのかな」、「まとまりが全然ない」、「向き合わない親」、「親なんか尊敬してない、もう尊敬できない」などである。とくに成田さんは、母親について強い否定の言葉を用いて語っている。

成田さん：死ぬか生きるかで、ひどいときはおじいさんが夜、おばあさんが昼間。（中略）だから、自分の子どもを、死ぬか生きるかの子どもをみなかった母親っていうのは、何なんだろうって思うし。

成田さん：おばあちゃんがみんなやってくれたから、自分が、母親にやってほしかったっていうのも、願望があったのかもしれないっていうか。（中略）たぶんやっぱり親なんですよね、子どもは。親にみてほしいっていうか、小さいときは特に。

成田さんは幼い頃、入院中に危篤状態に陥ったときに、母が自分に付き添わなかったことについて、怒りをあらわにしている。さらに幼少時から祖母が「みんなやってくれた」が、ほんとうは「母親にやってほしかった」という思いがあったと語っている。

成田さんの言葉からは「親はこうあってほしい」という強い思い、理想とする親像がみてとれる。こうした親像から、実際の母親／父親のあり方はずれていた。だから自分が親になったら、自分が得られなかったことを「子どもにやってあげたい」……。こうした親子関係の機微を、「障害」のある「女性」の「生きづらさ」の文脈にのせることに、違和感を覚える人は多いかもしれない。

しかし成田さんが私たちに語りたかっただろう家族や

親についての経験は、「障害」や「女性」にかかわる問題とまったく無関係であるのだろうか。おそらくそうではない。いや、むしろ切り離しては論じられないものなのではないか。

よく知られているように、私たちの社会では、子どもに障害や疾病があった場合には、親は愛情をもって子どもを育てることが強く求められる。もし成田さんが「非障害」の子どもとして育っていれば、母親が子どもの世話を祖母に任せたことに、成田さん自身も周囲の人びともそこまで強い非難の目を向けなかったのではないか。

また成田さんの、母親となって子どもを十分にケアしたいという願望は、視覚障害のある女性である彼女に対する、周囲からの「親になる能力／子どもを育てる能力」への疑義のまなざしと対となっていることは想像に難くない。「自分は家庭環境がよくなかったから、結婚して子どもを産んでたくさんの愛情を与えて育てたい」というよく聞かれる物語は、成田さんの場合には、彼女が「障害」があり「女性」であることと複合的に絡みあっているのだ。

「語りたい」経験こそが、すくいとられる必要がある

障害のある女性の生きづらさについて論じようとすると、「障害があり女性であること」に特化した記述となる。そこで切り取られた「生きづらさ」は「障害」と「女性」が交差している地点での一つの断面である（現段階ではこの試みは必要であると思う）。しかし「その人」は、「障害」と「女性」という要素のみで形成されているはずはない。さまざまな成育環境、居住地域、所属団体等があり、それが生きづらさに影響を与えていることはもちろんである。障害のある女性として、生きづらさを感じたことはないという人の経験、その人が語りたいという経験こそが、交差性という視点から丁寧に、すくいとられていく必要があるのではないか。

注

1　成田さんはインタビュー時、しばしば笑顔をみせた。しかしそれを単純に「うれしい／楽しい」＝快いものと捉えてはならないだろう。たとえばハラスメントの経

験についても、成田さんが時折笑いをさしはさみながら語ったことを、私たちはどのように受け止めたらよかったのだろうか。

2　桜井厚は、インタビューは語り手と聞き手の相互行為によって共同的に構築されるものであると捉える立場から次のように述べている。「語りのテクストは、インタビューの相互行為の文脈をとおしてはじめて理解される。語り手は聞き手を常に前提として語っているのだから、テクストや語り手だけというように、その一方だけを切り離して分析や解釈はできない」（桜井、二〇〇二、一三九頁）。

3　ただし「思い出せた」ことが、成田さんにとって「パンドラの箱」となるというリスクも否定できない（しかしこれはまさに私たちが「聴きたい」ストーリーでもあったのだ）。内藤和美は、暴力の被害を被った当事者から、専門職等によってさらに傷つけられる体験（二次被害）の訴えがあったことに言及している（内藤、二〇〇三、五九五頁）。

参考文献

内藤和美、二〇〇三年、「「女性に対する暴力」と調査研究」『社会学評論』五三（四）、五九四‐六〇四頁。

桜井厚、二〇〇二年、『インタビューの社会学——ライフストーリーの聞き方』せりか書房。

土屋葉、二〇一八年、「「障害女性であるゆえに悩みはつきない」——語りから読み解く身体障害のある女性の「生きづらさ」（1）——」『愛知大学文学論叢』一五五巻、一‐二二頁。

時岡新、二〇二一年、「何を聴き、どのように理解すべきか——障害女性の「生きづらさ」をめぐる生活史研究のねらいと困難」『金城学院大学論集（社会科学編）』一八号一巻、一一七‐一二九頁。

第Ⅲ部

これまでとこれから　課題・論点

第8章　インターセクショナリティ

渡辺克典

はじめに

インターセクショナリティ（交差性）とよばれる概念がある。インターセクショナリティは、日本語で交差点を意味する「インターセクション」の派生語として、現在では「人種と性別」や、本書で取り上げている「障害と性別」といったように、人間集団にかかわる属性を組み合わせた場面で用いられるようになった。日本では、パトリシア・コリンズとスルマ・ビルゲによる『インターセクショナリティ』が二〇二一年に邦訳され、二〇二二年には『現代思想』（青土社、二〇二二年五月号）や『季刊福祉労働』（現代書館、一七二号）で特集を組まれるなど、現代社会を色づける重要な概念として流通しつつある。

1　インターセクショナリティの基本的な考え方

インターセクショナリティを取り上げるうえで、必ず取り上げられる議論がある。それは、キンバリー・クレンショーによる論文である（詳細は堀田、二〇二二が詳しい）。クレンショーは、一九八九年の論文で黒人女性をめぐる三つの裁判を取り上げながら、人種差別と性差別とが交差するがゆえに黒人女性への差別が把握されない判決を取り上げた（Crenshaw 1989）。

重要なのは次の二点である。第一に、インターセクショナリティは「差別（discrimination）」をめぐる議論である。インターセクショナリティを理解するためには、まずは「差別」に関する整理が必要となる。差別に関する議論――近年の議論として、池田・堀田（二〇二一）、堀田（二〇二一）山本（二〇二二）等が参考になる――を参照しつつ、共通する特徴について確認しておきたい。まず、日本語における「差別」は、「差」と「別」を組み合わせた用語であり、ここでの「差」には「集団間の差」が伴っている。性差別であれば、「男性」あるいは「女性」といった集団を設定して、それぞれの集団間に「差」があるとみなされていることが前提となる。このときの「差」は、目安となるような基準にもとづいて区別される。このときの区別の過程を「カテゴリー化」（categorization）といい、これは「人種」や「性別」といったカテゴリーにもとづいて人びとを区別する経過を意味している。「人種」であれば、あるカテゴリーXに属するとみなされるAと、別の人種のカテゴリーYに属するとみなされる個人Bがいたとする。この場合、個人であるAとBを比較した場合の「差」に加えて、集団のカテゴリーであるXとYを比較して生じる「差」がある。差別やそれに関連する議論は、この二つの「差」が前提となる。たとえば、ある集団XやYに属していることでいち個人であるAやBのあり方を否定的にとらえている場合、それが認知にとどまっているのであれば偏見（prejudice）やバイア

図　コリンズとビルゲの『インターセクショナリティ』英語版（第二版）の表紙

ス（bias）とよばれる（Banaji and Greenwald 2013＝二〇一五／北村・唐沢編、二〇一八／Eberhardt 2020＝二〇二〇）。

「差別」には、認知における偏見やバイアスに加えて、もう一つの過程がある。それが差別のもう一つの要素である「別」である。「別」は、集団間に対する異なる扱いを意味している。日本語の「別」は違いにしか着目していない言葉だが、英語での discrimination の「dis」にみられるように、差別における「別」は集団間を比較したうえで一方の集団に属する個人を貶める（Hellman 2008＝二〇一八）ような扱いであることを意味している。差別に関するこれらの点を踏まえておかなければ、インターセクショナリティもまた理解しづらい概念になってしまう。

インターセクショナリティの第二の特徴は、差別の前提となっているカテゴリーの「重なり」に関連している点にある。インターセクショナリティとは「人種」や「性別」といったカテゴリーが重なる事態に着目しているのであり、このことは前述したコリンズとビルゲの『インターセクショナリティ』英語版のカバーからも確認できる。

カバー写真で表現されている「重なり」は、いくつかのことを意味している。まず、重なりは独立した二つ以上のカテゴリーが前提になっている。「人種」や「女性」といったカテゴリーは、ひとりの人であれば重なることもある言葉である（「黒人女性」など）。インターセクショナリティは、私たちの社会にある集団のカテゴリーの「重なり」に着目する。次に、重なることによって一つのカテゴリーが「表」面にあらわれ、もう一つのカテゴリーが「裏」に隠れてしまう事態が生じうる。このような事態はクレンショーが一九八九年の論文で黒人女性の差別が把握されないとした裁判事例と関連している。すなわち、従業員解雇の不当性を争う裁判において、人種差別と性差別が重なる「黒人女性」であれば、その会社において白人女性への差別が認められなければ性差別には当たらず、黒人男性への差別が認められなければ人種差別には当たらないとされてしまう。その結果、黒人女性への差別扱いは認められない事態が生じてしまう。クレンショーがインターセクショナリティという用語を「造語（coined）」（Collins and Bilge 2020：91＝二〇二一、一三八頁）してまで述べたかったのは、私たちの社会で「差別」として取り上げられている既存のカテゴリー（section）を前提としたうえで、それぞれが重なる（inter-）ことで生じてしまう課題を論じるためであった。

インターセクショナリティは、日本語では「交差（性）差別」のように訳されることもあるが、この訳語だと「差」という言葉が重複してしまうこともあり、日本語のままだと理解しづらい面もある。まずは、重要な論点として、「差」としての集団とカテゴリー、「別」としての貶めと扱い、「交」としての重なりとそれがもたらす事態を確認しておきたい。

2　インターセクショナリティ概念の広がり

インターセクショナリティは、クレンショーによる提起以降、さまざまな分野にも応用されてきた。さきほども紹介したコリンズとビルゲによれば、インターセクショナリティは公共政策、ソーシャルワーク、刑事司法、教育、公衆衛生などの研究分野でも広がりを見せている。インターセクショナリティ概念の広がりの中でとくに学際的な領域として位置づけられているのが、本書のテーマでもある「障害」である。

例えば、批判的障害学（クリティカル・ディスアビリティ・スタディーズ）の研究者たちは、従来の研究における医学モデルが、白人性（ホワイトネス）、男性性（マスキュリティ）、ジェンダー、セクシュアリティ、正常性／健常性（ノーマリティ）の仮定の上に成り立ってきたことを批判するためにインターセクショナリティを用いている。また逆に、批判的障害学は、インターセクショナリティ研究において度々言及されていながらもそれほど探求がなされてこなかった障害（ディスアビリティ）というカテゴリーの不在やその場しのぎな使われ方に対して批判もしている。分野をまたぐこのような批判的対話は、双方の議論をより豊かにする可能性も秘めている。（Collins and Bilge 2020：48 - 49＝二〇二一、七八頁）

インターセクショナリティは、クレンショーが提起した「人種」と「性別」というカテゴリーに

「障害」を加えることで新たな展開を見せている。法学では、障害者権利条約の第六条において、障害女性に関する実態や課題が取り上げられている（詳しくは、『ジェンダー法研究』第三号などが参考になる）。それ以外にも、辰己一輝（二〇二二）は『現代思想』の特集に収録された「交差点へとアクセスする」において障害者を〈抹消〉する物語についてインターセクショナリティと批判的障害学について論じている。

また、インターセクショナリティは社会学における「階級」論において不平等を論じる概念としても用いられてきている。『インターセクショナリティ』の著者のひとりであるコリンズは、クレンショーに引き続いて一九九〇年にマーガレット・アンダーソンとともに『人種、階級、ジェンダー』において、インターセクショナリティ概念を社会科学で用いられてきた「階級」や「不平等」と結びつけて考究している（Anderson and Collins eds.［1990］2020）。これらの研究では、インターセクショナリティという概念を用いることによって、従来の社会学では人種や性別が単一の社会的地位として扱われがちだった階級研究に対して、カテゴリーが重なり合いそれぞれを分離できない人びとの日常生活に焦点を当てる。そこでは、調査方法として、アンケート調査のような量的調査ではなく、日々の生活の詳細を描くモノグラフや人生プロセスに焦点を当てるライフコース研究が多用される傾向があるという（Giddens　2016＝二〇一八）。本書の研究プロジェクトがライフコース研究の手法を用いているのも、これらのトレンドに沿うものである。

3　日本におけるインターセクショナリティに関連する議論や実態調査の展開

クレンショーの「造語」から広がりを見せているインターセクショナリティ概念であるが、「人種」や「性別」、あるいは「障害」などカテゴリーの重なりといった課題への取り組みはそれ以前から見られるものである。邦訳のある著作でいえば、ベル・フックスの『私は女ではないのか』(hooks 1981=二〇一〇)や『フェミニズム理論』(hooks［1984］2015=二〇一七)、あるいは、アリス・ウォーカー『カラーパープル』(Walker 1982=一九八五)にみられるアメリカ黒人女性をめぐる課題は、クレンショーによるインターセクショナリティ概念の提起以前にもみられるものである。本書のテーマである「障害」と「女性」に関しても、一九八三年に *The Journal of Sociology and Social Welfare* での特集をきっかけとした『女性と障害』(Deegen and Brook eds. 1985)が刊行されるなど、同様の問題関心はクレンショー以前にも確認することができる。これは日本でも同様であり、インターセクショナリティに連なる代表的な議論を追ってみたい。

代表例の一つが、上野千鶴子による「複合差別」である。上野は、一九九五年の「複合差別論」において、有吉佐和子の『複合汚染』にならって「たんに複数の差別が蓄積的に重なった状態をさすのではな」く、「複数の差別が、それを成り立たせる複数の文脈のなかでねじれたり、葛藤したり、ひとつの差別が他の差別を強化したり、補償したり、という複雑な関係」(上野、二〇一五、三五八頁)を示すのに「複合差別」という言葉を用いた。上野はこの論考の中で、階級・性別・民族・障害の四つのカテゴリーについて、それぞれの方向性をもった組み合わせの事態と差別からの「解放の戦略」について論じている。

上野による「複合差別論」とともに、日本のマイノリティ運動においても「複合差別」という言葉は用いられている。国際人権NGO団体である反差別国際運動（IMADR：The International Movement Against All Forms of Discrimination and Racism）は日本の先住民族や人種的マイノリティ女性として部落女性、アイヌ女性、在日コリアン女性、移住女性らへの実態調査や社会問題への解決に取り組む中で「複合差別」を用いている（反差別国際運動日本委員会、二〇〇一／IMADR-JCマイノリティ女性に対する複合差別プロジェクトチーム、二〇〇三／社団法人北海道ウタリ協会札幌支部他編、二〇〇七／アプロ・未来を創造する在日コリアン女性ネットワーク、二〇一八）。

本書のテーマである「障害」と「女性」に関しては、DPI女性障害者ネットワークによる活動（DPI女性障害者ネットワーク編、二〇〇八、二〇一二、二〇一六）、あるいは日本貿易振興機構（ジェトロ）アジア経済研究所による『アジア諸国の女性障害者と複合差別』（小林編、二〇一七）において複合差別の実態調査や差別解消提言が取り組まれている。とくに二〇〇八年に刊行されたDPI女性障害者ネットワーク　活動報告&資料集二〇〇七』では、過去の参考図書や映像資料の一覧も確認することができる。本書の調査中心地となった中部地区に関する名古屋市市民局による『障害を持つ女性の生活実態調査』（一九八二年）や、日本福祉大学福祉社会開発研究所プロジェクト研究として「女性障害者の抱える二重の抑圧の社会構造、自立生活支援の充実を検討」（伊藤、二〇〇四、四八頁）した伊藤智佳子による『女性障害者とジェンダー』といった取り組みがなされていた。

インターセクショナリティという概念においてクレンショーの「造語」は契機として重要であった

が、同様の問題関心は研究者と社会問題の解決に向けた実践の両輪によって推進されていたことは間違いないだろう。インターセクショナリティ概念の特徴は、このような「探求と実践の相乗効果」(Collin and Bilge 2020＝二〇二一）にある。

その一方で、インターセクショナリティが展開していく中で、この両輪にかかわる課題も提示されるようになってきた。最後に、日本における展開と課題について確認しておこう。

4　日本におけるインターセクショナリティの課題や論点

インターセクショナリティは研究と実践の両輪において展開されているが、活用の場面やインターセクショナリティという言葉をめぐってさまざまな議論も呼び起こしている。一つには、インターセクショナリティという言葉がもつ歴史性と、英語から日本語への翻訳過程がもつ困難がある。日本語では「交差性」「交差差別」、あるいは上野の議論も参照されながら「複合差別」等が用いられるインターセクショナリティ概念だが、多様な意味をもちえてしまうがゆえにその活用や意味づけにおいて課題も提起されている。

日本におけるインターセクショナリティ概念を考えるうえで重要な議論をしているのが、反差別国際運動日本委員会の事務局長経歴ももつ熊本理抄による『被差別部落女性の主体性形成に関する研究』(熊本、二〇二〇）である。熊本は、インターセクショナリティ概念の翻訳や研究・実践の困難について次のように記している。

二〇〇〇年代に入り、「複合差別」の表現を用いるようになるのだが、日本語訳「複合差別」の原語の含意である差別の「複数性」に力点を置く理論と実践から、「複数の」差別の「交差性」「複合性」を論じる理論と実践へは易々と飛びこえられないほどの距離がある。（熊本、二〇二〇、三五四頁）

熊本が「距離」の一つとしてあげているのは「複数性」「交差性」「複合性」という似通った概念の使い分けである。まず、カテゴリーが複数であることそれ自体は「複数性」（multiple）を意味する。次に、複数のカテゴリーが重なりあうことは「交差性」（intersection/intersecting/intersectionality）を意味する。最後に、複数の差別が交差することで生じる差別、あるいは単純な組み合わせとは異なる「別種の要素の差別が現出する」（熊本、二〇二〇、三五四頁）ことを意味するのが「複合性」（compound）である。熊本によれば、これらの概念が混在している現状において、上野による「複合差別」では（同じ言葉を用いていながら）「複合性」（compound）が見えない。熊本は、このような理解によってブラック・フェミニズムの大きな論点の一つであったはずの「女性差別を普遍的な問題とするフェミニズムへの抑圧性」（熊本、二〇二〇、三五七頁）が零れ落ちてしまう事態を危惧している。熊本は、上野の複合差別論のもつ問題から部落女性とフェミニズムとの「距離が縮まらない」（熊本、二〇二〇、三六四頁）理由について考察しており、これはインターセクショナリティが提起された歴史（Schuller 2021=二〇二三）においても重要な論点である。

ただし、「訳語」の理解においても注意が必要である。たとえば、上野による複合差別の議論は、クレンショーが参照されているわけではないが意味として重複する発想でもある。上野が用いた「複合」のもととなる有吉の複合汚染は、化学物質による複合作用を意味している。

フレオン

ピペロニルブトキサイド

除虫菊（ピレトニン）

この三つは、一つ一つは低毒性なのだが、複合されると相乗作用を起し、互いに効果を強めあう。フレオンとピペロニルブトキサイドの相乗毒性と、ピペロニルブトキサイドと除虫菊の相乗毒性だけが解明されている。三種類の複合作用については、学問的にはまだ立証されていない。（有吉、二〇〇二、一七七‐一七八頁）

相乗効果（chemical synergy）としての複合作用は化学的な分子間の相互作用（chemical reaction（interaction））の過程を経た影響とよべるものであり、上野自身も「複数の要因群のもたらす効果は、物理反応よりも、化学反応に似ている」（上野、二〇一五、三五七頁）と記している。化学反応の喩えにおいて、その反応過程を指すのか、反応の結果生じた化合物（compound）を指すのかといった点でも混乱は生じうる議論になってしまっている。

また、別の論点として、『ジェンダー法研究』第三号の特集「複合差別とジェンダー」に掲載されている浅倉むつ子によるイギリス平等法における雇用分野での差別事由の例も挙げておこう（浅倉、二〇一六）。複数の差別事由がかかわる複合差別において、その様態にも次の三種類があることを指摘している。第一に、複数の差別事由をもつ一人の労働者への複数回の差別があり、これは「通常の複合差別（ordinary multiple discrimination）」とよばれる。第二に、複数の差別事由をもつ一人の労働者に対して複数の差別事由を「加算して」なされる差別があり、これは「付加的差別（additive discrimination）」とよばれる。第三に、複数の差別事由をもつ一人の労働者に対する差別事由が交錯されているがゆえに立証されにくくなっている差別がある。この例はクレンショーによるインターセクショナリティの発想に近く、「交差的な複合差別（intersectional multiple discrimination）」または「交差差別（intersectional discrimination）」とよばれる。

浅倉による三種類の複合差別は、一見すると似たような事態で混乱もきたしかねないが、差別解消という面で重要な意味をもつ。たとえば、第二の「付加的差別」は差別が多重であり「より悪質」と思われるが、差別解消の場面に目を向けた場合、どちらか一方の救済が確実になされれば「差別は法的には解消される」（浅倉、二〇一六、三六頁）一方で、複数の差別を組み合わせることでの訴訟上のデメリットも生じうる。その一例として、浅倉は人種的な側面と組み合わせた妊娠による解雇の例を挙げている。つまり、人種と性別を理由とした差別として訴えると、妊娠前に解雇されていなかったことを理由として差別そのものが認められない可能性が生じる。このため、二つのうちより強い効果をもつと思われる差別理由（この場合であれば、妊娠）での訴えであれば認められ、人種と妊娠とを組み合わせた場合は認められない可能性がある。前者の場合、訴えそのものがおこなわれなければ二つの理由が結びついた差別は把握されず、存在しないことになってしまうかもしれない。いわば、訴訟や裁判における「経験則」（小宮、二〇一七）によって、第三の差別（インターセクショナリティ）が生じてしまうのであり、クレンショーが課題としたのはまさにこのような事態である。

この点について、清水晶子はフェミニズムにおけるインターセクショナリティの「誤解」を、インターセクショナリティとは「バラバラの二種類の差別を両方経験する人がいる、という話ではありません」（清水、二〇二二、七六頁）と表現している。つまり、浅倉が例示した第二と第三の分類こそが、インターセクショナリティを理解するうえで重要である。インターセクショナリティを伴う差別を解消するためは、あるいは、インターセクショナリティに着目することによって見出される人びとへの「救済を確実にする」（浅倉、二〇一六、三七頁）ためにこそ、第二と第三の分類が必要となる。

さらに、インターセクショナリティは従来の差別に関する議論そのものを問い直す概念でもある。池原毅和は、障害者差別法制に関する議論の中でインターセクショナリティについて記している。池原によれば、複数の事由が差別を引き起こしている場合には、それぞれの差別禁止事由を別個に分析できる場合と複数の差別禁止事由が融合して差別を引き起こしている場合の二種類があり、交差差別は後者の差別を指す概念である（池原、二〇二〇、四九頁）。交差差別（インターセクショナリティ）についてこのように定義した後に、従来の差別理解が「社会の主流を形成している支配階級の人間をモデルにしている」（池原、二〇二〇、五〇頁）ようなアプローチ（「単一差別禁止事由アプローチ」）そのものを問い直す必要性を論じている。

差別事象は複合的な従属関係と階層に基づいて生じる複合的な事象である。実社会を生きる人間はさまざまな階層集団に所属しているので、交差差別は実は例外的な差別事象というよりも差別事象は一般的に複合的な事象として生じているといってよい。従来の単一差別禁止事由アプローチが、複合的に生じる差別事象を単純化してしまったために差別の一般的な形態ともいうべき交差差別を認識しにくいものにしていたのである。（池原、二〇二〇、五三頁）

池原が論じているように、従来の差別現象とインターセクショナリティとしての差別現象という区別を用いる場合、差別には「インターセクショナリティではない差別／インターセクショナリティである差別」があるという区分が用いている。池原はこのような考え方の前提となる単一差別禁止事由アプローチではなく、「差別事象は一般的に複合的な事象」（池原、二〇二〇、五三頁）といった見方への転換を検討する。池原の指摘は、私たちがこれまでとらえてきた「差別」と、それとは異なるものとしての「複合差別」との根源的な関係を反省的にとらえる課題としても迫ってくるものだろう。なお、池原によるこのような議論は、じつは上野による「複合差別論」にも近い議論にもなりえる。上野は複合差別論における「解放の戦略」として次のように記している。

そして第四に、私には以上のすべての論理的な帰結のように思われるのだが、「すべての被差別者を一挙に解放する」アレクサンダーの剣のような一般理論、または普遍主義への禁欲、または拒否がある。さらに言えばそれが適用可能な「抽象的で対等な個人」という普遍的観念も放棄することである。ここにあるのはさまざまな多元的現実を生きる個人が経験するさまざまな差別という「生きられた経験」であって、それは当事者の言語によって定義され、構成されるほかない。（上野、二〇一五、三九一頁）

このような上野の「戦略」に沿うためには、「さまざまな差別という「生きられた経験」」をいかに描き出しうるのかが課題となる。この課題への応答として、福島智が「複合共生論」（福島、一九九八）で提起した差別者と非差別者との二項対立的な発想ではない共生論がある。福島は、障害者と健常者の共生が語られる際の論調に「障害者同士、健常者同士は、あたかも「すでに、共に生きていることに成功している」かのような、幻想を降りまく効果」（福島、一九九八、二二八頁）を見出し、従来の共生論に代わる「複合共生論」という視点を打ち出している。

加えて、上野が多元的現実とよぶ事態の困難さも理解しておくべきだろう。差別のような個別的とみなされている問題経験は、まったく描き出されずに沈んでいくか、あるいは不安や「生きづらさ」のような心理状態であり、現状への名づけられない不満や不平としてその一部が表出し言語化されていくような、あいまいで不確かな生の過程である。個別的とみなされうる課題を社会的な実践によって解決しようとする際に生じる課題は、社会学では「社会問題のリアリティ定義競合」とよばれる事態を呼び起こす。すなわち、「「問題」を経験しそれに基づいて「クレイム」を申し立てようとする試みは、他者の「ここに問題はない」というリアリティにおいて経験され、定義され、却下されうる」（草柳、二〇〇四、二四頁）といった過程とともにある。インターセクショナリティにある人びとの困難は、体験の描写や理解の困難でもある。「ある種の体験は、それを描写することが不可能なだけではない。それを理解することからして不可能だ」(Emcke 2013＝二〇一九、一〇頁)。インターセクショナリティの発想にもとづく探求とは、こういった経験の描写や理解の困難さに立ち向かうことも伴う。

おわりに

最後に、インターセクショナリティを考えるうえで重要な点を振り返っておきたい。第一に、インターセクショナリティには差別における「重なり」にさまざまな意味がある。とくに、この「重なり」が具体的にどういった場面を指しているかによって、用語としてのズレが生じかねない概念でもある。重なることによって分厚くなっている箇所に注目するのか。または、重なりは同時期に一辺倒に起きているわけではなくある程度の時間の幅をとりながら濃淡をもちつつ生じていることに注目するのか。あるいは、重なることで見えなくなってしまう特徴に注目をするのか。そして、それが裁判や差別解消の仕組みの中でどのように位置づけられていくのか。それぞれの場面において、日本語の「交差」や「複合」といった用語をどういった意味として用いていくのか。これらの課題を抱えた論争的なテーマとして展開されている。

第二に、インターセクショナリティは、従来の差別に対する考え方に依拠して、差別が重なる部分だけに着目すればよいといったような概念ではなさそうだ。清水が「インターセクショナルな分析とは、焦点を絞り込む作業というよりは、これまで注意深く視野から外されてきた部分までを視野に収めるように焦点を絞り直して視野を広げていく作業だ、といえるかもしれない」（清水、二〇二一、一五七頁）と記しているように、これまでの理解に依存せず、むしろ従来の差別のとらえ方から外れてきた事柄にまで関心をむけることが求められる概念である。インターセクショナリティは、現代の差別事象をめぐって微に入り細を穿つことを試みる——平穏に見える日常生活の中にこそ問題性を見出す（Smith 1989）——アプローチとして探求されている課題である。

＊付記
本文の一部は「交差性差別と「生きづらさ」へのアプローチ」として公開研究発表会「障害のある女性と『差別』／『生きづらさ』をめぐって」（二〇二一年三月）での報告内容と重複している。

参考文献

Anderson, Margaret L. and Patricia H. Collins eds., 2020, Race, Class, and Gender, 10th ed., Verso.
アプロ・未来を創造する在日コリアン女性ネットワーク、二〇一九年、『第二回在日コリアン女性実態調査』。
浅倉むつ子、二〇一六年、「イギリス平等法における複合差別禁止規定について」『ジェンダー法研究』信山社、第三号、三三－五五頁。
有吉佐和子、二〇〇二年、『複合汚染』新潮社（四九刷改版）。
Banaji, Mahzarin R., and Anthony G. Greenwald, 2013, Blindspot, Delacorte Press.（北村英哉・小林知博訳、二〇一五年、『心の中のブラインド・スポット』北大路書房。）
Crenshaw, Kimberlé, 1989, "Demarginalizing the Intersection of Race and Sex," The University of Chicago Legal

Forum, 140：139 - 167.

Collins, Patricia H. and Sirma Bilge, 2020, Intersectionality, 2nd ed., Polity.（小原理乃訳、下地ローレンス吉孝監訳、二〇二一年、『インターセクショナリティ』人文書院。）

Deegan, Mary J. and Nancy A. Brooks, 1985, Women and Disability, Routledge.

DPI女性障害者ネットワーク編、二〇〇八年、『DPI女性障害者ネットワーク　活動報告&資料集二〇〇七』。

DPI女性障害者ネットワーク編、二〇一二年、『障害のある女性の生活の困難――人生の中で出会う複合的な生きにくさとは　複合差別実態調査報告書』。

DPI女性障害者ネットワーク編、二〇一六年、『国連女性差別撤廃委員会の第七回・第八回　日本政府報告書審査に関するロビー活動　障害女性たちがジュネーブへ飛んだ！報告書』。

Eberhardt, Jennifer, 2020, Biased, Penguin Books.（山岡希美訳、二〇二〇年、『無意識のバイアス』明石書店。）

Emcke, Carolin, 2013, Weil es sagbar ist, Fischer.（浅井晶子訳、二〇一九年、『なぜならそれは言葉にできるから』みすず書房。）

福島智、一九九八年、「複合共生論」佐伯胖他編『岩波講座　現代の教育第五巻　共生の教育』岩波書店、二〇八－二二八頁。

Giddens, Anthony and Philip W. Sutton, 2017, Essential Concepts in Sociology, 2nd. ed., Polity.（友枝敏雄・友枝久美子訳、二〇一八年、『ギデンズ　社会学コンセプト事典』丸善出版。）

反差別国際運動日本委員会編、二〇〇一年、『マイノリティ女性が世界を変える！』解放出版社。

Hellman, Deborah, 2008, When is Discrimination Wrong? Harvard University Press.（池田喬・堀田義太郎訳、二〇一八年、『差別はいつ悪質になるのか』法政大学出版局。）

hooks, bell, 1981, Ain't I a Woman, South End Press.（大類久恵監訳、柳沢圭子訳、二〇一〇年、『ベル・フックスの「私は女ではないの？」』明石書店。）

hooks, bell, 1984, Feminist Theory, Routledge.（野崎佐和・毛塚翠訳、二〇一〇年、『ベル・フックスの「フェミニズム理論」』あけび書房。）

堀田義太郎、二〇二一年、「差別と社会集団」『思想』岩波書店　第一一六九巻、四三－六七頁。

堀田義太郎、二〇二二年、「インターセクショナリティと差別論」『現代思想』青土社　第五〇巻第五号、七四－八九頁。

池田喬・堀田義太郎、二〇二一年、『差別の哲学入門』アルパカ。

池原毅和、二〇二〇年、『日本の障害者差別禁止法制』信山社。

IMADR-JCマイノリティ女性に対する複合差別プロジェクトチーム編、二〇〇三年、『マイノリティ女性の視点を政策に！社会に！』反差別国際運動日本委員会、解放出版社。

伊藤智佳子、二〇〇四年、『女性障害者とジェンダー』一橋出版。

木村英哉・唐沢穣編、二〇一八年、『偏見や差別はなぜ起こる？』ちとせプレス。

小林昌之編、二〇一七年、『アジア諸国の女性障害者と複合差別』アジア経済研究所。

小宮友根、二〇一七年、「強姦罪における「被害者資格」問題と「経験則」の再検討」陶久利彦編『性風俗と法秩序』尚学社、三〇六－三二七頁。

熊本理抄、二〇二〇年、『被差別部落女性の主体性形成に関する研究』解放出版社。

名古屋市市民局、一九八二年、『障害を持つ女性の生活実態調査』。

草柳千早、二〇〇四年、『「曖昧な生きづらさ」と社会』世界思想社。

Schuller, Kyla, 2021, The Trouble with White Women, Bold Type Books.（飯野由里子監訳・川副智子訳、二〇二三年、『ホワイト・フェミニズムを解体する』明石書店。）

社団法人北海道ウタリ協会札幌支部・部落解放同盟中央女性対策部・アプロ女性実態調査プロジェクト・反差別国際運動日本委員会編、二〇〇七年、『立ち上がりつながるマイノリティ女性』解放出版社。

清水晶子、二〇二一年、「「同じ女性ではない」ことの希望」岩渕功一編『多様性との対話』青弓社、一四五‐一六四頁。
清水晶子、二〇二二年、『フェミニズムってなんですか？』文藝春秋。
Smith, Dorothy D., 1989, The Everyday World As Problematic, Northeastern University Press.
辰己一輝、二〇二二年、「交差点へとアクセスする」『現代思想』第五〇巻第五号、一二四‐一三三頁。
上野千鶴子、一九九五年、「複合差別論」井上俊他編『岩波講座現代社会学　一五　差別と共生の社会学』岩波書店.（再録：上野千鶴子、二〇一五年、『差異の政治学』岩波書店。）
山本崇記、二〇二二年、『差別研究の現代的展開』日本評論社.
Walker, Alice, 1982, The Color Purple, Pocket Books.（柳沢由実子訳、一九八五年、『紫のふるえ』集英社。）

第9章　性と生殖に関する健康と権利（SRHR）の保障に向けて

河口尚子

はじめに

今回の研究における聞き取り調査では、障害女性が特に性と生殖にかかわる場面で、根深いスティグマや偏見にさらされていることがみえてきた。

障害のある心身をもつことで、「女性として望ましくない、価値のない存在」とみなされ、頻繁にそのような言葉を投げかけられたり、結婚を反対された経験が語られた。生理の際には、「子どもも産まないのに」と介助者から疎まれたことや、異性からの介助を受けざるをえなかったつらさが語られた。内診台や検査機械を使うことに困難があり、そのため本来は受けた方がよい女性特有の疾患の定期健診から遠ざかっていたり、生殖機能にかかわる疾患にかかっても、その後の身体的・精神的ケアがなされなかったという経験も語られた。障害女性が妊娠・出産することへのネガティブな対応を受けたり、ヘルパー利用や車いすの給付といった制度が障害女性が妊娠したり子育てすることを想定していない、という問題も明らかになってきた。障害者を性がない存在として捉え、特に特別支援学校（養護学校）では性教育がほとんど行われてこなかった。一方で、障害女性が性暴力の被害にあうなどのリスクが高い実態も語られた。

いまだに障害のある女性の性と生殖に関する権利は、保障されているとは到底いえない状態である。これは、戦後の日本では一九四八年に成立した「優生保護法」の下で強制不妊手術の合法化といった優生政策が、約五〇年という長期にわたって推進されたことが大きく関わっており、そのような歴史的な背景を踏まえて考える必要がある。

本稿では、「性と生殖に関する健康と権利＝セクシュアル・リプロダクティブ・ヘルス／ライツ（以後、ＳＲＨＲと表記）」の概念と成り立ち、また日本の優生保護法と母体保護法における女性、特に障害のある女性のＳＲＨＲをめぐる歴史をふりかえる。

そして障害女性のＳＲＨＲを保障していくためにこれから必要なことについて検討したい。

１　性と生殖に関する健康と権利（ＳＲＨＲ）の定義とその成り立ち

（１）成り立ち

「セクシュアル・リプロダクティブ・ヘルス／ライツ＝Sexual and Reproductive Health Rights」は、ＳＲＨＲと略され、日本語では「性と生殖に関する健康と権利」と訳されている。ＳＲＨＲは四つの言葉の組み合わせで作られている。[*1]

セクシュアル・ヘルス：自分の「性」に関することについて、心身ともに満たされて幸せを感じられ、またその状態を社会的にも認められていること。

リプロダクティブ・ヘルス：妊娠したい人、妊娠したくない人、産む・産まないに興味も関心もない人、アセクシャルな人（無性愛、非性愛の人）問わず、心身ともに満たされ健康にいられること。

セクシュアル・ライツ：セクシュアリティ「性」を、自分で決められる権利のこと。自分の愛する人、自分のプライバシー、自分の性的な快楽、自分の性のあり方（男か女かそのどちらでもないか）を自分で決められる権利。

リプロダクティブ・ライツ：産むか産まないか、いつ・何人子どもを持つかを自分で決める権利。妊娠、出産、中絶について十分な情報を得られ、「生殖」に関するすべてのことを自分で決められる権利。

国際的には一九六〇年代から性と生殖についての権利を求める女性たちによる社会運動が隆盛になった。そして、これらの権利が人権として明確に位置づけられるようになったのは、一九九四年にカイロの国際人口開発会議（International Conference on Population and Development＝ＩＣＰＤ）が開催され、リプロダクティブ・ヘルス／ライツ（ＲＨＲ）という概念が提唱されたこと、さらに翌一九九五年に北京で開催された世界女性会議（World Conference on Women）で採択された行動要領にセクシュアル・リプロダクティブ・ヘルス（ＳＲＨ）という概念が盛り込まれたのが契機となっている。

二〇一五年に採択され二〇三〇年までの先進国を含む開発目標を定めた「持続可能な開発目標」（ＳＤＧｓ）では、健康に関するターゲット3・7にセクシュアル・リプロダクティブ・ヘルス（ＳＲＨ）のサービスへのアクセスが、ジェンダー平等に関するターゲット5・6にセクシュアル・リプロダクティブ・ヘルス（ＳＲＨ）とリプロダクティブ・ライツ（ＲＲ）へのアクセスが規定された。

しかし、セクシュアル・ライツ（ＳＲ）を含む包括的なＳＲＨＲの規定については、保守的な勢力の反対も根強く、新たな国際的な合意文書の策定はされていない。

そのような状況が、二〇一八年にグッドマッハー・ランセット委員会（Guttmacher-Lancet Commission）がＳＲＨＲに関する報告書において、新たな統合的な定義を発表した背景となっている。グッドマッハーは、米国を本部に、ＳＲＨＲに関する研究、政策分析などを行っている研究所で、その研究・分析を、エビデンス・ベース（科学的根拠に基づいた）のアドボカシー（政策提言活動）に提供している。ランセットは権威ある英医学誌で、国際保健や臨床に関する特定の事項に関する委員会を数多く立ち上げ、さまざまな提言を行っている。

---

*1 訳はジョイセフ https://www.joicfp.or.jp/jpn/know/advocacy/rh/ を参照した。

（2）SRHRの新たな統合的な定義

グッドマッハー・ランセット委員会が二〇一八年に発表したSRHRの新たな統合的な定義では、SRHRを達成するために保障していく権利として、以下を挙げている。*2

〈性と生殖の権利（セクシュアル・ライツおよびリプロダクティブ・ライツ）〉

- 自分のからだは自分のものとして、プライバシーや自主決定権が尊重されること
- 自分のセクシュアリティに関して、性的指向や性自認、その表現も含め自由にきめられること
- 性交渉を開始するかどうか、いつするか、決めることができること
- 性交渉の相手を選べること
- 安全で喜びのある性経験をもつこと
- どこでいつだれと結婚するか決めることができること
- こどもをもつかもたないか、いつもつか、なぜ持つか、また何人もつかを決められること
- 右のすべての権利を得るために必要な情報、資源、サービス、支援を生涯にわたって得ることができ、差別や強制、搾取、暴力が無いこと

またセクシュアル・リプロダクティブ・ヘルス必須事業のパッケージとして以下を挙げている。

〈性と生殖に関する健康についてのサービス（セクシュアル・ヘルスおよびリプロダクティブ・ヘルス）〉
・科学的根拠に基づいた包括的性教育（Comprehensive Sexual Education = CSE）など、性と生殖の健康に関する正しい情報やカウンセリング
・性の仕組みとその満足についての情報カウンセリング、ケア
・ジェンダーに基づく暴力や強制の、予防・発見・マネジメント
・安全で効果的な避妊法の選択肢
・安全で効果的な妊娠、出産、産後のケア
・安全で効果的な中絶の提供とケア
・不妊の予防・マネジメント・治療
・ＨＩＶや生殖器の感染を含む性感染症の予防・発見・治療
・生殖器のがんの予防・発見・治療

右記のとおり、必須パッケージの筆頭に「包括的性教育」が挙げられている。包括的性教育とは、

＊2 Starrs, AM, Ezeh AC, Barker G, et al. “Accelerate progress—sexual and reproductive health and rights for all : report of the Guttmacher–Lancet Commission,” The Lancet, Vol. 391, June 30, 2018, p.2642-2692. https : //www.thelancet.com/journals/lancet/article/PIIS0140-6736（18）30293-9/fulltext（＊訳は「ＳＲＨＲ Initiative」を参照した。https://srhr.jp）

ユネスコなどが二〇〇九年に作った「国際セクシュアリティ教育ガイダンス」の中で提示され、セクシュアリティの認知的、感情的、身体的、社会的側面も含めて包括的にカバーしたカリキュラムをベースにした教育と学習のプロセスであり、以下の観点を重視している。

・人権をベースとした教育
・互いを尊重し、よりよい人間関係を築くことを目指す教育
・健康とウェルビーイング、尊厳を実現し、子どもや若者たちにエンパワメントしうる知識、スキル、態度、価値観を身につけさせる教育

八つのキーコンセプトとして、①人間関係、②価値観、人権、文化、セクシュアリティ、③ジェンダーの理解、④暴力と安全確保、⑤健康とウェル・ビーイング、⑥人間の体と発達、⑦セクシュアリティと性的行動、⑧性と生殖に関する健康、となっており、生殖や性交についてだけではなく、人間関係を含む幅広い内容（性的同意、性の多様性、ジェンダー平等、コミュニケーションなど）を体系的に学ぶものである。

委員会は、「健康に関連する姿勢や行動は人生の早い内に形成されることを踏まえ、すべての国で科学的根拠に基づき、国際的な技術指針に則った包括的セクシュアリティ教育の統一課程を作ること（中略）厳格なプログラム評価から導き出される根拠（データ）を元に、性教育によって若者が性的に奔放になり、リスク行動が増えるという都市伝説を打破しなければならない」としている。

2　障害女性のＳＲＨＲ

（1）国連の障害者権利条約

二〇〇六年に国連で採択された障害者権利条約にはＳＲＨＲについて直接的に書かれた条文はないが、強い関連のある条文として第二三条、二五条がある。

〈第二三条　家庭および家族の尊重〉

・婚姻をすることができる年齢のすべての障害者が、両当事者の自由かつ完全な合意に基づいて婚姻をし、かつ、家族を形成する権利を認めること。

・障害者が子の数及び出産の間隔を自由にかつ責任をもって決定する権利並びに障害者が年齢に適した情報、生殖及び家族計画に係る教育を享受する権利を認め、並びに障害者がこれらの権利を行使することを可能とするために必要な手段を提供されること。

・障害者（児童を含む。）が、他の者と平等に生殖能力を保持すること

〈第二五条　健康〉

・障害者に対して性別に配慮した保健サービスを利用する機会を確保すること、他の者に提供され

るものと同一の範囲、質及び水準の無償の又は負担しやすい費用の保健及び保健計画（性及び生殖に係る健康並びに住民のための公衆衛生計画の分野のものを含む。）を提供すること。

上記の条文のみならず、ＳＲＨＲは、他の多くの条文も関係している。障害とセクシュアリティの研究者であるスウェーデンのバーナー（Bahner 2018）は、自国の障害者運動のリーダー、アドルフ・ラッカ氏の「セクシュアリティは個人の生活状況すべての結果である。自尊心と個人の自立という前提条件がなければ、健全なセクシュアリティは存在しない。（中略）重度障害を持つ私たちの多くにとって、性的な解放はセックスカウンセリングやセックスを手助けする機器に依存するのではなく、税金によるパーソナルアシスタンスサービスの利用可能性に依存する。それは私たち自身の生活をコントロールする力をわれわれに授けてくれる」（一九九八年）を紹介し、自立生活を含む多くの条文も複合的に関連していることを指摘している。

（2）ＣＲＰＤとＣＥＤＡＷの共同声明（二〇一八年）

障害者権利委員会（ＣＲＰＤ）と女性差別撤廃委員会（ＣＥＤＡＷ）の共同声明「女性のリプロダクティブ・ヘルス／ライツを保障すること」が二〇一八年八月二九日に出されている。

共同声明は、障害女性も含め、すべての女性のＳＲＨＲを確保していくことが、障害者と女性の両方の権利を尊重することであると指摘している。

「人権を根拠にした（human rights-based）、性と生殖に関する健康についてのアプローチでは、女性の自らの身体に関する決定は個人的なものでプライベートなものである。女性の自己決定を、性や生殖の健康サービス（それは中絶のケアも含む）、についての政策や法制定の中心に置くことである。加盟国は、障害のある女性を含む女性が、性と生殖の健康について自律的な決定をすることができるようにするための適切な手段を採用すべきであるし、その観点から女性が根拠に基づいた、偏見のない情報にアクセスできることを保障すべきである。（中略）女性たちは自らの意思で中絶したことでスティグマを負わされるべきではないし、中絶や不妊手術を自らの意思に反してインフォームド・コンセントのないまま強制されるべきではない。」

3　日本における障害のある女性のＳＲＨＲをめぐる歴史

障害のある女性のＳＲＨＲを大きく侵害したものとして優生思想がある。一九世紀後半、英国のフランシス・ゴルトンは「人間集団の質的向上を目的に、優良な遺伝形質の保存・改良を研究する学問」として「優生学（Eugenics）」を提唱した。生まれつき「優秀な人」と「劣った人」がおり、「優秀な人」の子孫を残すことを奨励し、「劣った人」の子孫を残すことを防ぐことで、人間の集団の改良を図るもので、二〇世紀前半には世界中に広がった。その判断自体に、当時の〝人種〟や障害に対する偏見・差別が反映されていた。

アメリカでは人口の「底辺の一割」を見つけ出し断種（不妊手術）すべきとして一九〇七年に世界

初の断種法が制定され、他の地域・国にも広がった。ナチス・ドイツも一九三三年に同様の法を作り、さらに三〇万人以上の障害者を強制的に安楽死させ（T４作戦）、ユダヤ人を強制収容所に送って大量虐殺する（ホロコースト）などの惨禍が起きた（中野・木畑・梅元・紀、二〇二一）。

（１）優生保護法

日本にも優生思想は導入され、一九四〇年の国民優生法で遺伝性疾患の断種を制定した。だが戦時下の「産めよ増やせよ」政策で執行は停止された（ハンセン病療養所内では、法律に基づかず、優生手術が行われた）。

強制不妊手術が実施されたのは、むしろ戦後の優生保護法（一九四八年）の後であった。優生保護法は、「優生上の見地から不良な子孫の出生を防止する」として、優生手術（優生上の理由にもとづく不妊手術）と人工妊娠中絶を規定した。

中絶の合法化は世界に先駆けていたが、その後の欧米の女性運動のように産む・産まない自由を求める運動によるものではなかった。戦地からの復員・引揚者による人口増加と食糧難、引揚げ女性の性被害への対応として中絶を行っていたなどの時代背景があった（樋口、二〇一八）。

また、戦後はドイツの国家主義的な優生思想は支持を失ったが、アメリカの民主主義的な優生政策は存続した（ブラック、二〇二二／小野直子、二〇二二）。

優生手術は、第三条（本人の同意を要する手術）では、遺伝性疾患や障害の他、ハンセン病が対象とされた。第四条（本人・保護者の同意が不要な手術。審査会による）では「遺伝性精神病」「遺伝性精神薄弱」「顕著な遺伝性精神病質」「顕著な遺伝性身体疾患」「強度な遺伝性奇形」が対象とされた。一九五二年には第一二条（審査会と保護者の同意、本人の同意不要）が新設され、非遺伝性の精神病や知的障害も対象となった。中絶は、堕胎罪の例外規定として医師の判断により実施されたが、一九四九年に「経済的理由」が導入され、実質的な中絶の合法化がはかられた。

一九九六年の優生保護法廃止まで優生手術は国に報告された件数だけでも、第四条と第一二条の約一万六五〇〇件。第三条の約八五〇〇件を合わせて約二万五〇〇〇件あった。優生事由による中絶は、遺伝性疾患約五万一二七六件。ハンセン病七六九六件を合わせて約五万九〇〇〇件。総計約八万四〇〇〇件にのぼった。

さらには法の外の優生手術も行われた。法では術式として卵管・精管を縛ったり切ったりするというものだったが、実際には子宮摘出や、卵巣への放射線照射が行われた。法の対象にもなっていなかった肢体不自由者にたいし、生理をなくし介助の手間をへらす目的であった（これについては第10章参照）。男性に対しても睾丸摘出が行われた。学校に通っていなかったり非行傾向のあった子どもも対象となった。

（2）被害が広がった背景

優生保護法が成立する直前、ＧＨＱ民生局は、法案に対し「個人の私生活と幸福への国家の最も広範な介入だ」との見解を示し、「さまざまな乱用」を招く恐れがあると懸念を表明した。手術の根拠とされた「遺伝性精神病」「強度かつ悪質な遺伝性病的性格」などを「おおざっぱな分類だ」と医学的根拠を疑問視。「ナチスの断種法ですら、医学的に遺伝性とみなされる個々の病気を明示した」と指摘した。それでも日本側は、人口抑制のためとして成立させた。

さらには法務府がお墨付きを与えていたことがある。「基本的人権の制限を伴うが、「不良の子孫の出生防止」という公益上の目的のためには、憲法の精神に背かない。真にやむをえない限度において、身体を拘束したり麻酔薬を用いたり、だましたり（欺罔）してもよい」という旨の通知が出された（一九五三年厚生省事務次官通知、一九四九年一〇月一一日法務府法制意見第一局長回答）。

優生保護法の考え方は、学校教育にも及んだ。保健の教科書には「遺伝性疾患の人との結婚は忌避すべき」と書かれ、そのような生徒指導がなされた。

（3）不幸な子どもの生まれない運動

一九六〇年代後半になると生活環境の改善や医療の進歩により、周産期・乳幼児期の死亡率が低下し、かつては亡くなっていた乳児が命は助かる、だが障害が残ったりすることも生じた。当時、技術的に可能になってきた染色体異常などの胎児の出生前検査を推進して生まれないようにしようと、一九六六年五月に兵庫県衛生部が中心となって「不幸な子どもの生まれない運動」がスタートした。四年余りの間に他県にも広がり全国的な運動になった。障害者団体による激しい抗議を受けて一九七四年四月「不幸な子どもの生まれない対策室」自体は廃止された。しかし、羊水検査・胎児の先天異常研究に予算が投じられるようになり、「障害胎児の中絶という、まさに社会的な問題を、社会の人々、とくに母親の希望という個人の心的感情の問題にすりかえる役割を果たし」た（松永、二〇〇一／土屋、二〇〇七）。

当時の施策で「不幸な子ども」とされたのは、障害のある子どもだけではなかった。出生前検査の対象ではなかったが、「社会的にめぐまれない」子ども、（保育園の利用条件である）「保育に欠ける」子どもも列挙されていた。母親一人による養育を当然視し、そこから外れる子どもはいない方がいい、という価値観がみてとれる。

（４）優生保護法改悪阻止運動

生長の家やカソリックなどの支持を背景に、一九七二年に中絶の要件から「経済的理由」を削除し、胎児に障害がある場合に中絶できる胎児条項を新設する法案が提出された。これをきっかけに反対運動が活性化し、女性運動は実質的に中絶を禁止するものとして反対した。また、「青い芝の会」などの障害者運動が「胎児条項」について強く反対の声をあげ、廃案となった。これ以降、女性運動は障害者運動と対峙する中で、「産む産まないは女性の権利だが、子どもの質を選ぶことは女性の自己決定権ではない」という考え方が提示された。

一九九四年九月にカイロで行われた国連の国際人口開発会議で、障害女性の安積遊歩さんがＤＰＩ

女性障害者ネットワークやＳＯＳＨＩＲＥＮのメンバーとともに現地に赴き、日本の優生保護法の実態をアピールし、国際的な批判が巻き起こった。一九九六年、優生保護法から優生条項が削除され、母体保護法に改正された。

4　強制不妊手術についての国連の報告書

（1）「強制的および非自主的な不妊手術の廃絶―国連七機関合同報告書」（二〇一四年）

国連七機関（ＷＨＯ、ＯＨＣＨＲ、ＵＮ Ｗｏｍｅｎ、ＵＮＡＩＤＳ、ＵＮＤＰ、ＵＮＦＰＡ、ＵＮＩＣＥＦ）の報告書によると、強制不妊手術は歴史的に強制的な人口政策の下、より女性に、特にＨＩＶ陽性者、先住民族、少数民族、障害者、トランスジェンダー、インターセックスといった事由も複合しながら強制されてきた。障害者への同意にもとづかない不妊手術は、差別であり、暴力、拷問（torture）の一形態であり、残酷で非人間的で相手を貶める処遇だとしている。障害者はしばしば〝性のない〟存在とみなされているが、他の人々と同様に性的な存在であり、親になりたいという望みと、性と生殖の権利は奪われてはならないとして、加盟国に強制不妊・強制的中絶を禁止するための法や、行政的に適切な手段を取るように、また障害者が結婚し家族を形成することが可能になるような適切な手段を取るよう要請している（二〇二二年九月の日本の第一回政府報告に関する障害者権利委員会の総括所見でも同様の勧告が出ている）。

同意にもとづかない不妊手術をなくすためには、人権に依拠した（human rights-based）アプローチへ移行し、性と生殖の健康のための包括的な政策やプログラムを提供することが打ち出されている。

（２）特別報告者による障害のある少女や若い女性のＳＲＨＲについての報告書（二〇一七）

国連の障害者の権利の特別報告者を二〇一四年から二〇二〇年まで務めたカタリナ・デヴァンダス・アギラー（Catalina Devandas Aguilar）は、二〇一七年に「障害のある少女や若い女性の性と生殖に関する健康と権利（Sexual and reproductive health and rights of girls and young women with disabilities）」についての報告書を出している。国連加盟国や人権団体、障害者団体も含む市民団体に広く情報を呼びかけ、四七の返答をもとに作成された（資料番号：A72/133）（以後、「デヴァンダス報告」と略す）。

デヴァンダス報告では、「強制不妊手術やそれに類する行為は、今日でもいまだに障害のある少女（一八歳未満）や若い女性（一五歳から二四歳）に対して行われている」と、具体的には次のような指摘をしている。

若い年齢・障害・ジェンダーの交差（インターセクション）が、結果的に差別の形態をより悪化させ、少女や若い女性に特有の人権侵害をもたらしている。障害のある少女や若い女性は、優生思想・月経の管理・妊娠を防ぐなどの様々な理由から、他に比べて著しく強制的・非自主的な不妊手術の被害にさらされている。調査によると、一般の人々に比べると三倍もの高い割合が続いていることを示している。多くの国々の法律のシステムは裁判官、ヘルスケアの専門職、家族、後見人などが、障害のある人々の「最善の利益のために」ということで不妊手術の手続きに同意することを許している。これらの実施はしばしば性的被害にさらされやすいことへの事前予防の手段として、また障害のある少女や若い女性は「親としての適性がないとみなされる」ので、不妊手術は妊娠の「重荷」をなくし、生活の質（ＱＯＬ）を改善させることができるという誤った信念のもとで行われている。

不妊手術は、性的暴力や被害から守ることにはなっていないし、そのような被害から守るという国の義務を免除するものでもない。強制不妊手術は、障害のある少女や若い女性の人格に対して身体的・心理的に生涯にわたる重大な結果を招く、受け入れられない行為である。ただちに根絶させ犯罪化すべきである。両親やヘルス専門職はしばしば月経をコントロールするために避妊薬を使っている。障害のある少女や女性は注射を打ったり、子宮内部に器具を埋め込まれたりしている。障害のある少女や女性が、障害のない少女や女性と同じようには月経に対応できないとみなされて、月経の苦痛と不快感から自由にするという意図のもとでの、子宮摘出といった外科手術が行われている。これらの実施は介護者の利益を優先しており、個人に損害をもたらすものであり、個人の尊厳や人格の否定である。

5　日本におけるＳＲＨＲをめぐる現在の課題

母体保護法に変わり、優生条項は削除されたが、女性のＳＲＨＲが保障されているとはいえない。

既に多くの国々が中絶を非犯罪化しているなかで、日本は刑法「堕胎罪」で人工妊娠中絶を禁止している。その上で「母体保護法（かつての優生保護法）」が例外規定として、中絶が可能な条件を規定している。この二つの法律を使って、産まれてくる生命を妊娠した女性の外側から統制（コントロール）する形になっている。妊娠は女性一人ではできないにもかかわらず、その結果については、男性は罪にとわれず女性のみに罪をきせている。

人工妊娠中絶の決定権は医師にあり、女性の意思は法律には明記されていない。

また中絶には配偶者の同意が必要となっている。どうするかは夫婦やカップルが相談して決めることであるが、妊娠した女性と相手男性の意思が異なる場合、この規定があるために、相手男性の意思が女性の意思よりも優先されてしまう。さらに、ＤＶや性暴力による妊娠であっても、医療機関は訴訟リスク回避のため、女性に対して相手男性の同意のサインをもとめ、中絶できなくなっている問題も生じている。アクセスのみならず、費用も高額になっている。

一九九六年の法改正時、国会で議論されず、強制不妊手術の過去の検証も、実態調査も行われなかった。被害者への謝罪や補償を求めて「優生手術に対する謝罪を求める会」などの支援団体が活動してきたが、この問題が社会一般に広く知られるようになったのは、二〇一八年一月に仙台地裁に被害者が提訴してからのことである。教育などの啓発活動も行われなかったため、障害者などを「不良な子孫」とみなす差別意識は変わらず続いている。

女性に対する「障害のない子を産んで育てるべき」という規範は、いまだ強固である。女性の身体が「産む機械」としてモノ化され、胎児の障害の有無により、産むか産まないか選択を迫られる状況は、変わっていない。

(1) 強制不妊手術から出生前検査へ

現代の優生思想は、国家による障害者とされた人たちの不妊手術という形態から、個人による生まれる前の胎児や受精卵を生殖技術を使って選別する形態へと変化している。「胎児に障害があったら中絶してもいい」、「遺伝性疾患のある人は自然妊娠してはいけない」という新たな優生思想が再燃している。一方でゲノム解析により、誰もが疾患につながるような遺伝子をもち、障害のある子が生まれるのは人間にとってごく普通なことだと明らかにもなった。

さまざまな出生前検査を受けたからといって、それは病気や障害のない子どもが生まれることを保障するものではない。また実際に胎児に障害がわかって中絶をしたとしても、それは妊娠がなかったことになるわけではない。出生前検査の結果により中絶を選択したことで、心身不調になるケースも報告されている（室月、二〇二一他）。障害があったら生まれなくする、という考え方の先にあるのは、人が自然妊娠により子どもをもつことそのものの否定であろう。

(2) 中絶の権利と出生前検査について

二分脊椎の障害女性で障害学者のサクストン（一九九八）は、障害へのネガティブな視線が女性を出生前検査に向かわせることを問題視しつつも、中絶する女性への非難や中絶自体を制限する主張につながることを警戒している。サクストンは障害者と女性の両方の立場から、中絶自体は女性の権利として認めるべき、と述べている。

青い芝の会も、一九九六年一月には、優生保護法が出生の質の管理するものであり、刑法堕胎罪が量の管理であることから、障害者差別と女性差別を同時に解放しなければならないとして、優生保護法と刑法堕胎罪の同時撤廃を求める要望書を提出していた。

二〇〇三年に「障害者政策研　障害者差別禁止法作業チーム」（障害者運動の当事者による政策研究会）の「障害者差別禁止法　要綱案」に「胎児の障害を理由にした中絶を禁止する」という文言があった。それに対してＳＯＳＨＩＲＥＮは「障害をもった胎児の中絶だけを禁止し、それ以外の中絶は認めるのか？　その場合、どうやって見分けるのか？　出生前診断が必要になるおそれはないか。胎児の障害の有無で中絶の可否を決めるという枠組みを法律の中に作ることは問題ではないのか？」と問うた（その後文言は削除された）。

また生命倫理学者の齋藤（二〇二二）は、中絶を原則禁止し例外要件で認める、という現在の法の枠組みでは、出生前検査を「ガイドライン」等で規制したとしても、結局のところ「障害のある胎児は産まなくていい」というメッセージになり、優生的になってしまう。優生的運用に傾けない施策として、中絶を非犯罪化し、女性のＳＲＨＲを保障して、妊婦にカウンセリング、選択肢の提示、ケア・サポート情報が届けられることで、「産むこと産まないことも咎めない」というメッセージになるのでは、と述べている。

出生前検査等の問題は、まず医療・生殖技術が用いられる際に露呈する優生思想の問題として考えるべきで、中絶そのものの制限することにつなげるべきではないだろう。

6　聞き取り調査等からみえた障害女性のＳＲＨＲの課題

障害のない女性のＳＲＨＲも達成されていない中で、障害のある女性のＳＲＨＲはさらに多くの面で課題がある。恋愛・結婚、妊娠・出産については第4章、性暴力被害については第5章を参照されたい。障害女性のＳＲＨＲの課題として次の一〇項目に整理した。

（1）情報へのアクセスの困難

学校教育で、性教育を受ける機会がほとんどなく、情報にアクセスができない。家族や施設などでも性教育をすると性的行動を誘発する「寝た子を起こすな」という偏見が性教育にある。教育からの排除また利用可能な方式（点字や手話、わかりやすい言葉）での情報提供に壁がある。は、知らないままにおかれることで、結果的に性被害などへのリスクを高めることになる。

（2）生理についてのネガティブな経験

生理は、第二次性徴とともに、自らの女性性について意識する大きな契機であるが、生理が来ると、「子どもも産まないのに」などの否定的な言葉が投げかけられたり、異性による介助をうけなければいけなかったりなど、生理が否定的な経験となってしまう傾向にあった。生理を隠すことを美徳とし、経血漏れをあってはならないこととする女性規範が、障害女性にとって抑圧的になる場合もある。

（３）性的主体化の困難

女性が性に受け身であることが望ましいとされる文化の中では、性的主体であることを意識しにくい。また障害者としての意識が優先し、女性としての意識をもちにくい。障害のある自身の身体をセクシュアルだと認識しづらく、自らのセクシュアリティを肯定しづらい。

（４）親密な関係をつくることの困難

スティグマと偏見により、女性として価値のない存在とされる一方で、性的に利用されやすく、肯定的なセクシュアリティを築きにくい。

親密な関係性を築く上で、プライバシーを尊重する介助者の確保が必須であるが、その確保が困難な状況にある。

(5) 結婚の困難

結婚に際しては、家事や子育てなどのケア役割を期待され、それが果たせないとみなされると反対される（障害者同士であっても）。

また健常者と結婚した場合には、家族に介助者役割を担ってほしくないという本人の意思に反して、自治体からヘルパーの時間の削減が提案されることも、しばしば生じている。

(6) 妊娠・出産の困難

障害者同士の結婚であっても、イエ制度との関係で、障害のある女性は跡継ぎを産むことを期待されることもある。反対に障害のある子どもが生まれることの危惧から、妊娠の際、中絶や出生前検査をすすめられる。

妊娠に際しては、障害者の妊娠・出産への偏見から、疾患の専門医と産科の連携がなされにくい。医療機関からリスクを理由に出産の受け入れを断られる。

障害者支援の制度が妊娠による身体状態の変化を想定しておらず、追加の支援がえられにくい。

(7) 子育ての困難

障害者支援の制度が乳幼児を子育てすることを想定していないため、子どもを抱えた状態での日常生活に困難が生じる（子どもを抱えて移動するために電動車いすを希望しても給付は受けられず、個人的に借りて対処したなど）。

国の通知では、障害のある親が障害福祉の居宅介護サービスを子育てに使うことを否定はしていないが、自治体により対応はまちまちである。児童のサービスは子ども虐待予防の観点から行われている。障害のある親が障害のない親との平等を基礎として、子どもや家族をケアする権利、親役割を果たす、ということを想定していない。

障害者支援と子育て支援の連携がされない。子育ての困難への対処は、障害のある女性の自助努力に頼っている。一方で、地域での母親とのネットワーク作りや、子どもの場に出ていくことでの障害理解、社会啓発を促す機会になっている。

（8）暴力からの安全確保

性暴力については、障害のある女性が性のある存在として認識されていないため、安全確保の対策がとられない。また暴力は、障害のある女性に対して影響力があり、頼らなければいけない相手、家族や介護者、専門職などから受けている。

一般よりもかえって性別役割分業が強化されがちなために、ＤＶ被害にあっても離婚しにくい。また離婚の際、障害のない女性は子どもを引き取っていることが多いが、障害のある女性の場合、婚家に置いてこざるをえない場合が多くなっている。

一方で、今回の聞き取り調査の対象が、施設ではなく、地域で生活している人たちが中心であったため、現在も暴力を受けている、という人はいなかった。

これは、「自立生活」と本人を理解している介助者を確保することが、暴力被害からの抑止につながっていることを示している。

（9）相談機関・警察・シェルター・司法機関へのアクセス

相談機関や警察に相談しても、性被害・暴力などがあったことを信じてもらえなかったという話もあった。さらには言語障害や視覚障害があると、証言能力が疑われ、加害者が罪を免れがちであった。DVなどからの避難シェルターが、障害女性にとってはバリアフリーの環境や情報保障がなかったり、介助者が中に入れない等の理由から、利用が困難なこともある。

裁判所で情報保障・合理的配慮がこれまで保障されてこなかったため、司法に訴えることが困難であった。

（10）更年期、高齢期のＳＲＨＲへの対応の困難

更年期になると婦人科のトラブル等が生じやすいが、障害のある女性の婦人科検診の受診にはハー

ドルがある。さらに障害のある女性が子育て等で無意識に無理を重ねてきた結果、加齢による二次障害が重度化してしまう。

7　障害女性のＳＲＨＲを保障していくために

近年、障害女性のＳＲＨＲを推進するための基盤となる法改正が行われてきた。障害者差別解消法では、これまで合理的配慮の提供の法的義務は公的機関のみであったが、二〇二四年度からは民間事業者にも課せられることになっている。

司法へのアクセスでは、情報保障の義務化はまだであるが、優生手術被害者の各地の裁判では、聴覚障害者に対する手話通訳や要約筆記の提供が実施され、車いすユーザーの傍聴席を用意するなど、改善がはかられつつある。

刑法の性暴力規定についても、暴行・脅迫要件を満たさないと性暴力と認められなかったが、不同意の性行為を犯罪化する方向に向かっている（二〇二三年六月の刑法改正でようやく「同意のない性行為が犯罪になりうる」ことが示された）。

このように改善が進んでいる部分もあるが、障害女性を性的存在として認めるように変化させていくのは、優生思想の長い歴史もあり容易ではない。

デヴァンダス報告では障害女性のＳＲＨＲのための勧告を行っている。それらの勧告も参考に、取り組むべき事項を次の六つにまとめた。

（1）法的・政策の枠組み

障害のある女性のＳＲＨＲを認知し、情報、物品、サービスにアクセスすることを阻んでいるすべての法律的な障壁を取り除き、障害女性が自律的に決定する権利を保障すること。特に強制不妊手術やその他の慣習を禁止すること、適切な権利擁護を確保し、自由で十分な情報が提供される権利を保障していくこと。またＳＲＨＲについての行政の計画全体に障害女性を中心に位置づけ、すべての性や生殖に関する情報、物品、サービスを年齢、性、障害に応じてアクセスできるように保障すること。

セクシュアル・リプロダクティブヘルス（ＳＲＨ）のサービスは、障害女性の権利を重んじるように保障すること、それは差別を受けない権利、どんな医療的処置についても事前のインフォームド・コンセントを優先すること、プライバシー、拷問やその他の残酷で非人道的で名誉を傷つけるような処置からの自由、を含む。

（2）教育

障害女性のための包括的・インクルーシブ・アクセス可能な性教育のプログラムや教材を、学校制度の中や外で計画し、実施すること。

（３）警察・シェルター・裁判所・権利擁護の機関へのアクセス

警察・シェルター・裁判所などの、暴力から身を守るためのサービスやプログラムは、障害女性にもインクルーシブでアクセス可能であることを保障すること。法を執行する行政職員・検察官・裁判官に対して、障害女性を暴力から守るための適切な研修を提供すること。

独立した人権のモニタリングを促進し、支援すること。

（４）差別のない社会への意識変革

障害女性のＳＲＨＲに対する社会の認知を変え、強制的な不妊手術・強制的な中絶・強制的な避妊を含むすべての形態の暴力を終わらせる、意識向上のためのプログラムを実施すること。

特に身近な家族に対して、情報・教育・サービスの提供を通して、スティグマやステレオタイプから自由になり、障害女性の性と生殖についての健康と権利に対しての理解を深めること。

（５）障害女性の参画

これらを実現するためには、障害女性がＳＲＨＲに関連する、すべての公的な決定のプロセス——

それは性やジェンダーによる暴力や、その他の虐待に対応した法律、行政手続きの開発を含み、その参画は、安全な環境、かつ年齢や障害に配慮した支援の下に行われるのを担保するものであるが――に直接参画することを保障していくこと。

(6) データの収集

政策策定の前提として、障害女性のＳＲＨＲに関連して、害のある慣習やすべての形態の暴力も含み、ジェンダーや年齢・障害で分けられた統計・研究データを公的なデータとして収集すること。

デヴァンダス報告では「障害女性の社会への包摂とジェンダー平等は、ＳＲＨＲに取り組むこと抜きには達成できない」と指摘している。ＳＲＨＲの実現のためには、障害女性の参画を確保しながら取り組んでいくことが重要であろう。

参考文献

芦野由利子、大橋由香子、柘植あづみ、二〇二三年、「優生保護法から母体保護法への「改正」におけるリプロダクティブ・ヘルス／ライツをめぐる攻防―堂本曉子元参議院議員に聴く―」『明治学院大学社会学・社会福祉学研究』一六一巻、二九一‐三二〇頁。

Catalina Devandas Aguiler,2017, “Sexual and reproductive health and rights of girls and young women with disabilities” UN A/72/133.

ＣＲＰＤ・ＣＥＤＡＷ委員会共同声明「すべての女性、特に障害のある女性の性と生殖の権利を保障するために」、二〇一八年八月二九日。（Joint statement by the Committee on the Rights of Persons with Disabilities（CRPD）and the Committee on the Elimination of All Forms of Discrimination against Women（CEDAW）“Guaranteeing sexual and reproductive health and rights for all women, in particular women with disabilities” 29 August 2018.）

エドウィン・ブラック著、西川美樹訳、貴堂嘉之監訳、二〇二二年、『弱者に仕掛けた戦争――アメリカ優生学運動の歴史』人文書院。

樋口恵子、二〇一八年、「引揚女性の「不法妊娠」と戦後日本の「中絶の自由」」『戦争と性暴力の比較史へ向けて』岩波書店。

Julia Bahner 2018, “Mapping the terrain of disability and sexuality：from policy and practice” https://www.ritsumei-arsvi.org/en/publication/ars-vivendi-journal/back-issues/special-issue-disabled-women-and-sexuality-no-11-31-december-2019/

国際連合、二〇二二年、「障害者の権利に関する委員会　第27会期　日本の第１回政府報告に関する総括所見」https：//www.mofa.go.jp/mofaj/files/100448721.pdf（＊外務省による仮訳）

厚生労働省社会・援護局障害保健福祉部障害福祉課「障害者総合支援法上の居宅介護（家事援助）等の業務に含まれる「育児支援」の取扱いについて（事務連絡）」令和三年七月一三日。

厚生労働省社会・援護局障害保健福祉部障害福祉課、厚生労働省子ども家庭局家庭福祉課、厚生労働省子ども家庭局母子保健課「障害福祉サービス事業者における障害者の希望を踏まえた適切な支援の徹底等について（事務連絡）」令和五年一月二〇日。

松永真純、二〇〇一年、「兵庫県「不幸な子どもの生まれない運動」と障害者の生」大阪人権博物館紀要／大阪人権博物館編、五号、一〇九 - 一二六頁。

室月淳、二〇二一年、『出生前診断と選択的中絶のケア』メディカ出版。

『毎日新聞』「強制不妊手術　ＧＨＱ「医学的根拠不明」日本側押し切る」二〇一八年六月二四日。

中野智世・木畑和子・梅原秀元・紀愛子、二〇二二年、『「価値を否定された人々」――ナチス・ドイツの強制断種と「安楽死」』新評論。

日本脳性マヒ者協会全国青い芝の会総連合会「優生保護法の完全撤廃を求める要望書」一九九六年一月二六日（二〇一八年九月六日、厚労省公開、その他の資料（6）より）。

小野直子、二〇二二年四月二二日、「戦後優生政策の国際比較　第3回研究会　「1930～40年代アメリカにおける優生学の変容―生殖・家族・人口問題」報告」。

Saxton,M. “Disability Rights and Selective Abortion” ” in Abortion Wars, A Half Century of Struggle : 1950 to 2000. Rickie Solinger (ed) Berkeley, CA : University of California Press, 1998
衆議院議員『旧優生保護法に基づく優生手術等を受けた者に対する一時金支給等に関する法律第二一条に基づく調査報告書』令和五年六月一九日。

https://www.shugiin.go.jp/internet/itdb_rchome.nsf/html/rchome/shiryo/yuusei_houkokusho.htm
ＳＯＳＨＩＲＥＮ、「一緒に考えてください！「障害者差別禁止法　要綱案」」『私のからだから』二一六号（二〇〇三年一一月一一日発行）。http：//www.soshiren.org/news/20031111_01.html
齋藤有紀子「出生前検査・着床前検査が女性にもたらすスティグマ」、「ゲノム問題検討会議セミナー生まれてくるいのちの選別をめぐって―着床前・出生前検査の急拡大を問い直す―」二〇二二年一月一六日開催。

杉浦真弓、二〇一七年、『エビデンスに基づいた不育症・習慣性流産の診療』金芳堂。

ティアナ・ノーグレン著、岩本美砂子、塚本久美他訳、二〇一三年、『新版：中絶と避妊の政治学：戦後日本のリプロダクション政策』岩波書店。

柘植あづみ、二〇一二年、『生殖技術と親になること―不妊治療と出生前検査がもたらす葛藤』みすず書房。

土屋敦、二〇〇七年、「不幸な子どもの生まれない運動と羊水検査の受容過程」『生命倫理』一七巻、一号、日本生命倫理学会。

UNFPA, 2018, “International technical guidance on sexuality education. An evidence-informed approach〟Geneva：UNESCO, UNAIDS, UNFPA, UNICEF, UN Women and WHO. https：//www.unfpa.org/sites/default/files/pub-pdf/ITGSE.pdf

WHO（OHCHR, UN Women, UNAIDS, UNDP, UNFPA, UNICEF and WHO. World Health Organization）, “Eliminating forced, coercive and otherwise involuntary sterilization〟, 3 May 2014.（「強制的および非自主的な不妊手術の廃絶――国連七機関合同報告書」、訳は筆者による）

第10章　語られ、問い返され、重ねられてきた経験
――一九八〇年代の障害女性たちの子宮摘出問題をめぐる対話から

瀬山紀子

はじめに

障害のある女性たちが、〝障害〟のある〝女性〟という立場で発言し、活動をはじめたきっかけは、どのようなものだったのだろうか。また、そこで、どのようなことが語られ、誰と、どのような対話が重ねられてきたのだろうか。もちろん、それは一つの流れではなく、さまざまな流れがあり、時代的にも、複層的に重なるいくつもの流れがあるといえる。

筆者は、以前、日本における女性障害者運動の歴史的な流れの一端を記した文章、「声を生み出すこと――女性障害者運動の軌跡」のなかで、特に一九七〇年代から八〇年代にかけての脳性麻痺などの全身性の身体障害のある女性たちを中心とした活動と、九〇年代以降の障害者自立生活運動のなかで展開されたピア・カウンセリングの実践を、障害女性の声を生み出してきた活動と位置付けた（瀬山、二〇〇二）。

障害種別を超えたネットワークとして活動しているＤＰＩ女性障害者ネットワークは、一九八六年

当時、DPI日本会議の副議長だった樋口恵子の呼びかけで、「女性障害者の問題を話し合える集団」として結成されている（樋口、一九九八、一一八頁）。樋口は、一九八五年にバハマで開かれたDPI第二回世界会議の際、「ファッションショーが開催され、障害をもつ女性から激しいブーイング」があったこと、その後、「女性だけの集まりがもたれ、介助者でも男性はだめと拒否して、毎晩、会議をもち」、最終日に、「障害をもつ女性は、〈女性〉と〈障害者〉という二つのハンディをもっている。今回、ここに集まってきた人たちは、みな、障害女性のもつ社会的な障壁をなくすために、共に闘っていく同志なのか？　そうでないのなら、私たち障害女性はこの場を離れ、自分たちの組織をつくっていく」という宣言を前置きに、「DPIにおける各ブロック・地域・国の役員の男女のバランス、障害女性にたいする啓発セミナーなど、いくつかの提案」をして受け入れられたという経緯を記している（樋口、一九九八、一一六–一一七頁）。こうした経験を経て、日本でも、障害女性の活動を進めようと、DPI女性障害者ネットワークがつくられた。DPI女性障害者ネットワークは、その後、一九九六年の優生保護法の優生条項（「優生上の見地から、不良な子孫の出生を防止する」という条文）の削除と母体保護法への改正あたりまで活動し、一時休止していたが、二〇〇七年に開かれた「DPI世界会議韓国大会」への参加を機に活動が再開され、現在まで活発な活動を展開している。[*1]

*1　DPI女性障害者ネットワークの活動については、団体ホームページを参照のこと。なお、筆者は、二〇〇七年以降、DPI女性障害者ネットワークの活動に、現時点では障害のないメンバーとして関わっている。https：//dwnj.chobi.net/

障害のある女性たちは、これまでも、そして現在も、さまざまな試行錯誤を続けている。そうした積み重なりのなかに、今に続く、対話と問いかけが含まれている。ただ、そうした積み重なりは必ずしも現在に生きる人たちと共有されているとはいえず、過去の活動がもっと知られてよいと感じる場面は少なくない。

そこで、本章では、改めて、一九八〇年代半ば、車いす市民全国集会[*2]ではじめてもたれた女性障害者分科会に端を発する、障害女性たちの、特に、月経や子宮摘出をめぐる語りと、そこからつくられていった活動について触れ、今に続く問いかけについてみていくことにしたい。

1　車いす市民全国集会・「女性障害者」分科会

日本では、施設や親元ではない、地域での暮らしを求める運動が一九六〇年代終わりから七〇年代に各地ではじまり、一定の広がりを見せていた。そうした流れのなかで、「重度」とされる障害がある人も施設や親元ではない、地域での暮らしをはじめ、一部の人は、周囲の反対をおして、出産や子育てなども経験するようになっていた[*3]。

そうしたなかで、一九七九年九月に東京で開かれた第四回車いす市民全国集会の分科会のなかに、「女性障害者」分科会がはじめて設けられることになった。この「女性障害者」分科会とは、どのような経緯で設けられることになったのだろうか。この点について、当時、この分科会に主催者として関わった、障害女性当事者の堤愛子の説明をみておこう。

障害者運動が、いわゆる同好会、お茶のみ会的性格から脱皮し、社会運動的な性格をもつようになって約一〇年。これまで、施設の自治会闘争や、就学、就労闘争、街づくり運動等、どれもが障害をもつ〝男たち〟を中心としたものだった。障害をもつ女たちは「障害者」という言葉でくくられ、その中で「女」という性をもつことを長い間社会から忘れられてきた。第四回車いす集会で、「女性障害者の問題・分科会」が発案されたのも、「これまでこういう集会では、女の人はほとんど発言をしないが、街づくり運動の中で、たとえば車いすで使いやすい台所を考える際、女の立場からの意見を聞きたい」という、男たちの声がきっかけだった。だが、男たちの提起を受けた私ほか四名の分科会担当者（障害を持つ女三名、もたない女二名）は、「台所は女が入るもの」という発想じたいにこだわりをもち、とりあえず障害をもつ女たちの現状を見つめ、本音をつなぎ合うことを分科会の目的とした。（堤、一九八二、一一三頁）

---

*2 車いす市民全国集会は、一九七三年に、朝日新聞厚生文化事業団と仙台市、仙台市福祉のまちづくり市民の会の主催で開かれて以降、全国各地で実行委員会形式により、一九八九年の第九回まで、隔年で開かれていった集会。この集会の歴史的経緯や意義については、廣野俊輔（二〇一六）に詳しい。

*3 脳性マヒ者が中心となった「青い芝の会」が全国で活発に活動を展開していたのが一九七〇年代。車いす市民全国集会も一九七三年から隔年で開催されていた。また、東京では、東京都重度脳性マヒ者等介護人派遣事業が一九七四年にスタート。

このように、「女性障害者」分科会は、運動に携わっていた男性障害者たちからの声かけがきっかけとなり、その声かけの背景にあった、性別役割分業の考え方への疑問を出発点に開かれていた。そして、当初男性たちが期待したものとは異なる、女性たち自身の、生活するなかでの本音をつなぐ場をつくろうということが目的に据えられた。そうした女性たち自身の本音を出す場で主に話し合われることになったのが、子育てと自立というテーマだった。

分科会は、二日にわたって開かれている。当時の車いす市民全国集会報告書によると、九月二二日午前は、参加者三〇人、プログラムは自己紹介と自由討議、午後は、「2倍以上にふくれ上がった」とある（車いす市民全国集会運営委員会、一九八一、四六頁）。このときに、「じゅんぺいとえいたの子育ての記録」、「サッちゃんの自立」という二つのテーマが設定されていた。翌二三日午前、参加者三〇人で自由討議があったという。

報告書によると、この最後の自由討議での話は、「前日同様、異性介護の問題から始まり、やがて話題は生理の問題に移っていった」とある（車いす市民全国集会運営委員会、一九八一、四七頁）。そして、「「車イスにすわっていることが多いので、普通のナプキンでは丸まってしまうことが多くて困る。だが施設ではタンポンは身体に有害だからといってさせてくれない。本当に有害か」（埼玉、CP（引用者註：脳性麻痺）女性）」といった疑問に対して、「「そんなことはない。私はいつも介助の人にタンポンを入れてもらっている。初めは介助の人もとまどうかもしれないが、慣れればうまく入れてくれる。」（東京、在宅のCP女性）」といった応答があったことも記録されている（車いす市民全国集会運営委員会、一九八一、四七頁）。

障害女性たちにとって、異性介助の問題や、月経や月経用品についての話題は、過去から現在に至るまで、切実なテーマだ。そして、男性を中心とした障害者運動の場では語り難い話題であることも続いている。そうした現状から見ても、この当時、すでに、障害女性たちの本音を語り合う場として設定された分科会で、月経介助や月経用品の使い方について対話があり、当事者同士での情報交換や意見交換がなされていたということは、記録としても重要な事柄だと言えるだろう。本章でもみるように、障害女性たちは、その後も、繰り返し、介助者を伴う月経についての経験を語り合ってきている。

そして、その流れのなかで、大阪から来たＣＰの女性による次の発言があったという。

人に迷惑をかけてまで、生理があったり、出産をしたりするのはどうかと思う。いっそ子宮を取ってしまったらどうか。私自身、子宮をとってしまって良かったと思っている。ただ、子宮摘出手術は法的に認められていないので、莫大なお金がかかる。そのため手術を受けられずに困っている友人もいる。子宮摘出手術を法的に認めるべきではないか。（車いす市民全国集会運営委員会、一九八一、四七頁）

報告書には、この発言に対して反論が続出した、とある。ただ、同時に、この発言をきっかけに、それまで秘匿されてきた子宮摘出の問題が表立って語られるきっかけがつくられ、分科会でも、「現実問題として、ある施設では園生に子宮摘出をすすめ、表向きには盲腸ということにして手術をしている」という告発があったという記録も残されている（車いす市民全国集会運営委員会、一九八一、四七頁）。また、この発言をきっかけに、月経介助の問題や、重度の障害女性が子どもを産み、育てることなど、分科会では、さまざまな意見が交わされたとある。

2　集会後に語られた思い

集会で子宮摘出について発言をした女性の思いが記された文章として、集会が開かれた同年、一九七九年の一二月に出された『そよ風のように街に出よう』の1号に掲載された記事を紹介しておきたい。

記事は、車いす市民集会で発言をした「大阪からきた女性」＝森野和子へのインタビュー「車いすひとりある記　中年女性障害者（脳性マヒ）の立場から　森野和子さんの巻　聞き手／牧口一二」で、次のような発言が記されている。

生理があるでしょ、女性には。私の知っている女性、中年の人だけれど、〈卵巣とって、メンスのないようにしてほしい〉と、深刻に言ってはる。私はCPだけれど、日常生活がしやすくなるため、早くから卵巣とっている。お世話になったお医者さん、今はエライ人になったはるけど、名前は絶対に言われない。今は、法的に認められていないらしいから。彼女もそれで困っている。生理がなかったら、毎日の生活が、ずっと楽になるし、外出をしやすくなると思うけれどね。

こんなことが、9月に東京であった「第4回車いす市民全国集会」の女性障害者問題分科会で、もっと話し合われないとダメやと思う。全然出てこなかった。私が発言したら、みんなから総攻撃をくらった。私が「卵巣摘出手術を法的に認めよ。」と言ったからだと思うけれど。

（中略）

全国大会では、重度の脳性マヒの人が、子供を産んだ映画があってね。みんなは、〈あの障害で、よう産んだなあ〉と、ほめちぎるのよね。自分で子供を育てられない人がほめられて、私みたいに卵巣を取ってしまった者は批難されるの、どうしてもおかしいわ。納得できない。（森野、一九七九、一八－一九頁）

森野は、日常生活をしやすくするために自ら卵巣をとった、という。そして、そうした選択が認められてもよいはずだ、と主張している。森野は、その後、一九八一年一〇月に大阪で開かれた、第五回車いす市民全国集会の「女性障害者問題分科会」でも話し手となり、自らの経験を語り、子宮摘出をすると「女ではなくなる」、「結婚ができなくなる」とされることへの違和感を表明し、他の参加者からの反発も受けながらやりとりをしていたことが記録されている（車いす市民全国集会運営委員会、一九八三、四一－六二頁）。

3　集会後に続いた語り合いの場——むかい風の活動

第4回車いす市民全国集会の女性障害者問題分科会は、翌年の一九八〇年に、分科会を担当した五人が運営委員となった女性障害者の問題を考える会「むかい風」の発足につながっている。その会で、障害のある女性たち同士の勉強会や語り合いの場が継続的にもたれていった。

『むかい風一〇周年記念文集』から、一九八一年九月例会報告を紹介したい。

9月の例会は、2年前の東京集会・女性障害者の問題・分科会のときから問題になっている、子宮摘出手術の是否について、手術をした方がいいかと悩んでいる、あるいは受けてしまったという4つのケースをもとに討論をしました。主な意見は、だいたい次の通りです。

①手術をしたいという場合、多くの人が人に介助を頼むことに抵抗をもっている。↓「迷惑」をかけているという考え。

②私たちは、多くのことに介助をうけなければ生きていけない。生理の介助だけ別、というふうには思えない。

③生理とか紙オムツ等、人に見せたり話をしたりすることに対し、「恥ずかしい」「はしたない」という意識がある。特に中年以上の人に強い。もっと、アッケラカンとしていきたい。

④母親や施設の意思で子宮摘出を決められてしまうことがある。障害児の親は、子供と自分を同一

化する傾向がある。親と子は全く別の人格であり、別の人生を歩むものである。
⑤子宮摘出をしたあとの後遺症がこわい。ホルモンのバランスがくずれるのではないか。
⑥たとえどのような場合でも、あまり簡単に子宮摘出という結論を出さないでいきたい。障害者でも、子産み、子育てができる可能性は十分にある。また子供とつながらなくても、やはりあるべきものを簡単にとるのはいやだ。紙オムツとかタンポン等、いろいろ試行錯誤していきたい。
⑦女の性をオモチャにする男の意識にも問題がある。（むかい風、一九九〇、四九頁）

こうした話し合いを経て、一九八一年一〇月には、パンフレット『女として障害者として』がまとめられている。パンフレットには、次の文言が書かれている。

生理のことについては、むかい風の中でも何度か話し合ってきた。「シンドイから子宮をとる」のではなく、「シンドイ月経と向き合うことは、私たちが自分の障害と向き合うのと同じことだ」と考え、互いの工夫（タンポン、紙おむつ、ナプキンを重ねて使う等）を情報交換してきた。さらに、トイレの話と同様「月経をなぜ恥ずかしいと思うのか、介助する人もされる人も、互いの経血や手当する所を見せ合い月経に対する意識を変えていくような、人間関係を作っていくべきなんじゃないの」という方向に話が進んでいる。（むかい風、一九九〇、四七頁）

そして、「むかい風がやろうとしてきた、「女であり、障害者であることのとらえかえし」とは、言いかえれば日常生活の中で感じる様々な「常識」や「価値観」を問い直すことだったように思う」（むかい風、一九九〇、四六頁）と締めくくられている。

この記録からは、分科会以降も、障害女性たちが、月経や子宮摘出について、さまざまな試行錯誤を重ねてきていることが読み取れる。そして、介助を必要とする自分たちの側が、「生理とか紙オムツ等」について人と話したりすることに対して、「恥ずかしい」、「はしたない」という意識を持たされていることに気づき、健常者を中心とする社会の「常識」や「価値観」をこそ変えていこうと、話し合いを重ねていたことが読み取れる。

4　女性運動との対話――『月経　女たちのリズム』の出版

むかい風が発足したのと同時期、「ウーマン・リブ」[*4]の流れを組む女性たちの活動のなかで、月経についての体験や知識を交換しあい、月経を見直す助けとなるような本をつくりたいと、「月経に関するアンケート」を全国の女性グループを通じて集めるという活動が行われていた。[*5]むかい風のメンバーもこの本づくりに関わっている。

関わりの経緯について、むかい風のメンバー、堤愛子は次のように記している。

アンケートは、私が編集グループに加わる前に作成された。私はグループの一人からアンケート用紙をもらい、「むかい風」のメンバーである数人の障害をもつ女たちに配った。そのさい、何人かに頼まれて記入の代筆をしたが、質問事項に障害をもつ女を含んだ視点がほとんど見られず、答えに窮することがたびたびだった。「障害をもつ女の視点を入れた本にしてほしい」そんな思いで、私は編集グループのミーティングに参加した。そこで「障害をもつ女とともにこの本を作ろう」というメンバーたちと意見が一致し、ともに編集作業をするようになった。（堤、一九八二、一一四頁）

そのアンケート項目のなかで障害のある女性たちがとまどった問いの一つに、「初潮に気づいたとき、まず誰にそれを伝えましたか」という設問があった。「重い障害をもつ女たちの月経は、他人との関わりの中で始まる」（堤、一九八二、一一五頁）もので、誰に伝えるか、という選択肢自体が、障害のある女性たちにとっては存在してこなかった。特に日常生活に介助を必要としている障害のある女性たちは、月経のはじまりを、誰かに「伝える」よりは、介助をしている人、つまり、親やきょうだ

---

*4 ウーマン・リブ（women's liberation の略称）は、一九六〇年代後半から七〇年代前半にかけて世界的に展開された女性解放運動を指している。日本でも、一九七〇年以降、女性だけでのデモの開催、「リブ合宿」、「リブ新宿センター」などの活動、拠点づくりが行われ、一九七五年頃にかけて活発な活動が展開された。

*5 本の土台となったアンケートは、一九八〇年八月下旬から九月末にわたり配布されたもので、「配布のルートは主として編集グループのメンバーが個人的に関わりをもっている女や、女の運動グループを通じて、地域、年齢、職業などが片寄らないよう、気をつけながら配り」、「配布数は約八〇〇通。十一月末までに返ってきたのは四〇七通（記名二二七通、無記名一八〇通）」（女たちのリズム編集グループ、一九八二、二一四頁）だったという。また、この本は、一九八二年に現代書館から発行された後に、一九八八年に、講談社文庫版として、初版の現代書館版をもとにした本が出版されている。

いなどの家族や、施設職員、学校教員などに、「見られる」ものとして経験し、否が応でも、他者との関わりのなかで経験せざるを得ない。その意味で、月経は秘匿すべきものという社会的な規範は、特に、月経時に、他者との関わりが必要な障害のある女性たちを苦しめるものとして作用しているのではないか。だからこそ、こうした規範は変えていく必要がある、というのが、障害のある女性たちの声だった。

一方で、この本のなかで、堤は、「苦痛の種である「他人との関わり」を、逆に積極的に作りだし、その中でよりよく月経とつき合おうとしている人もいる」（同前）と書き、障害のある女性たちが、月経を一人で完結させられないことが、逆に、月経の語りを開いていく可能性にも言及している。

そして、「結婚や子産みを期待されず、子宮をとれといわれる障害をもつ女と、結婚して子どもを産め、子宮はとるなといわれる、障害を持たない女とは対立するのではなく、実は同じ根っこの部分（女＝子宮＝子産み）で差別、抑圧を受けている、ということ。その根っこに対して、イヤだといっていきたい。子宮（月経）があっても、なくても、子どもを産んでも、産まなくても、女であることには変わりないんだから」（堤、一九八二、一九〇－一九一頁）とのまとめに至っている。

5　問い返し、捉え返す話し合い――ミニコミの記録から

月経についての本づくりが進められていたのと同時期に、やはり、むかい風のメンバーなどが関わり、月経や子宮摘出手術の課題について文章を掲載するなどしていたミニコミ誌に『ドン・キホーテ』

がある。このミニコミ誌は、一九七八年に東京で発刊されたもので、一九八六年に三〇号で終刊している。

以下で、『ドン・キホーテ』一九八一年九月二〇日号（『ドン・キホーテ総集編』、ドン・キホーテ、一九八八所収）に記された堤愛子の文章を紹介したい。

討論をくり返す中で、はじめは子宮摘出手術そのものを「悪い」と決めつけていた私が、「なぜ手術をするのか」の「なぜ」の部分に、こだわらなければいけないのではないかと思うようになっていった。たとえば、私が話を聞いたAさんという障害者は、「家族以外の介助をうけることが苦痛だったから」手術をうけたという。もし彼女の理由をそのまま肯定してしまえば、「家族以外の者に介助を受けるのは、よくない」イコール「障害者の世話は家族がすべき」という思想を、しっかりと支えてしまうだろう。／また、「企業の中でハンディーなしに働くために月経はない方がいい」という人もいるが、それは健常者の男を中心に作られた社会のペースを、そのまま支えることに、つながっていくのではないだろうか。そんな社会は、どうしても私たち障害者をはじき出してしまう。（『ドン・キホーテ』一九八一年九月二〇日号）

この文章からも、当時、子宮摘出手術をめぐって障害のある女性たちが、手術そのものの是非にとどまらない、それを要請してくる社会のありようや、個々人の意識のありようを問い返しながら、健常者男性中心ではない社会のありようを考える手立てとして、考えを重ねていたことがわかる。

6　女性たちによる告発・自己表明——『女性「障害者」の差別への怒り』、『私は女』

一九七九年の車いす市民全国集会の反響は、子宮摘出手術を受けた障害女性たちによる手記の発行といった新たな活動にもつながっていた。その一つに、集会後に出されたパンフレット、『女性「障害者」の差別への怒り』がある。そこには、東京都北区で、「障害者の足を奪い返す会」をつくり、都電の車いす乗車拒否問題をはじめとした交通問題を中心に、地域での生活権獲得を訴えた猪野千代子による、「私は子宮をとってしまって後悔している」という文章と、千葉県の障害者入所施設ベテスダホームでの生活を経て、「「障害者」が地域で生きる会」を結成し、活動していた鈴木利子による「私の青春を返して」という二つの文章が掲載されている。いずれの文章も、限られた生活のなかで、子宮摘出をすることを決断せざるを得ない状況に置かれ、実際に手術に至ったという流れと、その後の周囲からの反応や自身の心身の不調についての経験が記されている。

ここでは、猪野千代子の追悼文集に掲載された文章から一文を紹介しておきたい。

私の体には、大きな手術の傷痕が三つ残っている。一つは子宮摘出の傷痕だ。それは思い詰めてどこにも頼るところが無くて、自分から決心してとったものだったが。「あんた子宮がないんだってね」と心あるならば言わないで。その言葉はさらに私の傷をえぐる。「子宮のない女」は男にとって女じゃないのだから。でもこんな私にとって、女って、そして男って何だろう。子宮があろうとなかろうと、それがなんだ。私はやっぱり〝女〟なのだ、そんな気持ちは、しかし現実の生きづらさの前に崩れていった。（猪野千代子、二〇〇〇、四頁）

加えて、鈴木利子の声として、『私は女』という、二一人の「重度女性障害者」を、金満里、岸田美智子の二人が訪ね、障害のある女性たちが、「どんな思いで生きてきたのか、どんな風に生きているのか」を聞いたものをまとめた本のなかに収められた次の一文も紹介しておきたい。

摘出手術をした後で、何が悲しかったって、手術したこと自体悲しかったけど、手術の後、寮長や職員に「えらいわねえ」っていわれたの。寮長も職員も、おんなじ女なのに、私の気持ちなんか、なーんにもわかんないくせに、私がどんな思いで手術したのかもわかんないくせに「えらいわねえ」っていわれたのがすごくくやしくて、悲しかった。
「みんなもあなたみたいだったらいいのにねえ」っていわれて、事実、私が手術して以来、（生活施設のなかで）ドドドッというかんじで手術する人が増えたのね。（鈴木、一九八四＝一九九五、三七－三八頁）
「障害者であって何が悪い」という開き直りはできるよね。それから「子宮をとってなぜ悪い」というのも、とっちゃったんだからできる。でも、子宮をとってしまったものが「とるべきではなかった」っていうことを、いじいじしないで、やってかなきゃいけないわね。（鈴木、一九八四＝一九九五、四五頁）

おわりに

本章では、一九七〇年代の終わりから八〇年代にかけての、障害女性たちによる活動の発端やそこで交わされてきた対話、そこから生み出されてきた活動を見てきた。そのなかで、重度とされる障害女性たちの自立・結婚・出産・子育てにスポットライトがあたった一九七〇年代の終わりに、それとは異なる子宮摘出をめぐる語りや主張があり、複雑に言葉が交わされてきたことを確認した。

当時語られた子宮摘出は、一九六〇年代から一九七〇年代にかけて行われたもので、術後、一定の時を経て、はじめて公の場で、自分が受けた手術について語ったものと考えられる。当時書かれていたものを読むと、子宮摘出は、多くの障害のある女性たちにとって、いつ自分がその対象となってもおかしくない身近なものと感じられていたこともわかる。加えて、それは公には語れない／語られないものでもあった。

背景には、女性が「子宮」や「月経」を含む「性」について公に語ることをよしとしない、ジェンダー規範、性規範の問題があり、同時に、「結婚・出産・子育てをする（障害のある）女性」にはスポットライトがあたり、「産めない女性」や「産まない女性」は沈黙させられてしまうという、現在にも続いている、女性同士の分断の問題もあった。

子宮摘出についてのその後の対話では、「なぜ子宮摘出をしたのか」がテーマとなった。そのなかで、月経時のたいへんさや、月経時に介助を受けることのつらさ、月経がタブー視されていることなどに話が及んでいった。そして、月経時のたいへんさを軽減するために、タブー視されてきた月経について女性同士が語り合う場ももたれていった。また、月経時に介助を受けること／介助することについても語り合いの場がつくられ、関係性の模索がなされた。

このとき、ここで記してきたような、障害女性と女性運動との対話もあり、女性の身体に向けられた社会のまなざしや規範（産むべき女性／産むべきではない・産めないとされる女性）に焦点があてられた。

障害のある女性たちの集いの場や語り合いのなかで、それまでの障害者運動のなかでは捉えられてこなかった、「女性であり」「障害者である」自分たちの問題を捉えていこうとする機運もこの時にうまれている。そして、子宮摘出を選択した／せざるをえなかった女性たちの経験が書かれ、語り合われ、世に出されていった。

ただ、施設の仲間や身の回りで、子宮摘出が行われていたり、ほのめかされていたりしたという証言はあったものの、実際に、自分の経験として子宮摘出について語った人は当時も多くはなかった。加えて、そうした証言は、その後、必ずしも、語り継がれてきたとは言えず、この問題に再び光があたるのは、二〇一八年からはじまった一連の旧優生保護法国家賠償請求訴訟以降のことだ。[*6]

過去、障害女性たちが、一筋縄ではないかたちで、集い、障害女性同士での本音の語り合いの場を

---

*6 二〇一八年にはじまった一連の旧優生保護法の国家賠償請求裁判では、神戸の鈴木由美さん、東京の西スミ子さんの二名が、過去に受けた「子宮摘出手術」についての損害賠償を求めている。一連の裁判に関する情報は、優生保護法被害弁護団のサイトに詳しい。http：//yuseibengo.starfree.jp/

必要とし、そこで、子宮摘出の問題や月経をめぐって、多くの語りを開き、対話を重ねていたことは、もっと知られるとよいと思う。そこで語られてきたことは、いま、月経をめぐり障害女性たちが経験している生きにくさにも通じる。それと同時に、それを少しでも解いていくことにも通じる道ではないかと思う。

＊付記
本章で取り上げている「女性障害者の問題を考える会「むかい風」の記録文集や、ミニコミ『ドン・キホーテ』の総集編などは、それらの活動に関わっていた堤愛子さんから提供していただきました。記して感謝します。堤愛子さんの80～90年代の書き物の一部は、HP「堤愛子の世界（http://aichan.world.coocan.jp/）」で公開されています。

参考文献

ドン・キホーテ編集、一九八八年、『ドン・キホーテ総集編』ドン・キホーテ。

樋口恵子、一九九八年、『エンジョイ自立生活　障害を最高の恵みとして』現代書館。

――――、二〇〇七年、「リレー連載　障害女性は今　～韓国・日本編　わたしたちはよく似た経験をしてきている」『われら自身の声』Vol.23－1、DPI日本会議、四〇－四五頁。

廣野俊輔、二〇一六年「自立生活運動としての「車いす市民全国集会」：一九七〇年代後半から一九八〇年代にかけての運動」『福祉社会科学』6号、大分大学大学院福祉社会科学研究科、一七－四一頁。

むかい風、一九九〇年、『むかい風10周年記念文集』。

猪野千代子、一九八一年、「私は子宮をとってしまって後悔している」『女性「障害者」の差別への怒り―子宮摘出手術』

「障害者」が地域で生きる会、六－七頁。

——、一九八二年、『在宅重度障害者の生活　——交通と行政との10年間の闘い』障害者の足を奪い返す会。

——、二〇〇〇年、「生きざま「障害者」として、女として」『猪野千代子さんを追悼する』猪野千代子さん追悼集編集委員会。

岸田美智子・金満里編、一九八四＝一九九五年、『新版　私は女』長征社。

車いす市民全国集会運営委員会、一九八一年『第４回車いす市民全国集会報告書』車いす市民全国集会運営委員会。

車いす市民全国集会運営委員会、一九八三年、『第５回車いす市民全国集会報告書』車いす市民全国集会運営委員会。

「第12回車いす市民全国集会・熊本」報告書編集委員会、一九九六、『第12回車いす市民全国集会・熊本　報告書』「第12回車いす市民全国集会・熊本」実行委員会。

森野和子、一九七九年、「車いすひとりある記　中年女性障害者（脳性マヒ）の立場から　森野和子さんの巻　聞き手／牧口一二」『そよ風のように街に出よう』（季刊一号）、関西障害者定期刊行物協会、一四－一九頁。

女たちのリズム編集グループ、一九八二年、『女たちのリズム　月経・からだからのメッセージ』現代書館。

「障害者」が地域で生きる会、一九八一年、『女性「障害者」の差別への怒り—子宮摘出手術』「障害者」が地域で生きる会。

境屋純子、一九九二年、『空飛ぶトラブルメーカー』教育史料出版会。

鈴木利子、一九八一年、「私の青春をかえして」『女性「障害者」の差別への怒り—子宮摘出手術』「障害者」が地域で生きる会、九－一〇頁。

——、一九八四＝一九九五年、「Are You Ready?」岸田・金編『新版　私は女』長征社。

瀬山紀子、二〇〇二年、「声を生み出すこと——女性障害者運動の軌跡」『障害学の主張』明石書店、一四五－一七三頁。

——、二〇〇五年、「障害当事者運動は、性をどのように問題化してきたのか」『セクシュアリティの障害学』明石書店、一二六-一六七頁。

――――、二〇一八年、「優生保護法が問いかける現在進行形の課題」『女性展望』六九二号、九-一一頁。

――――、二〇二〇年、「障害のある女性たちのリプロダクティブ・ヘルス＆ライツ＆フリーダム」『福音と世界』新教出版社、七五巻三号、二四-二九頁。

堤愛子、一九八二年、「月経なんていらない？　障害をもつ女たちの月経」『女たちのリズム　月経・からだからのメッセージ』現代書館、一〇八-一二二頁。

――――、二〇〇七年、「障害女性は今（韓国・日本篇）わたしたちはよく似た経験をしてきている」『季刊ＤＰＩ』二三巻一号、ＤＰＩ（障害者インターナショナル）日本会議、四〇-四五頁。

コラム３

障害のある女性が性と生の主体になるために

小森淳子

性は、健康で美しい身体というイメージで語られることが多いため、障害のある女性は、性とは関係のない存在としてみなされやすい。そのうえ、優生保護法の歴史に見られるように、次世代の再生産を担うことを期待されない障害女性は、当たり前のように性から遠ざけられる。

私はアテトーゼ型脳性まひの当事者だが、幼い頃から「あなたのような子がおしゃれをしたり、誰かを好きになったりすることは恥ずかしいことなんだよ」と教えられ、三歳年下の妹とは対照的に、障害者だからと言って、いつもショートカットでズボンをはかされた。初潮を迎えても、私だけお祝いはなかった。そんな子ども時代を送った私は、性を肯定できるはずもなく、自分の身体に対する嫌悪感だけが残った。また、恋をしてはいけないというのは、セクシュアリティとともに内面の自由をも奪うものである。

子どもは三、四歳を過ぎる頃、性別を問わず、自分の身体を探検しはじめる。いろんなところを触っていき、やがて、心地よさや快を感じる身体の部分として、性器にたどりつく。しばらくは、性器に触れることに関心を抱く子どももいるが、これが、性的主体を立ち上げる最初の入り口である。その時に親や保育士たちが、いやらしい「性器いじり」として強く禁止したり咎めたりすると、その子は性を否定的にとらえるようになってしまう。重い肢体不自由のある女の子は、自分の手で自分の身体を探検し、性器に触れるということがまず難しい。自分の身体を自分の手で確認したり、大きな鏡で自分の裸を見つめたりする経験もなく、日常的に他者の手で介助されることで、「これが自分の身体なのだ」という意識が育まれにくい。介助を必要としない身体障害のある女の子も、障害のない女の子と比べて、そのような精神的余裕がなく、もともと好きではない自分の身体を探検する意欲も湧かないかもしれない。このように、障害のある女性は、性的主体を立ち上げるスタートラインに立つのも困難なのである。

　思春期から青年・成人期に至っても、障害のない女性のように、障害のある女性がセルフプレジャーという行為を知っていくには、いくつものハードルがある。セルフプレジャーとは、生殖を目的とするだけでなく、「快楽」を追及するものとしての性を最も明確に表す行為であり、自己の身体を使って楽しみ、性欲を含む自己コントロールや、自己の性的な傾向を知る発見を促し、時にひとりになる力、秘密を持つ力を必要とする行為である。子どもから大人になる過程で、性的な自律をめぐって大切な行為なのだが、いつも親や介助者がそばにいる障害の重い若者たちにとっては、一人になれる時間がなく難しい。情報にアクセスするのも困難である。

　とはいえ、同じ障害者であっても、男性のセルフプレジャーは射精で終わるという客観的なわかりやすさがあるためか、そういう欲求を声に出しやすい。射精介助などの支援や性産業にアクセスして、自分の性的な生活を楽しんでいる人もいる。

　しかし、障害女性の場合、全く状況が異なってしまう。そもそも女性は、障害の有無を問わず、性の知識なども たず、男性に身を任せ「受け身であること」が求められてきた。男性が自分の遺伝子を受け継いだ子どもに自分の財産を受け継がせ、男性優位の社会を存続させるためには、快楽の性は男性のものにする必要があり、女性は快楽の性を知るべきではないとされた。それが長く支配的な女性の性規範であったため、女性が自分の性欲を表明すれば、性規範から逸脱した女性とみなされてしまう。

　障害のない女性であれば、そうした「逸脱視されるリスク」をコントロールできるが、様々な支援や介助を必要とする障害女性はそうはいかない。例えば、最近では手が不自由な女性向けに、セルフプレジャーの自助具も開発されているが、それをインターネットで購入できたとしても、届いた荷物はヘルパーに開けてもらわなければならない。「逸脱視されるリスク」をコントロールできないどころか、それによって支援や介助を受けにくくなる可能性も生まれる。社会全体が「女らしさ」の規範から解放されない限り、障害女性はセルフプレジャーまでたどりつけない。自分で自分の身体を知ることや欲望を自覚すること、そして「自分の身体の中にある快」に出会い、性と生の主体になることへの道はたやすく閉ざされてしまう。

　「女らしさ」の規範からの解放を実現させるものが、

包括的性教育である。包括的性教育とは、性行為に関する科学的な知識だけではなく、ジェンダー平等や性の多様性といった人権尊重を基盤とした性教育であり、快楽の性も含めて性を肯定するものである。この包括的性教育がすべての学校で実現されることが望まれる。

さらに、海外ではセクシュアル・プレジャー（Sexual Pleasure）という新しい概念が提唱され、快楽が重要であるということが国際的に言われ始めている。セクシュアル・プレジャーとは、自分一人もしくは他者との性的な快楽や性的な喜びのことを指し、他者の人権と幸福を侵害しない限り、性的経験は多様であり、すべての人にとって肯定的な経験であり、他者から侵害されるものでも評価されるものでもないとされる。二〇一九年にメキシコシティで開催された性の健康世界学会で全世界に向けてセクシュアル・プレジャー宣言が採択された。*この概念は、人口政策として権力の介入を受けてきた生殖の性の縛りから、人々を解放するものである。こうした流れに鑑みて、生殖の性から排除されてきた障害のある女性たちが、性と生の力強い主体になりうる日も近づいていると感じる。

*森下恵理子、二〇二一年、「助産師に求められるセクシュアル・プレジャーの視点」『季刊セクシュアリティ』九九号、エイデル研究所。

座談会

「生きづらさ」からの脱出／「生きづらさ」との折り合い

参加者：伊藤葉子、河口尚子、後藤悠里、瀬山紀子、土屋葉、時岡新、渡辺克典

本書では、障害のある女性への聴きとりから、女性たちの生きづらさの経験の記述を重ねること、彼女たちにそのような経験をさせている背景や社会構造について考えることに主眼をおいてきた。ただし、障害のある女性は単に受け身の存在であるのではなく、そこから脱出する、あるいは日々対応する「生存戦略」を有していると思われる。聴きとりのなかでは、彼女らがどのように生き抜いてきたかについても語られた。この座談会ではこうした彼女たちの技法に焦点化し、生きづらさの解消の方途について考えてみたい。

同じ立場の人と出会う

土屋：伊藤さん（第3章）は、複数の発達障害のある方への聴きとりをされていますが、発達障害のある方の生きづらさからの脱出に関して、いかがでしょうか。

伊藤：お話を聞かせていただいた発達障害の方々は、当事者団体や当事者をサポートしている人とのつながりをもっている人たちでした。そういう前置きがあるにしても、同じ立場にある人と出会えるかどうかは本当に大きなことだなと思います。

ご本人は「生きづらいとか、差別されたって思ってたわけじゃない」って言うかもしれないけれども、「自分だけちょっと違う気がする」「このもやもやした感情はなんだろう」とは思っている。「やっぱり、自分がいけないんじゃないか」という経験を積み重ねて、ずっとボディーブローのように痛めつけられてる。当事者グループと出会うことで「この感覚はあっていいのだ」と実感できるのは、自分自身を承認・了解していく最初の一歩として、すごく重要な瞬間なんだなって思う。

ただ、単純に同じ立場の人に出会えればいい、というのは違うように感じる。どういう場に出会い、そこがどういう場として設けられているか。ピア（同じ立場の人）に出会う以前に、その場が居心地の悪さがない空間として運営されていないと。

土屋：同じ立場の人に出会えればよいというわけではない、場の設定や運営の問題もあるというのは、その通りだと思います。精神障害のある方で当事者グループに参加したけれど、自分が抱えている問題について語れなかったし、参照できる語りにも出会えなかったと語った方がいました。特に男性がいかに職場復帰するかという話題ばかりで、家事や子育ての困難は語られないと。

伊藤：いろんなつながり方があるでしょうし、だからこそ本人の困りごとによって選べる環境を整える必要があるかなとも思います。たとえば子育て、就職、パートナーとの関係、親との関係、というように、トピックスごとになんでも話せる場があってもいいかもしれない。

とくにお話を聞いた発達障害の人は、つながり方のバリエーションが豊富でした。当事者が運営してるカフェのような対面の場所に出入りする人もいれば、ブログやTwitter（現「X」）など、ニックネームしか知らないネット上での情報のやりとりも。

土屋：ピアカウンセリングに出会ってとても良かったという方がいる一方で、それが辛い経験になったという方が、身体障害の方でいました。同じ障害をもっているからこそ比較してしまう、元気が出る反面落ち込むこともあると。あと、ピアカウンセリングで感情が抑えられず心を壊したという方もいました。

河口：ピアカンの場は、安心安全で何を言ってもいい特殊な場で、今まで蓋をしてきた心の傷や負の感情を吐き出すんですよね。感情をディスチャージ（外に出して解放）することで本来の自分を取り戻すことができる、それがピアカンの意義だと思う。一方で、蓋を外すと危ないものは、別に出さなくてもいいし、見ないふりをして通りすぎるのも基本的にはオッケーだけど、自分を見つめすぎるとやばいってことはあるように思います。

瀬山：当事者の人たち同士の出会いの場の一つとして、ピアカンもあるけど、それが合わないと思った場合、違うものがあるとか。そういった情報にどういうかたちで出会えるかというのもポイントで。いろんな当事者の人たちの活動とかピアカン的なこととか、いろいろなものがあるみたいな情報に、出会えないでいる人のほうがきっと多いのだろうと思います。そういう情報との出会いをどうつくりだせるのかなと思いました。

多様な相談の場

土屋：思い出したのですが、DVを受けていて誰にも相談できなかった方が、唯一思いを受け止めてくれたのは宗教だったという話がありました。山のなかの宗教施設で気持ちを聞いてもらって救われたと。宗教的なものに救われたという人は多くいて、たとえば、宗教関係者の紹介で手話ユーザーの人とつながって世界が広がったという聴覚障害のある方もいました。当事者団体や自助グループだけではなくて、多様な場が障害のある女性を受け入れるということも大事だなと思います。ただ、最初の例は宗教施設の人が何かしてくれたわけではなかった。どこかにつながっていたら、もっと違う救われ方があったかもしれないなとは思いました。

間口ということでいえば、DVの相談窓口にしても女性相談窓口にしても、障害のある女性が相談に来ることを想定してないので対応できていない、という批判はこれまでにもありました。相談機関や対応者の間口を広げていくことが必要なのかもしれません。

伊藤：相談する場が広がるのはいいと思うんですけど、それぞれの相談対応の場が、障害であり女性であることを踏まえて相談を受けるスキルを身につける必要がある。やっぱり、伴走してくれるような人がほしい。トピックスごとに対応されるだけではない、障害があり女性である自分の生き方について、今までもこれからもみすえながら話せる、相談できる、安心できる、そういう人か場所があるといいなと。

河口：本来的には、伴走型支援というのを、行政なりソーシャルワーカーがやる位置づけにはなってきてるんでしょうけれども。ただ性暴力被害の話でいえば、福祉の相談機関が機能していた様子はなかった。逆に、加害者が福祉関係者の場合、福祉の窓口に相談しづらい。行政の窓口と福祉がつながってるじゃないか、そういう話をしても信じてもらえない、みたいなケースはある。有名な水戸アカス事件[*1]も、マスコミに発覚するまで、被害者は福祉事務所に何回も相談に行っていました。

土屋：暴力に関して相談しづらいというのは、おそらく障害女性だけではないと思うのですが、それに輪をかけて、福祉関係者や施設関係者が暴力を振るっていた本人だった場合だと、より発覚しづらい、問題化しづらいということはありますよね。

河口さんが取り上げた、性暴力被害にあった方で、こういう方法で生き抜いた、という語りはありましたか。

河口：うーん、みなさんご本人さんが本来もっている力で回復した感じがします。肢体不自由の方が、担任の先生からいじめにあってて、その状況のなかで同級生の男の子から下着を撮影されたという経験を話してくださいました。担任の先生への腹いせに彫刻刀で自分を傷つけようと思ったけれども、手に力が入らずに果たせなかった。そのときに「この体のおかげで死ねないぞ、これは生きろということなんだろう」って。その開き直り方が身体障害の当事者だからこそだと感銘を受けました。瀬山さんの論考にも、生理が人に見られるのがあたりまえ、そこを他人と関わるって転換していく、という方がいましたよね。やっぱりそれは価値観の転換かなって。

「生存戦略」／「乗り越え」／「折り合い」

時岡：ここまでは「生きづらさから抜け出す」という話題でしたけど、第7章で聴いた歌林さんのばあいのキーワードは「割り切り」で、それは「抜け出す」とは違うでしょうね、乗り越え方とは言えるかもしれないけど。あるいは「障害受容」でもないと思います。「リセット」っていうのも頻出する表現なんですけど、それは「生存戦略」とも違う。実情としてはやっぱりくりかえし、リフレインしてるんだろうなと思うんです、何度も何度も。たった一回割り切っちゃえばそれで終わりってことはなくて。リセットっていうのも「日々リセットしてる」。ちょっと言いすぎかもしれないですけど、それは過去完了形の乗り越えじゃなくて現在かつ未来完了進行形の乗り越え。

土屋：乗り越えというよりは、日常生活のなかでの折り合い、でしょうか。

時岡：結婚とか出産というイベントだけを取り上げれば、結婚式を挙げたり出産するまでが大変だけど、それを通過すればよい。だけど日常生活ってそうではなくて、歯を磨くとか、トイレに行くとか、買い物に行くとか、着る服とか、毎日毎日ことあるごとに折り合いをつけ続ける。折り合いこそが「ザ・生存」ですよね。[*2]

なにか嫌な状況があったとして、全部飲み込む気はないんだけど、すっかり変わったり無くなったりもしないから、あんまり工夫のない言葉を使うと共存になるんだけど、お互い無傷で共存するわけじゃなくて、そういう話を折り合いって言ってるんだと思うんですよね。理不尽さも受け入れる。でも何かは拒絶するわけですよ。

土屋：生きづらさから「抜け出す」とか、どのように生き抜いてきたかという「生存戦略」といった話をしようと思っていたのですが、今のお話だとそもそも「抜け出す」とか「乗り越え」ではなく、日々どのように「折り合い」をつけて日々暮らしていくか、がすなわち「生存」である、ということでしょうか。

時岡：この座談会の前提を問い返すことになるかもしれないけど、研究者が「生存戦略」という言葉で価値判断してしまう可能性に疑問があって。今回の調査で「生きづらさ」っていう問いかけをしてよかったなって思うのは「しかたないんですよ」っていう声が拾えたことなんです。「私、こうだからしかたないんですよ」っていう、これは「生きづらさ」そのものだと言えますし、それが拾えたことはよかった。そこまではよかったのですが、そこで得られた情報の解析をどの立ち位置でするのかという問題、研究者の立ち位置に絡む価値判断をもち込んでしまうという問題がある。「生存戦略」について考えるとなると、せっかくの「しかたなかった」を「しかたなかった」で終わらせない、というか。別の例で言うと、たとえば「私は障害をもってるけど、子ども産んで育てましたから一人前です」と語った人に、こちらが「いやいや、それは健常者幻想に絡め取られてるっていうことですよね」って、語り手本人には言わなくても分析のなかでは事実上、価値判断してしまう。その人の生き方としてはそれこそが正解なわけですよ。私たちはあくまで、言われたことを聴きとってそれを書き留めることが第一義的に重要だと思うんだけど。

河口：私は、生存戦略っていうことを考えたわけじゃなく、生きづらさを書いたものをぽんと出して、これを読んだ障害女性が、こんなひどい話があるのか、と胸を痛くして終わりじゃなくて、元気がでるエンパワメント、女性運動でいう「個人的なことは政治的なこと」そういうものがあればいいんじゃないかと思ってました。

土屋：もともとこの研究プロジェクトは、障害のある女性が、単に抑圧され差別される側に置かれる「ヴァルネラブル（脆弱）」な存在ではないということを強く意識していた、その意味では、価値判断をすでに含むものであったと思います。河口さんが言われる、エンパワメントのためのモデルを構築することも最終的な目的の一つでした。そうした視点で、語りのなかから私たちが見出した「出会いの空間」や「情報の獲得」や「相談の場」、あるいは「しかたない」というあきらめがあることなどは、エンパワメントモデルを考える際の、重要な鍵になるのではないでしょうか。

一方で私たち研究者の立ち位置も、エンパワメントや差別にかかわる「空間／場」と関連することがあるなと感じることがありました。たとえば、聴きとりの際には対象者の方に必ず「男性研究者が同席してもよいですか」と確認していたのですが、「やめてほしい」と答えた方が少なからずいらっしゃって、渡辺さんと時岡さんが参加しないことがありました。本書では焦点化しませんでしたが、このプロジェクトのなかでの研究者の立場性や、お二人がどのような立ち位置で何を見ていたのかも、取り上げてもよかったかもしれません。

渡辺：このプロジェクトには、研究者として「交差性」にこだわりながら対峙してきたところがあります。私自身が男性であることも、調査を進めていくなかでさまざまな影響をあたえていることを肌で感じていましたし、中心となった調査地と離れた場所に勤めていたこともありました。どちらかといえば俯瞰的な視点で眺めながら発言や振る舞いをするのが私の役割の一つなのかなと。

「交差差別」と「生きづらさ」

土屋：このプロジェクトはずいぶん長くやってるんですが、差別構造の交差性とか複合差別と、「生きづらさ」をきちんと位置づけてこなかったのではないかという反省があります。

渡辺：「生きづらさ」と「インターセクショナリティ」

という、もともと曖昧でわかりづらい二つのものをどのように抽出するかということなのかなと。

後藤：交差差別については、比較の観点で捉えていく。健常者女性との比較、障害者男性との比較だと、うまく問題化できない、狭間に落ちているのが交差差別だと考えると、すっきり説明できるかと考えました。渡辺さんの章（第8章）でも書かれていますが、法学的にいえば、交差差別は比較があって理解できるものなんだと思います。

土屋：ただ今回の聴きとりは、そこから漏れてしまう、裁判的な事例には上がってこないような曖昧模糊とした生きづらさを拾いましょう、という了解でやってきたと思うんですね。

河口：当事者も生きづらさは感じてるんだけど、それがその交差点で起きてるんだという意識化がいろんな意味でできない。自分が至らないから起きていると個人化されていることが、社会的なことなんだと可視化しましょうっていうことなんですよね。

渡辺：交差点のメタファーを使うときにも、上から見るのか、下から見るのか、あるいは時間が立ったあとの進むほうを見るのか、いろいろな要素があることを、自分の話に合うように取り上げてしまうことがあります。障害学でいう「社会モデル」での「社会」が何を意味してるかの話[*3]のように、いろいろな話が交ざり、ときに曖昧で、わかりづらくなってしまう。

私の章でも探り探りなところはありますが、現時点での手触りとしては、法的な場面では不当性の話での比較の発想がありえそうと考えています。単純化して言えば、問題が生じてそれが正当であるのか不当であるのかと提起するときに、それまでに起きてきた同様の問題や対処方法との比較が生じます。そのときの法の枠組みがインターセクションで言うところのセクションだろうという話が一つです。さらにもう一つとしては、法的な発想は不当性を考えるプロセスにおいて解決策と強く結びつくところもあります。極端な言い方をすれば、差別の不当さの話の先に、何をすれば差別状態が解消されるのか、その落としどころをみすえながら法律や裁判の仕組みはできていく点もあると思います。

瀬山：渡辺さんの章で池原弁護士の引用があって、法律家のなかでも交差性差別をこんなふうに捉えている方がいるんだなっていうのを、なるほどって思い読ませてもらいました。これまでの単一差別禁止アプローチを批判的に捉え直す必要がある、複合的な事象として生じているという捉え方こそが、人びとの経験を理解する際には必要なんだという。差別事象というのが基本的に複合的なものであるっていう捉え方は、自分としては納得する流れでした。

偶然と必然

後藤：以前、障害者運動のリーダーに話を聞いたときに「偶然が鍵だった。だから障害者運動に邁進できた」とおっしゃっていたことについて、時岡さんが、「偶然だからって終わらせちゃいけないよ」と言われていたのがとても印象的で。

時岡：彼が何度も偶然って言うんですよ。でもそれは言い換えると「他のやつにはできねえよ。俺だからできたんだよ」って言ってるわけですよね。それは個性に由来するところが多い、と。

後藤：個性でしかそういうチャンスがない社会っていうのは危ないというか、不十分なんじゃないかと思っています。個性がなくたって、そういった機会に巡り合えるような制度やシステムをつくっていったほうがいいんじゃないかって。そうすると、逆説的ですが、個性はちゃんと拾ったほうがいいと思うんですよね。その人の個性でうまくいったことが描ければ、個性に変わるものを考えて用意できる。介助者がボランティアだった時代、たとえばですが、人気のある障害者は介助者を見つけて二四時間地域生活ができるけども、介助者が見つからない人は地域生活ができない。でも人気のある障害者から学んで、介助者派遣を制度的に担保すれば生活できるんだってわかっていく。マニュアル化できることが障害者運動、そして今回のことにも言えるのかなって、拡大して考えました。脱個性みたいなことをやっていかないと、みんなのものにはならないので。

土屋：介助について、もちろん障害者運動がノウハウを引き継いだということに加えて、それをシステムとして確立させて、サービスを普遍化させていったというのは大きいですよね。

瀬山：私も、偶然ではないかたちで何か変化につながるような、今の生きにくさを社会の側の問題として考えられるような、きっかけや出会いをどうつくっていけるのかということに、実践的な意味でも関心を持っています。支配的な、健常者・男性中心の社会のありようがあまりにも大きな力としてある。そのなかで違う物語、違う社会の捉え方って、広がってないんだなっていうのを、いろんな人の生きにくさの語りに触れるたびに感じます。それは、個々の生きにくさの問題を、まずは、今の、「健常者・男性が中心の社会の問題だ」と、社会の側に問題を押し返すためにはどうしたらよいかを考えることだと思うのですが。問題を対象化することで、問題の超え方や対処の仕方がみえてくることもあると思うので。

今後の課題

渡辺：今回のプロジェクトについては、科学者集団が「科研費」という公的な補助金に基づいてこういう話を知りたがっていることが障害のある女性に伝わること、それ自体に意味があると感じました。曖昧でわかりづらい状況に名前をつけようとしている、それ自体を知ることが障害のある女性にとっての一つの資源になりえるのだろうな、と。

瀬山：自分の複雑な経験に着目されることもないなかで、「障害女性」というまとまった主題として焦点を当てる人がいること自体が、やっぱりこのプロジェクトの意味かなっていう気がします。そこで語られることに、耳を傾ける人がいるということが、まずは重要な点ではないかなって。

渡辺：これから考えなくてはならないのは、私たちが話を聞けなかった人たちにどうアクセスできるかだと思います。これまでに見出してきた話を、アクセスが困難な人たちが関わるであろう医療の仕組みとか、福祉の仕組みにもフィードバックしていかないといけない。

そこで研究者に必要とされているのは、交差性という言葉で見えること、見えないことを意識しながら、それに基づいた研究の戦略、実践の戦略を準備しておくことでもあると考えています。研究者たちがごちゃごちゃ言っている話を、実践の場で使えるものは活用してもらい、使えないものは「使えないじゃないか」と批判されていくのも生存の場の一部なのだと思います。ただ、私たちは打たれ弱いので、柔らかい物腰で言ってもらえることを願ってはいます（笑）。

このプロジェクトを通じて、なんらかのフィードバックとともに一緒に進められていくことこそが交差性を用いたアプローチの特徴でもあると強く感じるようになりました。実際のところ、おそらく交差性概念が有名になってきた事情の一つに、コリンズらの本にもあったように、この概念は研究にも実践にも使え、この二つの折り合いがつきやすいという側面があったと思います。このあたりでこのプロジェクトはいちど締めにしながら、新しい研究と実践が進んでいくことを期待しています。

土屋：今後の研究の展開について、フィードバックをいただきながらすすめていくという点はとても賛同します。また、新しいプロジェクト[*4]は差別の相互作用の場面に着目するものですが、交差性という視点も引き継いでいきたいと思います。今日はありがとうございました。

注

1　一九九五年に、茨城県水戸市の段ボール加工会社アカス紙器において、社長が雇用していた複数の知的障害者に対して繰り返し暴行・強姦を行っていたことが明るみになった事件。

2　障害当事者と介助者の「折り合い」をめぐる語りの一例として、時岡新、二〇一七年、『〈不自由な自由〉を暮らす』東京大学出版会。

3　飯野由里子・星加良司・西倉実季、二〇二二年、『「社会」を扱う新たなモード――「障害の社会モデル」の使い方』生活書院。この本では、社会モデルが扱ってきた「社会」の範囲について、批判的に検討されている。

4　「障害女性をめぐる差別構造および差別的状況についての横断的解明」（22K12653）

調査概要

身体（肢体不自由・視覚・聴覚）、知的、精神、発達障害のある、二〇歳以上の女性を対象とした（障害者手帳の取得については要件とはしていない）。聴覚障害のある女性については、障害者団体を介して紹介を受けた。知的障害のある女性については、グループホーム責任者から対象者の紹介を受けた。発達障害のある女性については、自助グループの代表者に依頼し、SNSから調査協力の発信をしていただいた。これに対し自発的にコンタクトをとってきた方を対象とした。その他の障害については、知人を通して対象者を選出するなどした。以上の手順を経て、調査協力の許可を得られた四八名に聴きとりを行った。

居住地域については中部地方を中心としたが、比較のため関西・関東地方に在住する女性も対象とした。とくに中部地方以外では、「生きづらさ」への対処について考察を深めるため、障害者団体において中心的に活動している人物に意図的にアプローチした。

調査時期は二〇一六年一〇月〜二〇一九年七月、調査場所は、大学ゼミ室・会議室、公共施設、民間会議室、対象者の自宅等であった。一回のインタビュー時間は二時間から三時間程度。ほとんどの場合、対象者一名に対し二〜四名が聴き手となりインタビューを行った。

対象者から希望があった場合には、聴き手を女性に限定した。必要に応じて、一人に対して複数回の聴きとりを行ったり、メールでの追加質問を行ったりした。メールで受けとった回答についても、分析内容に加えている。

聴きとりでは、生活史を軸として、学校、仕事、恋愛や結婚、施設や医療場面での経験について尋ねた。合わせて、世帯・居住・経済状況等を把握するために、調査票への回答を依頼した。また比較参照を可能にするため、一部に「生活のしづらさなどに関する調査（全国在宅障害児・者等実態調査）」（厚生労働省）と同じ質問を入れ込んだ。事前に記入いただいた場合は調査者がこれを見ながら、そうでない場合には口頭で尋ね、調査者が記入をしながら、インタビュー調査を進めるかたちとした。

インタビューの前に、途中で中止することが可能であること、そのために紹介者や紹介機関との今後の関係などに影響はないこと、調査結果はすべて関係者のみが扱い、公表の際には個人特定ができないように配慮・処理することの説明を行い、調査協力への承諾書へ署名いただいた。

インタビューデータはすべて逐語録を作成、その後、対象者ごとに「学校時代」「施設」「仕事」「結婚」「妊娠・出産」「介助場面」「医療場面」「家族・親戚との関係」等の項目別の「生きづらさ」をまとめた表を作成し、調査メンバーのみで共有した。

なおこの調査研究は愛知大学・人を対象とする研究に関する倫理審査委員会の承認（人倫承二〇一六‐〇四）を得て行った。

（文責：土屋葉）

アンケート調査結果

「事前調査票」に記入された内容から、調査対象である障害女性たちがどのような人たちであったのか、その一端を示してみたい（文責：土屋葉）。

1　対象者の年齢および障害

対象者の平均年齢は、四四・二歳（二一～七四歳）だった。年代は多い順に、三〇代一五人（三一・三％）、五〇代一二人（二五・〇％）、四〇代九人（一八・八％）となっている。

障害種別では、肢体不自由一二人（二五・〇％）、精神障害七人（一四・六％）の順に多い。障害者手帳を取得しているのは、四六人（九五・八％）で、二種類以上の手帳を取得している人も二人いた。取得している手帳の内訳は、身体障害者手帳が最も多く二八人（五八・三％）、つづいて精神障害者保健福祉手帳一二人（二五・〇％）、療育手帳二人（四・二％）だった。

表1　年齢

平均	44.4 歳
中央値	43.5 歳
最小値	21 歳
最大値	73 歳

表2　年代

	人	%
20 代	5	10.4
30 代	15	31.3
40 代	9	18.8
50 代	12	25.0
60 代以上	7	14.6
計	48	100

2　住まい

対象者の居住地域は中部地方が大半を占め三一人（六四・六％）となっている。

居住形態は「一人暮らし」と、配偶者や子どもなどと共に暮らす「生殖世帯」が共に一六人（三三・三％）、親などと共に暮らす「定位世帯」が一一人（二二・九％）、「グループホーム・その他」が五人（一〇・四％）だった。

表3　障害種別

	人	%
肢体不自由	12	25.0
視覚障害	6	12.5
聴覚障害	4	8.3
難病	5	10.4
知的障害	2	4.2
精神障害	7	14.6
発達障害	6	12.5
重複障害	5	10.4
その他	1	2.1
合計	48	100

表4　取得している障害者手帳の種類

	人	%
身体障害者手帳	28	58.3
療育手帳	2	4.2
精神障害者保健福祉手帳	12	25.0
手帳を取得していない	4	8.3
2種類以上の手帳	2	4.2
計	48	100

表５　居住地域

	人	%
中部地方	31	64.6
関西地方	11	22.9
関東地方	5	10.4
その他	1	2.1
計	48	100

表６居住形態
※「一人暮らし」には離別・子どもと別居も含む

	人	%
一人暮らし	16	33.3
定位世帯	11	22.9
生殖世帯	16	33.3
グループホーム・その他	5	10.4
計	48	100

表７　参考　居住形態
(65 歳未満　厚生労働省 2018)
※「一人で暮らしている」以外は複数回答

	%
一人で暮らしている	11.4
親と暮らしている	53.6
夫婦で暮らしている	26.1
子と暮らしている	15.4
その他の人と暮らしている	3.9

表８　住宅の種類

	人	%
持ち家	8	16.7
家族の持ち家	15	31.3
民間賃貸住宅	16	33.3
公営住宅	4	8.3
グループホーム	4	8.3
その他	1	2.1
合計	48	100

表９　住宅の種類（比較）
※厚生労働省調査の「その他」には「社宅・職員寮・寄宿舎等、貸間、不詳を含む）

	本調査（%）	厚生労働省調査（2018）（%）
持ち家	16.7	21.3
家族の持ち家	31.3	45.0
民間賃貸住宅	33.3	16.7
公営住宅	8.3	7.4
グループホーム	8.3	6.3
その他	2.1	3.2

厚生労働省が行った調査（二〇一八年）の調査と比較すると、「一人暮らし」および「生殖世帯（厚生労働省調査では「夫婦で暮らしている」「子と暮らしている」に該当）」の割合がやや多く、「定位世帯（厚生労働省調査では「親と暮らしている」に該当）」の割合がやや少ない。厚生労働省調査では知的障害のある人の九〇％強、精神障害のある人の六五％強が「親と暮らしている」と答えている。本調査では、知的障害のある人はすべてグループホーム居住であったこと、精神障害のある人の、生殖世帯で暮らす人の割合が比較的多かったことが理由であると思われる。住宅の種類について、「家族の持ち家」で暮らす人の割合が比較的少なく、「民間賃貸住宅」で暮らす人の割合が比較的多いのは、やはり「一人暮らし」が多いこと、及び「定位家族」で暮らす人が少ないことが理由だろう。

3　教育

特別支援学校に通った経験がある人は、一五人（三一・三％）であった。ただし障害種別でみると、精神障害・発達障害のある人で、特別支援学校に通った経験のある人は一人もいなかった。学歴については、大学・大学院卒が二三人（四七・九％）と顕著に高い。これは本調査の対象者の有する特徴である。障害種別にみると、肢体不自由の人、難病の人、重複障害・精神障害のある人に「大学・大学院卒」の割合が高い。

表 10　特別支援学校経験

	人	%
あり	15	31.3
なし	33	68.8
計	48	100

表 11　障害種別特別支援学校経験

	あり	なし
肢体不自由	6	6
視覚障害	3	3
聴覚障害	2	2
難病	3	2
知的障害	0	2
精神障害	0	7
発達障害	0	6
重複障害	1	4
その他	0	1
計	15	33

表 12　最終学歴

	人	%
中学校卒	1	2.1
高等学校（特別支援学校高等部を含む）卒	11	22.9
専門学校（専攻科を含む）卒	6	12.5
短期大学卒	7	14.6
大学・大学院卒	23	47.9
計	48	100

表 13　障害種別最終学歴

	中学校卒	高等学校卒	専門学校卒	短期大学卒	大学・大学院卒	合計
肢体不自由	0(0.0)	5(41.7)	0(0.0)	0(0.0)	7(58.3)	12(100.0)
視覚障害	0(0.0)	1(16.7)	2(33.3)	1(16.7)	2(33.3)	6(100.0)
聴覚障害	0(0.0)	0(0.0)	1(25.0)	2(50.0)	1(25.0)	4(100.0)
難病	0(0.0)	1(20.0)	1(20.0)	0(0.0)	3(60.0)	5(100.0)
知的障害	1(50.0)	1(50.0)	0(0.0)	0(0.0)	0(0.0)	2(100.0)
精神障害	0(0.0)	1(14.3)	1(14.3)	1(14.3)	4(57.1)	7(100.0)
発達障害	0(0.0)	0(0.0)	1(16.7)	2(33.3)	3(50.0)	6(100.0)
重複障害	0(0.0)	2(40.0)	0(0.0)	0(0.0)	3(60.0)	5(100.0)
その他	0(0.0)	0(0.0)	0(0.0)	1(100.0)	0(0.0)	1(100.0)
計	1 (2.1)	11(22.9)	6(12.5)	7(14.6)	23(47.9)	48(100.0)

特別支援学校を経験している人は、そうでない人に比べて最終学歴が専門学校・専攻科である割合が高く、経験していない人は最終学歴が大学・大学院・短期大学卒業である割合が高い。視覚障害のある人の多くが、ある年代までは「専攻科」に進学していたという歴史的事実と関連している。また特別支援学校を経験していない人は、最終学歴が短期大学である割合が比較的多い。特別支援学校を経験しない人にとっては、高等学校卒業後の選択肢となり得る「短期大学」が、特別支援学校を経験した人にとっては、選択肢から除外されていることが推測される。

4　生活のしづらさ

「障害による生活のしづらさが生じた年齢」および「障害があり女性であることによる生活のしづらさが生じた年齢」には、先天的な障害であるか否かによって、二歳から五八歳／四歳から五八歳までばらつきが生じている。平均で前者は一五・九歳、後者は二一・七歳であり、前者に少し遅れて、人によっては同時に、後者が表れていることが読み取れる。障害による生活のしづらさについては、「良くなったり悪くなったりしている」が一七人（三五・四％）と、最も多く、「大きくなっている」が一一人（二二・九％）、「小さくなっている」が一〇人（二〇・八％）とほぼ同数である。過多はあれ、多くの人が生活のしづらさを継続して抱えている。「障害があり女性であることによる生活のしづらさの変化」については、「つづいている」が二一人（四三・八％）で最も多く、つづいて「あったりなかったりする」が一七人（三五・四％）であり、合わせて約八割の人が、女性であり障害があることによる生活のしづらさを継続して抱えている。

表14　生活のしづらさ

	障害による生活のしづらさが生じた年齢	障害があり女性であることによる活のしづらさが生じた年齢
平均	15.9歳	21.7歳
中央値	12.5歳	19.0歳
最小値	2歳	4歳
最大値	58歳	58歳

表15　障害による生活のしづらさの変化（比較）

	人	%	厚生労働省調査（2018）（%）
変化なし	2	4.2	18.9
大きくなっている	11	22.9	29.8
小さくなっている	10	20.8	13.9
良くなったり悪くなったりしている	17	35.4	21.2
わからない	6	12.5	9.1
無回答	2	4.2	7.1（不詳）
計	48	100	100

表16　障害があり女性であることによる生活のしづらさの変化

	人	%
つづいている	21	43.8
つづいていない	1	2.1
あったりなかったりする	17	35.4
わからない	4	8.3
無回答	5	10.4
計	48	100

5　収入

本人収入については、平均は一四・六万円（月）であり、全体としてやや高めの傾向にある。しかし、単独世帯で暮らす人が約一七万円（月）、生殖世帯で暮らす人が約一五万円（月）、定位世帯で暮らす人が約一〇万円（月）と、経済的に豊かな暮らしをしているわけではない。

「生活のしづらさなどに関する調査」の、一八歳以上六五歳未満の障害者手帳所持者等の本人収入・

支出の分布をみると、月額の収入は「六万円以上九万円未満」の層が分布のピークを形成している。また、先行研究等の各調査で在宅障害者の平均収入は一〇万円前後の水準にとどまっているという指摘がある（三菱ＵＦＪリサーチ＆コンサルティング株式会社、二〇一九、一九頁）。

世帯収入については「無回答」や「わからない」が多く、回答者が少ないため取り扱いには注意が必要である。生殖世帯の世帯年収は五一〇・四万円、定位世帯の世帯年収は四六九・八万円であり、世帯収入に本人収入が占める割合はそれぞれ三八・九％、二七・九％となっている。とりわけ、定位世帯における本人収入の占める割合が低い。

土屋（二〇〇八）との比較では、全体的に本人収入が高い。給与による収入がある人が六六・七％を占めていることが理由であると推測される。世帯別では、生殖世帯で暮らす人の方が定位世帯で暮らす人よりも収入が高いのは同じ傾向にある。また土屋（二〇〇八）よりも世帯収入に占める本人収入の割合が高い。

表 17　本人収入　※無回答を除く。

	有効 N	平均値	中央値	標準偏差	最小値	最大値
本人収入（月）	45	14.6	15	7.8	0	35
本人収入（年）	45	182.7	180	119.2	0	600

表 18　収入（生殖世帯）（万円）※無回答を除く

	有効 N	平均値	中央値	標準偏差	最小値	最大値
本人収入（月）	15	15.3	13	9.87	0	35
本人収入（年）	14	198.4	125	171.05	0	600
世帯収入（年）	9	510.4	540	233.06	200	850

表19　収入（定位世帯）（万円）※無回答を除く

	有効N	平均値	中央値	標準偏差	最小値	最大値
本人収入（月）	10	10.7	15	6.78	0	18
本人収入（年）	10	130.9	172	84.41	0	249
世帯収入（年）	5	469.8	500	171.64	300	700

表20　収入（単独世帯）（万円／年）※無回答を除く。

変数名	有効N	平均値	中央値	標準偏差	最小値	最大値
本人収入（月）	15	17.4	17	5.6	6	26
本人収入（年）	15	213.7	226	74.9	72	350

表21　世帯状況別本人収入と世帯収入

	単独世帯	生殖世帯	定位世帯
本人収入（月収）	17.4	15.3	10.7
本人収入（年収）	213.7	198.4	130.9
世帯収入（年収）	213.7	510.4	469.8
本人収入／世帯収入（%）	100.00%	38.90%	27.90%

表22　参考　世帯状況別本人収入と世帯収入
※土屋（2008: 213）を加工。

	生殖男性	生殖女性	定位男性	定位女性
本人収入（年収）	342.26	120.7	108.12	90
世帯収入（年収）	715.17	531.89	584.66	626.06
本人収入／世帯収入（%）	47.86	22.69	18.49	14.38

表23　収入源

	あり（人）	%
給与による収入	32	66.7
年金による収入	28	58.3
手当による収入	18	37.5
生活保護の受給	4	8.33

6　定位家族について

父親の職業で多いのは「常用雇用」一九人(三九・六%)であり、「自営業・自由業」一六人(三三・三%)が続く。母親の職業では、「臨時雇用」一五人(三一・三%)、「その他(主婦を含む)」一三人(二七・一%)が続いている。高校生の頃の暮らし向きでは「ややゆとりがあった」が一七人(三五・四%)で最も多いが、一方で、「ややゆとりがなかった」と「ゆとりがなかった」を合わせると一七人(三五・四%)と同数となる。

最終学歴について、回答者全体としては大学・大学院卒が多いが、とりわけ高校生の頃の暮らし向き(≒世帯の経済状況)に「ゆとりがあった」と答えた人の方が、最終学歴が「大学・大学院卒業」である割合が高く、「ゆとりがなかった」と答えた人の方が、最終学歴が「高等学校卒業」である割合が高い傾向にある。

表24　父親の職業　※退職/死亡している人はそれまで就いていた職業

	人	%
自営業・自由業	16	33.3
常用雇用(会社員・公務員・会社役員)	19	39.6
臨時雇用(パート・アルバイト)	3	6.3
その他(農林漁業、主夫、年金生活、無職)	8	16.7
父はいない	2	4.2
計	48	100

表25　母親の職業　※退職/死亡している人はそれまで就いていた職業

	人	%
自営業・自由業	10	20.8
常用雇用(会社員・公務員・会社役員)	8	16.7
臨時雇用(パート・アルバイト)	15	31.3
その他(農林漁業、主婦、年金生活、無職)	13	27.1
母はいない	2	4.2
計	48	100

表26　高校生の頃の暮らし向き

	人	%
ゆとりがあった	8	16.7
ややゆとりがあった	17	35.4
ややゆとりがなかった	9	18.8
ゆとりがなかった	8	16.7
無回答	6	12.5
計	48	100

障害	女性であり障害があることによる生活のしづらさの変化	具体的な内容
肢体不自由	あったりなかったりする	1、外出時にトイレが利用できない(ユニバーサル、多機能トイレとしたことで親子づれなどの利用多く、もよおした時にすぐに利用できないこと多々あり。又、生理等での失敗、汚染、処理で生活のしづらさを感じる。 2、フォーマルな服がタイトなスカート、スカート丈が短いものが多く、又、タイトなジャケットで、車いすユーザーの女性が着やすいものがない 女性の靴も車いすユーザーの女性からみてデザイン性、機能性、はきやすさをみたしたものが少ない。 3、婦人科等の受診の困難（医療機器のアクセス、医療従事者の障害に対する無理解、介助方法の知識不足)。 4、家事育児等の役割等も潜在的に求められ、自分の潜在意識の中にもすりこまれている。故に思うようにできないことへのジレンマを感じる。
肢体不自由	あったりなかったりする	書き表せない。
肢体不自由	あったりなかったりする	生理のときに、恋愛や結婚の話題のときに…。
肢体不自由	つづいている	年れいのこともありますが、周囲は女性というより障害者としてしか見てない。
肢体不自由	あったりなかったりする	身体のケアを介助者に頼みたいが頼みづらい。
肢体不自由	つづいている	障害があるのに自立したいといった時に、健常の女性と比較されることが多くあった。
肢体不自由	つづいている	結婚し、夫と同居するようになってから、妻として家事をちゃんとしなければならない、という意識が強く、障害がある中で大変な作業（買い物、料理、皿洗い、掃除、洗濯など）も頑張って2人分やっている感覚があり、とても疲労感がある。でも、同居家族がいると家事援助は認められないことが多く、どうしてよいかわからないままの状態が続いている。

アンケート調査結果

障害	女性であり障害があることによる生活のしづらさの変化	具体的な内容
肢体不自由	あったりなかったりする	世間・近所の勝手な思い込み　医者との関係など。
視覚障害	つづいている	字の読み書きができないことによるプライバシーのなさ、女性特有のものを購入する際のプライバシーのなさ。
視覚障害	つづいている	移動の案内をお願いする際、相手の肩やひじにつかまらせてほしいのだが、抱きかかえようとするなど不要な身体接触をされることがある。
視覚障害	つづいている	トイレのこと。
視覚障害	あったりなかったりする	出産・育児
聴覚障害	あったりなかったりする	一人暮らしのため用心深くなる。
聴覚障害	つづいている	子育て、悩み相談（ローン・家庭）
聴覚障害	つづいている	妊娠・授乳している時には、薬が飲めなかったこと。子供が小さい時にはマスクをしている歯医者などの病院の付添が聞こえづらくて困りました。学校行事に参加していても内容が分からないままで困ったこと。PTA の委員の時に、内容が分からないまま役を引き受ける羽目になったこと。家族の入院時に、聞こえなくて何の役にも立たず「つんぼで役に立たない」と言われたのはショックだった。婦人会での雑談に参加できず、居心地が悪かったこと。今もって、近所付き合いは他の家族に任せたままで、ほとんど関わっていないこと。職場の同僚との関係で会議などの議題が全く分からなくて、非常に気まずい関係となったこと。現在は、介護保険の手続きや病院の対応など、多岐にわたる選択肢をどうすればいいのか？
聴覚障害	あったりなかったりする	コミュニケーション。
難病	あったりなかったりする	友人や介助者などとの人間関係・社会に出た時の見られ方。
難病	つづいている	病院・入院時の対応、恋愛・性の悩みなど。
難病	あったりなかったりする	周囲が結婚していることに対するあこがれ、家族がいることへの「いいな」という気持ち。

障害	女性であり障害があることによる生活のしづらさの変化	具体的な内容
難病	つづいている	医療での扱い、人生において恋愛・性のこと、就労場所の無さ、住宅改修ができなくて家事等ができず自由外出ができない。入浴介助が必要、電動車いすが入れない所へは行けない。
難病	あったりなかったりする	入院したら男性看護師による介助も当たり前の病院がまだ多いと聞いているので、今は入院の必要がなくても将来が不安で憂鬱になる。
精神障害	つづいている	①過去で辛かった事：子供の学校のいろいろな役員をやらなければならなかったこと。まわりの母親達はうつを「なまけ病」ととらえて役員の仕事ができない事を理解してもらえず仲間はずれにされたりして学校行事も参加しづらかった。 ②現在：女性、母親という事で、病気でも家事（掃除、洗濯、食事の用意）をするのが当たり前だと思われている事。
精神障害	つづいている	髪の毛を整えるために、美容院に行くのですが、そのつどスタイリストさんに「今回はこういう髪型にしてほしい」という要望がうまく言えず、尚且コミュニケーション（会話）がほとんどなりたたなくて、あきれかえられて毎回カットを終えていました。今はだいぶ言えるようになったので楽な面はあります。
精神障害	つづいている	地域、近所の人とのかかわり方、同性の友達のおつきあいの仕方。
精神障害	あったりなかったりする	子育てが健常者のようにできない。育児は女性が母性でやれて当たり前なはずなのにできないときがある。
発達障害	あったりなかったりする	発達障害を事前に伝えておかないと帳尻が合わないにもかかわらず、発達障害について話させてもらえる体制が整っておらす、生活が制限される。習い事やサークル、行きつけの美容院、近所に住む同級生の親御さん、発達障害を知らなかった時代に知り合った学生時代の友人など。そのため知らない人からは遠回しなマリッジ・ハラスメントをされがちな傾向にある。

障害	女性であり障害があることによる生活のしづらさの変化	具体的な内容
発達障害	つづいている	体調が悪くても子どものために休みきれない点など。
発達障害	つづいている	身だしなみ、興味を含め発育が遅いので周囲に劣る気持ちをもつ。
発達障害	つづいている	女性らしく振る舞う事への苦痛、感覚過敏から伴う服や化粧品への苦痛の理解のされづらさ。
発達障害	つづいている	不注意・先延ばし癖・不器用さ、運動神経が鈍い・集中力にムラがある・処理速度が遅い・疲れやすい・ボーっとしてしまう・二次障害でうつになった・対人恐怖感・情緒不安定・会話のキャッチボールがむつかしい・人間関係が不得意・コミュニケーションに苦手意識・孤立感がある・身だしなみを整えるのが大変・体調管理がわからない・時間配分を考えて動くのが下手・男性恐怖が少しある・美醜を気にして外に出られなくなったことがある・光過敏気味・聴覚過敏気味・人込みが苦手・マルチタスクが苦手・計算が苦手・整理整頓ができない・ものをすぐなくす・忘れっぽい・人のはなしがきけない。
発達障害	つづいている	本当に好きな人が出来ない。
発達障害	つづいている	実家で肩身が狭い。同級生は仕事をしながら子育てをして立派。うらやましい。だが「うらやましい」と思うと顔にでる特性なのでその対策なのかそういう感情にふたをし、友人と仲良くするが、たまにムリを感じる。この年で結婚していないと“何かある”（問題が）と思われるのではないかと悩んでひとりで暗くなり、余計遠ざかる負のループだ。経済事情を悩むレベルに達していないし、達していた時期が一度もない。つらい気がする。下着（上）つけてないとすぐに“びょうきな人”とバレる。
重複障害	あったりなかったりする	意思疎通、理解してもらえないこと。
その他	あったりなかったりする	電話、コミュニケーション能力のとぼしさ。

※自由記述に書かれていたものから抜粋。明らかな誤字のみ修正を加えている。また個人が特定される情報は削除している。

参考文献

厚生労働省社会・援護局障害保健福祉部、二〇一八年、「平成二八年生活のしづらさなどに関する調査（全国在宅障害児・者等実態調査）結果」。
https://www.mhlw.go.jp/toukei/list/dl/seikatsu_chousa_c_h28.pdf.

三菱ＵＦＪリサーチ＆コンサルティング株式会社、二〇一九年、『厚生労働省 平成三〇年度障害者総合福祉推進事業 障害者の生活実態に関する調査方法に係る研究報告書』。
https://www.mhlw.go.jp/content/12200000/000521848.pdf

土屋葉、二〇〇八年、『障害者の自立支援に向けた生活実態把握の重要性：「障害者生活実態調査」の結果から』『季刊社会保障研究』四四巻二号、一九六‐二一一頁。

編著者プロフィール

土屋　葉（つちや・よう）
愛知大学文学部教員。お茶の水女子大学人間文化研究科（博士・社会科学）、専門は家族社会学・障害学。共著に『往き還り繋ぐ――障害者運動 於&発 福島の五〇年』（生活書院、二〇一九）、『被災経験の聴きとりから考える――東日本大震災後の日常生活と公的支援』（生活書院、二〇一八）。障害学研究会中部部会の一員として編んだものに『愛知の障害者運動――実践者たちが語る』（現代書館、二〇一五）がある。

執筆者プロフィール

伊藤葉子（いとう・ようこ）
中京大学現代社会学部教員。専門は社会福祉学。共著に、『愛知の障害者運動――実践者たちが語る』（現代書館、二〇一五）、『当事者主体を貫く　不可能を可能に――重度障害者、地域移行への二〇年の軌跡』（中央法規、二〇一一）、『市民学の挑戦――支えあう市民の公共空間を求めて』（梓出版社、二〇〇八）がある。

臼井久実子（うすい・くみこ）
障害者欠格条項をなくす会事務局長。編著に『障害のある人の欠格条項ってなんだろう？Q&A　資格・免許をとって働き、遊ぶには』（解放出版社、二〇二三）、瀬山紀子氏との共筆に「障害女性の貧困から見えるもの」（松井彰彦・川島聡・長瀬修編著『障害を問い直す』東洋経済新報社、二〇一一）がある。

河口尚子（かわぐち・なおこ）
立命館大学生存学研究所客員協力研究員。社会福祉士。リーズ大学（英国）障害学修士。専門は障害学・社会福祉学。共著書に『愛知の障害者運動――実践者たちが語る』（現代書館、二〇一五）、『よくわかる障害学』（小川喜道・杉野昭博編、ミネルヴァ書房、二〇一四）。翻訳書に『障害学にもとづくソーシャルワーク――障害の社会モデル』（マイケル・オリバー、ボブ・サーペイ著、金剛出版、二〇一〇）がある。

小森淳子（こもり・じゅんこ）
岐阜協立大学非常勤講師。大学卒業後、講演・執筆活動。子育て終了後、日本福祉大学社会福祉学研究科社会福祉学専攻修了。女性障害者、性教育、優生思想などの問題に取り組む。著書に『育ててくれてありがとう生まれてくれてありがとう』（群青社、二〇〇一）、『CPおばさんのわるあが記』（群青社、二〇一五）、共著に『いま、ソーシャルワークに問う――現代社会と実践／理論・養成教育／当事者運動』（生活書院、二〇二三）がある。

後藤悠里（ごとう・ゆり）
成城大学社会イノベーション学部教員。名古屋大学環境学研究科単位取得後退学、専門は社会学・障害学。共著に『マイノリティ問題から考える社会学・入門』（西原和久・杉本学編、有斐閣、二〇二一）、論文に「エイブリズムに対抗する実践」（『成城大学社会イノベーション研究』第一七巻第二号、二〇二二）などがある。

瀬山紀子（せやま・のりこ）
埼玉大学ダイバーシティ推進センター教員。大学院で社会学を学んだ後、公立女性関連施設で事業コーディネーターとして勤務。また、東京都内の障害者自立生活センターで介助者をしている。専門は社会学・ジェンダー論。共編著に『障害者介助の現場から考える生活と労働――ささやかな「介助者学」のこころみ』（杉田俊介・瀬山紀子・渡邉琢編著、明石書店、二〇一三）、『官製ワーキングプアの女性たち　あなたを支える人たちのリアル』（竹信三恵子・戒能民江・瀬山紀子編、岩波書店、二〇二〇）、共著に『往き還り繋ぐ――障害者運動於&発 福島の五〇年』（生活書院、二〇一九）がある。

時岡　新（ときおか・あらた）
金城学院大学国際情報学部教員。専門は福祉社会学。著書に『〈不自由な自由〉を暮らす――ある全身性障害者の自立生活』（東京大学出版会、二〇一七）、論文に「「死別」を語る――遺児たちのセルフヘルプグループのばあい」（『金城学院大学論集』第一五巻第一号）、「医療ソーシャルワーカーとしての〈きき方〉について――Aさんのばあい」（『参加と批評』第八号）がある。

渡辺克典（わたなべ・かつのり）
徳島大学大学院社会産業理工学研究部教員。専門は社会学。共著に『知と実践のブリコラージュ――生存をめぐる研究の現場』（立命館大学生存学研究所監修、渡辺克典・櫻井悟史編、晃洋書房、二〇二〇）、『障害社会学という視座――社会モデルから社会学的反省へ』（榊原賢二郎編、新曜社、二〇一九）、『触発するゴフマン――やりとりの秩序の社会学』（中河伸俊・渡辺克典編、新曜社、二〇一五）がある。

障害があり女性であること
——生活史からみる生きづらさ

二〇二三年十月十二日　第一版第一刷発行
二〇二四年二月一日　第二刷発行

編著者　土屋　葉
発行者　菊地泰博
発行所　株式会社現代書館
東京都千代田区飯田橋三―二―五
郵便番号　102―0072
電　話　03（3221）1321
FAX　03（3262）5906
振　替　00120―3―83725
組　版　プロ・アート
印刷所　平河工業社（本文）
東光印刷所（カバー）
製本所　積信堂
装　幀　北田雄一郎

校正協力／川本和彦

ISBN978-4-7684-3598-4
定価はカバーに表示してあります。乱丁・落丁本はおとりかえいたします。
http://www.gendaishokan.co.jp/

活字で利用できない方のための
テキストデータ請求券
『障害があり女性であること』